westermann

Heinbernd Oppenberg, Karl-Heinz Schimpf

Prüfungstraining KOMPAKT

Kaufmann/Kauffrau für Spedition und Logistikdienstleistung

2. Auflage

Bestellnummer 28519

Druck und Bindung: Westermann Druck GmbH,
Georg-Westermann-Allee 66, 38104 Braunschweig

ISBN 978-3-427-**28519**-9

Vorwort

Die Abschlussprüfungen der Industrie- und Handelskammern für den Beruf „Kauffrau/Kaufmann für Spedition- und Logistikdienstleistung“ beinhalten Fragen zu den Bereichen „Leistungserstellung in Spedition und Logistik“, „Wirtschafts- und Sozialkunde“ sowie „Kaufmännische Steuerung und Kontrolle“.

Das vorliegende Buch soll den Auszubildenden eine gezielte Vorbereitung auf die Abschlussprüfung erleichtern. Die Situationen und Fragen entsprechen in ihrer Art den Fragestellungen in der schriftlichen Abschlussprüfung.

Inhaltlich wird der gesamte Prüfungsstoff mit den Schwerpunktsetzungen der Prüfungen der letzten Jahre abgedeckt. Das Buch ergänzt die inhaltliche Darstellung des Prüfungsstoffes, der in dem Buch „Prüfungswissen kompakt Kauffrau/Kaufmann für Spedition und Logistikdienstleistungen“ behandelt wird. Während im Titel „Prüfungswissen kompakt“ die Prüfungsinhalte in sehr kompakter Form dargestellt werden, finden Sie in diesem Buch die passenden Aufgaben zu den Inhalten.

Verfasser und Verlag wünschen Ihnen nicht nur viel Freude und Erfolg beim Arbeiten mit diesem Buch, sondern auch die gewünschten Prüfungsergebnisse.

Inhaltsverzeichnis

PRÜFUNGSMODALITÄTEN

1 Gesamtüberblick[1]

Ausbildungsberuf Kaufmann/Kauffrau für Spedition und Logistikdienstleistungen

Prüfungsfach	Dauer	Gewichtung
Leistungserstellung in Spedition und Logistik	180 Minuten	25 %
Kaufmännische Steuerung und Kontrolle	90 Minuten	25 %
Wirtschafts- und Sozialkunde	60 Minuten	25 %
Fallbezogenes Fachgespräch	30 Minuten	25 %

2 Prüfungsfach „Leistungserstellung in Spedition und Logistik"

Prüfungsfach	Dauer (in Min.)	Inhalte
		Verkehrsträgerübergreifender Teil
Leistungserstellung in Spedition und Logistik ungebunden (offene Fragen)	120	01 Prozessorientierte Leistungserstellung in Spedition und Logistik 02 Transport, Umschlag, Lagerleistungen 01 Güterversendung und Transport 02 Lagerlogistik 03 Sammelgut- und Systemverkehre 04 Internationale Spedition

[1] *Prüfungskatalog für die bundesweit einsetzbaren IHK-Abschlussprüfungen (Herausgegeben von der AkA, 2018)*

Prüfungsfach	Dauer (in Min.)	Inhalte
		05 Verträge, Haftung, Versicherungen 06 Gefahrgut, Schutz und Sicherheit 03 Logistische Dienstleistungen 04 Marketing
(funktionsübergreifender Bestandteil des Prüfungsbereichs)		05 Anwenden der englischen Sprache bei Fachaufgaben 06 Information und Kommunikation 01 Teamarbeit und Kommunikation 02 Informations- und Kommunikationssysteme 03 Datenschutz und Datensicherheit 04 Qualitätsmanagement
Es wird nur ein Verkehrsträger bearbeitet		Verkehrsträgerspezifischer Teil
		Straßenverkehr
Leistungserstellung in Spedition und Logistik ungebunden (offene Fragen)	60	07 Transport, Umschlag, Lagerleistungen 01 Güterversendung und Transport 02 Internationale Spedition 03 Verträge, Haftung, Versicherungen 04 Anwenden der englischen Sprache bei Fachaufgaben
		Schienenverkehr
	60	08 Transport, Umschlag, Lagerleistungen 01 Güterversendung und Transport 02 Internationale Spedition 03 Verträge, Haftung, Versicherungen 04 Anwenden der englischen Sprache bei Fachaufgaben
		Luftverkehr

Prüfungsfach	Dauer (in Min.)	Inhalte
	60	09 Transport, Umschlag, Lagerleistungen 01 Güterversendung und Transport 02 Sammelgut- und Systemverkehre 03 Internationale Spedition 04 Verträge, Haftung, Versicherungen 05 Anwenden der englischen Sprache bei Fachaufgaben
		Binnenschifffahrt
	60	10 Transport, Umschlag, Lagerleistungen 01 Güterversendung und Transport 02 Internationale Spedition 03 Verträge, Haftung, Versicherungen 04 Anwenden der englischen Sprache bei Fachaufgaben
		Seeschifffahrt
	60	11 Transport, Umschlag, Lagerleistungen 01 Güterversendung und Transport 02 Sammelgut- und Systemverkehre 03 Internationale Spedition 04 Verträge, Haftung, Versicherungen 05 Anwenden der englischen Sprache bei Fachaufgaben

Prüfungsablauf

Die schriftliche Prüfung ist in einen verkehrsträgerübergreifenden Teil und einen verkehrsträgerspezifischen Teil aufgeteilt. Der verkehrsträgerübergreifende Teil enthält Fragen zum LKW-Verkehr bzw. Spedition und Sammelgut. Es gibt außerdem Aufgaben zur Luftfracht, zur Seefracht, zum Marketing und zur Logistik.

Der verkehrsträgerspezifische Teil enthält zu jedem Verkehrsträger Fragen zu Güterverkehr und Transport, zur internationalen Spedition, Verträgen Haftung und Versicherung sowie Anwendungen zur englischen Sprache. Für die Verkehrsträger Luftfracht und Seefracht sind auch Fragen zu Sammelgut- und Systemverkehren vorgesehen. Die Auszubildenden wählen bei der Prüfungsanmeldung zwei Verkehrsträger aus, von denen die IHK dem Prüfungsteilnehmer einen Verkehrsträger zur Prüfung zuordnete.

Die Aufgaben werden jeweils durch eine Situation eingeleitet, die die Grundlage für die konkreten Fragen bilden. Zu den einzelnen Aufgaben werden jeweils Anlagen beigefügt, aus denen die Daten zu den Situationen entnommen werden können.

3 Prüfungsfach „Kaufmännische Steuerung und Kontrolle"

Prüfungsfach	Dauer (in Min.)	Inhalte
Kosten- und Leistungsrechnung, Controlling	90	01 Prozessorientierte Leistungserstellung (Sammelgut, Systemverkehre, Logistische Dienstleistungen) 02 Kosten- und Leistungsrechnung, Controlling 01 Stufen der Kosten-und Leistungsrechnung 02 Aufgaben des Controllings 03 Vollkostenrechnung 04 Teilkostenrechnung 05 Fahrzeugkalkulation 06 Preisbildung im Güterkraftverkehr

Prüfungsablauf

Im Prüfungsfach Kosten- und Leistungsrechnung sind in der schriftlichen Prüfung auf der Grundlage der Modellfirma Modufa GmbH Einzelaufgaben und fallbezogenen Aufgaben zu bearbeiten.

Die Aufgaben werden jeweils durch eine Situation eingeleitet, die die Grundlage für die konkreten Fragen bilden. Die Aufgaben werden in gebundener Form und maschinell auswertbarer Form (multiple choice) gestellt.

Zu den einzelnen Aufgaben werden ggf. auch Anlagen (z. B. Abgrenzungstabellen, BAB, usw.) beigefügt, aus denen die Daten zu den Situationen entnommen und Berechnungen durchgeführt werden können.

4 Prüfungsfach „Wirtschafts- und Sozialkunde“

Wirtschafts- und Sozialkunde	60	Allgemeine wirtschaftliche und gesellschaftliche Zusammenhänge der Berufs- und Arbeitswelt und die Bedeutung der Speditions- und Logistikbranche als Wirtschaftsfaktor darstellen 01 Stellung, Rechtsform und Struktur des Ausbildungsbetriebs 02 Berufsbildung 03 Personalwirtschaft, arbeits-, sozial- und tarifrechtliche Vorschriften 04 Arbeitsorganisation 05 Sicherheit und Gesundheitsschutz bei der Arbeit 06 Umweltschutz 07 Prozessorientierte Leistungserstellung in Spedition und Logistik 08 Das Unternehmen im gesamtwirtschaftlichen Zusammenhang

Prüfungsablauf

Im Prüfungsfach Wirtschafts- und Sozialkunde sind in der schriftlichen Prüfung in der Regel situationsbezogene Aufgaben zu bearbeiten.

Die Modellfirma Modufa GmbH bildet die Grundlage für Bearbeitung der situati-onsbezogenen Aufgaben.

Den einzelnen Aufgabenstellungen werden Anlagen (Gesetzestexte, Statistiken usw.) beigefügt, aus denen die Daten zur Bearbeitung der Aufgaben entnommen werden können.

5 Fallbezogenes Fachgespräch[1]

Ein fallbezogenes Fachgespräch wird als mündliche Prüfung durchgeführt. Für den Prüfling stehen zwei praktische Aufgaben aus dem Bereich „Speditionelle und logistische Leistungen – Lösungsvorschläge entwickeln und begründen" zur Wahl, von denen er sich für eine entscheidet. Der betriebliche Ausbildungsschwerpunkt ist bei der Aufgabenstellung zugrunde gelegt. Geprüft wird, ob der Prüfling betriebspraktische Aufgaben sachgerecht lösen und dabei wirtschaftliche, technische, ökologische und rechtliche Zusammenhänge beachten kann. Außerdem soll er zeigen, dass er Gespräche systematisch und situationsbezogen führen kann. Das Fachgespräch soll einschließlich der Lösungsdarstellung höchstens 30 Minuten dauern.[2]

[1] *Verordnung über die Berufsausbildung zum Kaufmann für Spedition und Logistikdienstleistung/zur Kauffrau für Spedition und Logistikdienstleistung (SpedKfmAusbV vom 26.07.2004)*

[2] *vgl. siehe Fußnote 1 § 9.3*

A

SPEDITIONELLE UND LOGISTISCHE GESCHÄFTSPROZESSE

Unternehmensbeschreibung

Firma Geschäftssitz Registergericht	DTMLog GmbH, Logistics International Franziusstraße 86, 44147 Dortmund Amtsgericht Dortmund HRB 78215
Umsatzsteuer-Identifikationsnummer	DE 123654789
Geschäftsjahr	01. Januar bis 31. Dezember
Kommunikation	Internet: www.dtmlog.de E-Mail info@dtmlog.de
Bankverbindungen	Postbank Dortmund IBAN: DE91 4401 0046 0026 8492 01 BIC: PBNKDEFFXXX Sparkasse Dortmund IBAN: DE76 4405 0199 0423 1728 01 BIC: DORTDE33XXX
Speditionelle Geschäftsfelder	→ Nationaler und Internationaler Güterverkehr → Logistische Dienstleistungen
Geschäftsbedingungen	Die DTMLog GmbH arbeitet ausschließlich aufgrund der Allgemeinen Deutschen Spediteurbedingungen 2017 (ADSp 2017)
IATA-Agent	IATA-Agenturnummer: 23-4 5782/3412
Niederlassungen	Dortmund, Köln, Frankfurt/Main, Hamburg, Berlin, Rom, Paris, Antwerpen
Beteiligungen	Gesellschafter im Sammelladungsverbund German Cargo-System-Logistik Hannover Kommanditist bei der Kombiverkehr GmbH & Co. KG in Frankfurt/Main

Berechtigungen	→ Erlaubnis für den gewerblichen Güterkraftverkehr (GüKG-Erlaubnis) → CEMT-Genehmigung → Gemeinschaftslizenz (EU-Lizenz) → Bilaterale Genehmigungen
Qualitätsmanagement	Zertifiziert nach DIN EN ISO 9002

WECHSEL-KURSE	China	CNY	8,4460	USA	USD	1,1550
	Hong Kong	HKD	8,2906	Kanada	CAD	1,4525
	Japan	JPY	138,810	Australien	AUD	1,5120
	Schweiz	CHF	1,0341	Schweden	SEK	10,56
	Südafrika	ZAR	14,6400	SZR		1,1337

1 Speditionsrecht und Spediteursammelgut (Aufgaben)

Sachverhalt zur Aufgabe 1–8

Sie sind in der Niederlassung Dortmund der DTMLog in der Abteilung Sammelgut-Ausgang tätig. Ihnen liegt der Speditionsauftrag Nr. 022-7812 (Anlage A1-001) zur weiteren Bearbeitung vor.

Aufgabe 1

Bei der Abholung der Sendung haben Sie Ihrem Kunden eine reine Übernahmequittung erteilt. Nennen Sie zwei Sendungsmerkmale, die durch die Übernahmequittung gemäß ADSp 2017 bestätigt werden, und zwei Sendungsmerkmale, die nicht durch den Spediteur bestätigt werden.

Aufgabe 2

Beurteilen Sie, ob die Voraussetzungen für die ADSp-Geltung für diese Sendung gegeben sind.

Aufgabe 3

In Ziffer 8 des Speditionsauftrages wurde die Abrechnung des Auftrages nach dem DTMLog-Haustarif (Anlage A1-002) vereinbart. Ermitteln Sie das Speditionsentgelt einschließlich der Nebengebühren. Die Entfernung von Essen nach Marktoberdorf beträgt 647 km.

Aufgabe 4

Beschreiben Sie, welche Folge der Versendervermerk 8a im Speditionsauftrag für die Haftung bei Lieferfristüberschreitung hat.

Aufgabe 5

Auf der Sendung liegt eine Nachnahme über 6300,00 €. Erläutern Sie die Bedeutung von Nachnahmen für die Ablieferung der Sendung.

Aufgabe 6

Der Versender hat einen Warenwert für die Güterversicherung angegeben.

a) Beschreiben Sie, welche Gefahren durch diese Versicherung abgedeckt sind, wer Versicherungsnehmer, Prämienzahler und Begünstigter ist.
b) Berechnen Sie die Versicherungsprämie nach dem Tarif in der Anlage A1-003.

Aufgabe 7

Durch einen Fehler beim Empfangsspediteur wird ein Steuergerät so beschädigt, dass es unbrauchbar wird. Auf jeder Palette befinden sich je 6 Steuergeräte (SZR vorgegeben).

a) Wie hoch ist der Schadenersatz, den der Versender erhält?
b) Die Versicherung geht beim Empfangsspediteur in Regress. Wie hoch ist die Regressforderung?

Aufgabe 8

Der Empfangsspediteur hat seinen Standort in Kempten/Allgäu.

a) Nennen Sie die Autobahnen, die der Lkw im Hauptlauf benutzt, wenn er die kürzeste Stecke fährt.
b) Nennen Sie 5 Städte entlang der Strecke.
c) Der Hauptlauf soll im Begegnungsverkehr durchgeführt werden. Erläutern Sie den Begriff und die Vorteile dieser Transportart.

Sachverhalt zur Aufgabe 9–16

Sie sind in der Niederlassung Dortmund der DTMLog in der Abteilung Sammelgut-Ausgang tätig. Ihnen liegt das Bordero Nr. 015-22703 (Anlage A1-005) zur weiteren Bearbeitung vor.

Aufgabe 9

Erfassen Sie den Speditionsauftrag Nr. 015-3317 (Anlage A1-004) im Bordero 015-22703.

Aufgabe 10

Ermitteln Sie, wie viele Lademeter für die Sendungen 1–8 des Borderos benötigt werden, wenn die A. Möller GmbH Wechselbrücken mit Europalettenbreite einsetzt.

Aufgabe 11

Bei bestimmten Sendungen müssen dem Spediteur bei Auftragserteilung schriftlich die Eigenschaften des Gutes mitgeteilt werden. Für welche Sendung des Borderos trifft diese ADSp-Vorschrift zu. Begründen Sie Ihre Entscheidung.

Aufgabe 12

a) Der Transport des Sammelgutes beginnt in Dortmund um 22:30 Uhr. Ermitteln Sie die Ankunftszeit des Fahrzeuges in Kiel. Die Entfernung beträgt 442 km. Die Durchschnittsgeschwindigkeit beträgt 68 km/h.

b) Nennen Sie die Autobahnen, auf denen der Transport auf dem kürzesten Weg stattfindet, und nennen Sie drei an der Strecke gelegene Großstädte.

Aufgabe 13

Die A. Möller GmbH besitzt eine nationale Erlaubnis (GüKG-Erlaubnis), mit der dieser Transport durchgeführt werden kann.

a) Geben Sie die Gültigkeitsdauer dieser Erlaubnis nach der Ausstellung und nach der Verlängerung an.

b) Nennen Sie drei Voraussetzungen für die Erteilung der Erlaubnis.

Aufgabe 14

Der Sammelgut-Lkw trifft planmäßig in Kiel bei der Spedition Heinrich ein. Begründen Sie, warum hier eine Schnittstelle nach ADSp vorliegt, und geben Sie an, welche Pflichten sich daraus für den Empfangsspediteur Heinrich ergeben.

Aufgabe 15

Bei der Ablieferung beim Empfänger in Lübeck wird festgestellt, dass eine Palette der Sendung 4 durch einen Schaden auf dem Umschlagslager des Empfangsspediteurs vollständig unbrauchbar wurde. Die Sendung hat einen Wert von 14 730,00 €. Der Empfänger macht zusätzlich einen Schaden wegen Produktionsausfall von 3 500,00 € geltend.

a) Ermitteln Sie die Höhe des Schadenersatzes.
b) Nennen und begründen Sie, wer der Schadenersatzberechtigte ist.
c) Die Haftungsversicherung von DTMLog erstattet den Schaden. Beschreiben Sie die Schadenabwicklung.

Aufgabe 16

Die Sendung besteht aus Natriumhypochlorit (UN 1791) und ist Gefahrgut. Berücksichtigen Sie die Tabellen in der Anlage A2-005: Gefahrgut.

UN-Nr	Benennung und Beschreibung	Klasse	Verpackungsgruppe	Begrenzte und freigestellte Mengen		Beförderungskategorie	Tunnelbeschränkungscode
1791	HYPOCHLORITLÖSUNG	8	II	1 L	E2	2	(E)

a) Entscheiden und begründen Sie, ob eine
   aa) begrenzte Menge je Packstück,
   ab) freigestellte Menge je Packstück oder eine
   ac) geringe Menge je Fahrzeug vorliegt.

b) Erläutern Sie die Kennzeichnung der Packstücke und des Fahrzeuges bei diesem Transport.

Sachverhalt zur Aufgabe 17–20

Sie sind bei der Spedition DTMLog, Niederlassung Freiburg, in der Abteilung Sammelgutverkehr tätig. Sie bereiten einen Sammelguttransport nach Dresden vor. Die Sendungen, die Sie für diesen Transport bereits angenommen haben, finden Sie im abgebildeten Bordero (siehe Anlage A1-006). Den Transport wird der Unternehmer Seegmüller aus Freiburg mit einem Sattelzug (Ladelänge 13,60 m, Europalettenbreite, Nutzlast 22 800 kg) durchführen. Die Abholung und die Auslieferung werden mit Nahverkehrsunternehmern durchgeführt.

Aufgabe 17

Ermitteln Sie für diese Sammelladung die benötigten Lademeter und geben Sie an, ob Sie diese Sendungen auf den Sattelzug verladen können.

Aufgabe 18

Bringen Sie folgende Städte an der Hauptlaufstrecke in die richtige Reihenfolge:

Chemnitz	☐
Erfurt	☐
Offenburg	☐
Mannheim	☐
Eisenach	☐
Frankfurt	☐
Karlsruhe	☐
Jena	☐

Aufgabe 19

Erstellen Sie die Rückrechnung des Empfangsspediteurs

a) Rechnen Sie die Unfrei-Sendungen mit den Empfängern nach dem Sammelguthaustarif (Anlage A1-002) ab.
b) Ermitteln Sie die Nachlaufkosten nach den Abrechnungsvereinbarungen (Anlage A1-006).

c) Ermitteln Sie die Nebengebühren, die der Empfangsspediteur in Rechnung stellen kann.

d) Berechnen Sie die Beträge, die dem Versandspediteur belastet und gutgeschrieben werden.

DTMLog GmbH logistics international		Versandspediteur DTMLog Bertoldstraße 44 79111 Freiburg			Empfangsspediteur Biehler Spedition GmbH Nickerner Weg 8 01257 Dresden		Frachtführer Seegmüller GmbH, Belchenstraße 45, 70114 Freiburg		
	Empfänger	Haus-Haus-km	Nach-lauf-km	Ge-wicht	Frankatur	Steuer-pflich-tig In €	Nicht steuer-pflichtig in €	Verteil-kosten In €	Sons-tiges In €
1	MSD Altkaditz 7 01139 Dresden	675	27	2800	frei Haus ABLN, AVIS				
2	Krause Büro Schachtweg 37 01705 Freital	664	14	1800	unfrei ABLN, AVIS MARGE −14 %				
3	Schmidt Stahlhandel Paracelsusstraße 10 09114 Chemnitz	581	82	2600	frei Haus AVIS				
4	Musik-Zielau Wallstraße 5 01067 Dresden	616	9	1400	frei Haus ABLN, AVIS				
5	Nora Anlagentechnik Königstraße 5 01796 Pirna	644	11	2.200	frei Haus				
6	Liskau Baumarkt Wilhelmschacht 34 04552 Borna	716	139	1320	unfrei ABLN, AVIS GG				
	SUMME				SUM				
					UST				↲
					SUM				EuV
									SUM
					GES				UST
									GES

Aufgabe 20

a) Bestimmen Sie die Schnittstellen nach ADSp für diese Sammelladung. Begründen Sie, warum es sich jeweils um eine Schnittstelle handelt.

b) Beschreiben Sie die Pflichten, die ein Spediteur beim Vorliegen einer Schnittstelle hat.

1 Speditionsrecht und Spediteursammelgut (Anlagen)

Anlage A1-001: Speditionsauftrag

	Speditionsauftrag	Nr. 022-7812
1 Versender/Lieferant Degener & Lutz Maschinenbau Elisabethstraße 2 45139 Essen	DTMLog GmbH logistics international	4 Versandspediteur DTMLog GmbH Franziusstraße 86 44147 Dortmund
2 Empfänger Franz Hatter Industriebedarf KG Georg-Fendt-Straße 94 87616 Marktoberdorf/Allgäu	5 Bordero-Nr.	020-712 410
	6 Eintreff-Datum 06.05.20..	7 Eintreff-Zeit 17:00 Uhr
3 Anlagen/Bemerkungen Abholung der Sendung am 05.05.20.. ab 16:00 h Bitte um schriftlichen Abliefernachweis.	8 Versendervermerke für den Versandspediteur a) Die Sendung ist im Rahmen ihres Angebots mit garantierter Ankunftszeit zu versenden. b) Vereinbartes Haus-Haus-Speditionsentgelt gemäß dem DTMLog-Haustarif	

9 Zeichen und Nr.	10 Anzahl	11 Packstück	12 SF	13 Inhalt	14 Lademittel-Gewicht in kg	15 Brutto-Gewicht in kg
DE 1712-13	2	EFP	0	Elektronische Steuergeräte		624,0
	2					624,0

16 Frankatur Frei Haus	17 Warenwert für die Güterversicherung 18 900,00 €	Nachnahme 6 300,00 €

Wir arbeiten ausschließlich auf Grundlage der Allgemeinen Deutschen Spediteurbedingungen 2017 (ADSp 2017). Hinweis: Die ADSp 2017 weichen in Ziffer 23 hinsichtlich des Haftungshöchstbetrages für Güterschäden (§ 431 HGB) vom Gesetz ab, indem sie die Haftung bei multimodalen Transporten unter Einschluss einer Seebeförderung und bei unbekanntem Schadenort auf 2 SZR/kg und im Übrigen die Regelhaftung von 8,33 SZR/kg zusätzlich auf 1,25 Millionen Euro je Schadenfall sowie 2,5 Millionen Euro je Schadenereignis, mindestens aber 2 SZR/kg, beschränken.

Anlage A1-002: Haustarif

DTMLog Haustarif: Sammelgut Haus-Haus-Entgelte									
Gewicht (kg)	Entfernung (km)								
bis	100	200	300	400	500	600	700	800	1000
50	31,50	34,10	34,70	34,80	35,00	35,70	36,30	36,90	37,50
100	53,40	59,00	60,10	60,50	61,00	61,90	63,80	64,70	66,50
200	75,60	86,90	88,60	89,40	90,50	92,20	95,90	97,80	101,50
300	109,60	128,30	131,40	133,10	134,60	137,50	143,70	146,90	153,20
400	140,50	166,60	171,00	173,20	175,40	179,60	188,50	192,60	201,70
500	167,90	201,70	207,00	209,60	212,60	218,50	229,40	234,90	246,20
600	195,60	236,60	243,50	246,80	250,20	257,10	270,80	277,70	291,20
700	229,00	277,40	285,30	289,50	293,30	301,50	317,80	325,70	342,00
800	262,10	318,00	327,40	332,10	336,50	346,00	364,80	373,80	392,60
900	272,90	336,00	346,50	352,20	357,20	367,70	388,90	399,40	420,70
1000	303,40	374,20	386,00	392,00	397,80	409,60	433,20	444,80	468,40
1250	330,80	414,70	428,80	435,70	442,90	456,80	484,70	498,50	526,50
1500	358,70	454,70	471,00	479,20	487,20	503,40	535,40	551,50	583,70
2000	369,00	472,70	490,00	498,50	507,10	524,50	558,90	576,20	611,00
2500	369,90	493,30	513,80	523,90	534,40	554,90	595,90	616,70	657,70
3000	370,60	511,80	535,20	547,10	558,80	582,40	629,40	652,90	699,80

Zusätzlich zum Haus-Haus-Entgelt werden folgende **Nebengebühren** berechnet:

- (NN) Gebühr für Versendernachnahmen: 2 % der Nachnahme, mindestens 15,30 €
- (AVIS) Avisgebühren pro Sendung: 5,10 €
- (ABLN) Beschaffung eines Abliefernachweises, mindestens 6,10 €
- (PAL) Palettentauschgebühr für
  - genormte Flachpaletten: je Palette 2,60 €
  - genormte Gitterboxpaletten: je Palette 10,20 €
- (WART) Stand- und Wartezeiten von mehr als einer halben Stunde je halbe Stunde: 17,90 €

- (GG) Versendung gefährlicher Güter
  - pro Sendung bis 300 kg: mindestens 10,20 €
  - 301 kg bis 1 000 kg: mindestens 15,30 €
  - über 1 000 kg: mindestens 20,50 €
- (WIEG) Wiegen von Gütern sowie Aufmessen von Sperrgütern 2,60 €
- (LAG) Lagergeld für Güter normalen Umfangs pro Tag und 100 kg 1,00 € mindestens 2,10 €
- (RG) Rechnungserstellung für Unfrei-Empfänger, die nicht zur sofortigen Zahlung bereit sind, sowie für Dritte 6,10 €

Sperrigkeit von Sendungen

- Volumen: Eine Sendung muss pro Kubikmeter mindestens ein Gewicht von 200 kg haben.
- Palettenstellplatz: Ein Palettenstellplatz (Europalette) auf dem Lkw muss mit mindesten 400 kg Gewicht abgerechnet werden. Für stapelbare Europaletten verringert sich das Gewicht auf 200 kg, für eine stapelbare Eurohalbpalette auf 100 kg; für eine stapelbare Gitterboxpalette (Euromaße) auf 250 kg.
- Lademeter: Das Mindestgewicht pro Lademeter beträgt 1 000 kg.

Anlage A1-003: Spediteurgüterversicherung

a) Warengruppeneinteilung

A	Allgemeine Handelsgüter	Alle Handelsgüter, soweit nicht in Gruppe B bis D aufgeführt
B	Besondere Handelsgüter	Alkoholische Getränke, Computer und Computerbauteile, Maschinen und Geräte mit hohem Elektronikanteil, Foto- und Filmapparate, Unterhaltungselektronik
C	Besonders gefährdete Handelsgüter	Unverzollter Alkohol, Tabakwaren, frisches Gemüse, Mobiltelefone, radioaktive Stoffe, Kernbrennstoffe, Schnittblumen, lebende Tiere
D	Nicht versicherbare Handelsgüter	Kunstwerke, Antiquitäten, Dokumente, echte Perlen, Edelmetalle, Geld in Münzen und Scheinen, Juwelen, Urkunden, Wertpapiere

b) Prämientabelle

	Prämien in Promille	
	Warengruppe A	Warengruppe B
1. Deutschland	0,700	1,850
2. EU- und EFTA-Staaten	0,850	2,850
3. USA, Kanada, Australien, Neuseeland, Japan, Hongkong, Singapur, Taiwan und Südkorea	1,000	3,250
4. Mittel- und Südamerika, Afrika, Asien	1,250	4,250
5. Osteuropa (Russland, Belarus, Ukraine, Moldawien), Balkanstaaten	1,500	4,750
6. Lufttransporte	70 % der genannten Prämiensätze	
7. Mindestprämie je Transport	2,50	
Güter mit einem Versicherungswert über 100 000,00 € sind anfragepflichtig.		
Prämien einschließlich „Klauseln für Güterfolgeschäden und reine Vermögensschäden“ für innerdeutsche Transporte zuzüglich der gesetzlichen Versicherungssteuer von zurzeit 19 %		

Anlage A1-004: Speditionsauftrag

Speditionsauftrag Nr. 015-3317

DTMLog GmbH
logistics international

1 Versender/Lieferant
Karmann Elektro
Hochstraße 12
45661 Recklinghausen

4 Versandspediteur
DTMLog GmbH
Franziusstraße 86
44147 Dortmund

2 Empfänger
Siebert KFZ-Werkstatt
Schanzenstraße 67
25746 Heide

5 Bordero-Nr.: 015-22703

6 Eintreff-Datum: 16.04.20..

7 Eintreff-Zeit: 17:00 Uhr

8 Versendervermerke für den Versandspediteur

3 Anlagen/Bemerkungen

9 Zeichen und Nr.	10 Anzahl	11 Packstück	12 SF	13 Inhalt	14 Lademittel-Gewicht in kg	15 Brutto-Gewicht in kg
KE 121/1-4	4	Euro-FP	1	Ersatzteile		390,0

16 Frankatur	17 Warenwert für die Güterversicherung	Nachnahme		
Frei Haus	3470,00 €			

Wir arbeiten ausschließlich auf Grundlage der Allgemeinen Deutschen Spediteurbedingungen 2017 (ADSp 2017). Hinweis: Die ADSp 2017 weichen in Ziffer 23 hinsichtlich des Haftungshöchstbetrages für Güterschäden (§ 431 HGB) vom Gesetz ab, indem sie die Haftung bei multimodalen Transporten unter Einschluss einer Seebeförderung und bei unbekanntem Schadenort auf 2 SZR/kg und im Übrigen die Regelhaftung von 8,33 SZR/kg zusätzlich auf 1,25 Millionen Euro je Schadenfall sowie 2,5 Millionen Euro je Schadenereignis, mindestens aber 2 SZR/kg, beschränken.

Anlage A1-005: Bordero

DTMLog GmbH logistics international		Versandspediteur DTMLog Franziusstraße 86 44147 Dortmund	Empfangsspediteur Harry W. Heinrich Internationale Spedition Eichkamp 18, 24143 Kiel			Frachtführer Lohmeier GmbH Industriestraße 8 44534 Lünen	
	Versender	Empfänger	Anz.	Art	Inhalt	Gewicht	Frankatur
1	Office Shop Brennaborstraße 72 44149 Dortmund	Müller & Co. Am Damm 1 24837 Schleswig	3	Euro-FP SF 0	Büro- materiali- en	910,0	frei Haus
2	Chemische Werke AG Carolinenstraße 56 44793 Bochum	Aquamaris Johannesstraße 38 24143 Kiel	2	Euro-FP (je 21 Kannen mit 10 L) SF 0	Natrium- hypo– chlorit (UN 1791)	420,0	unfrei
3	Philippus Papier Reichsbahnstraße 2 58089 Hagen	Druckerei Petersen Gadelander Str. 10 24539 Neumünster	2	Einwegpa- letten (60 × 106 × 100 cm) SF 0	Druckpa- pier	1.470,0	frei Haus
4	WEKA AG Ickerottweg 37 45665 Reckling- hausen	Norddeutsche Werft Einsiedelstraße 46 23554 Lübeck	3	Euro-FP SF 0	Maschi- nenteile	1.800,0	frei Haus NN 14.730,00
5	UKA Autoteile Daimlerstraße 104 45891 Gelsenkir- chen	Autohandels- GmbH Kirchhofallee 12 24114 Kiel	6	Euro-FP SF 1	Autozu- behör	1.260,0	frei Haus
6	Schmidt GmbH Hofwiesen 43 45711 Datteln	Kaufhaus Andresen Hohe Str. 22 24768 Rendsburg	8	Einwegpa- letten (45 × 60 × 80 cm) SF 1	Haus- halts- geräte	1.240,0	unfrei
7	RuhrDruck Bebelstraße 218 44623 Herne	Verkehrsamt Mühlenkamp 18 23758 Oldenburg	2	Industrie- paletten (100 × 120 × 100 cm) SF 0	Werbe- material	680,0	frei Haus
8							

Anlage A1-006: Bordero

DTMLog GmbH logistics international	Versandspediteur DTMLog Bertoldstraße 44 79111 Freiburg	Empfangsspediteur Biehler Spedition GmbH Nickerner Weg 8 01257 Dresden			Frachtführer Seegmüller GmbH, Belchenstraße 45, 70114 Freiburg	
	Versender	Empfänger	Anz.	Art	Inhalt	Gewicht	Frankatur
1	Füchter GmbH Bruckmatten 6 79356 Eichstetten	MSD Altkaditz 7 01139 Dresden	10	EFP SF1	Maschinen- teile	2.800,0	frei Haus
2	Thieme GmbH Drucker Boschstraße 1 79331 Teningen	Krause Büro Schachtweg 37 01705 Freital	4	IP SF0	Druckma- schinen 100 × 120 × 80 cm	1.800,0	unfrei
3	Ferromatik Tullastraße 32 79341 Kenzingen	Schmidt Stahlhandel Paracelsusstraße 10 09114 Chemnitz	12	EFP SF1	Stahlteile	2.600,0	frei Haus
4	Instrumentenbau GmbH Hans-Lenz-Straße 19 78647 Trossingen	Musik-Zielau Wallstraße 5 01067 Dresden	2	Kisten SF0	Instrumente je 180 × 120 × 110 cm	1.400,0	frei Haus NN 2.000,00
5	Siebert GmbH Luisenstraße 8, 77654 Offenburg	Nora Anlagentech- nik Königstraße 5 01796 Pirna	6	Karton SF0	Schalt- schränke je 115 × 70 × 200 cm	2.200,0	frei Haus
6	Millux Farben Industriestraße 7 79541 Lörrach	Liskau Baumarkt Wilhelmschacht 34 04552 Borna	4	EFP SF0	Farben (UN 1263)	1.320,0	unfrei

Preisvereinbarung Nachlauf	Preisvereinbarung EuV	Entfernung Hauptlauf
Basispreis 15,00 € 0,30 € je angefangene 10 km	EuV 3,85 € je angefangene 100 kg	Freiburg–Dresden = 689 km

2 Güterkraftverkehr (Aufgaben)

Sachverhalt zur Aufgabe 21–28

Sie sind Mitarbeiter/-in der Niederlassung Köln der DTMLog. Als Disponent/-in der Abteilung Lkw-Verkehre sind Sie für die Abfertigung der nationalen Teil- und Komplettladungen verantwortlich. Heute liegen Ihnen die folgenden Aufträge vor:

Nr.	Versender	Empfänger	Anz.	Art	SF	Inhalt	Gewicht (kg)
01	ELGE AG Köln	Huber GmbH München	12 8 10	EWP EWP EWP	1 1 1	Waschmaschinen Waschmaschinen Waschmaschinen je 75 × 70 × 90 cm	1.380 1.000 1.200
02	ELGE AG Köln	Elektro Schmidt München	15 9	EWP EWP	0 0	Gefrierschränke je 60 × 70 × 190 cm Gefrierschränke je 60 × 70 × 205 cm	2.625 1.710
03	Rheinchemie Köln	MÜBAG München	14	EFP	0	Industriereiniger UN 3262	6.720

EWP = Einwegpaletten, EFP = Euroflachpaletten

Die Sendungen sollen zu einem Transport zusammengefasst und vom Transportunternehmer Charles Bernard SA. aus Liège (Belgien) von Köln nach München befördert werden. Bernard verfügt über einen Sattelzug mit der Ladelänge von 13,60 m (Nutzlast: 17,5 t, Euro 6 und 5 Achsen) und einen Wechselbrückenzug mit je 7,30 m Ladelänge und einer Nutzlast von 10,5 t je Wechselbrücke.

Aufgabe 21

Geben Sie die Art des Vertrages, den die DTMLog mit Charles Bernard abschließt, die handelsrechtlichen Bezeichnungen der Beteiligten und die Rechtsgrundlage für diesen Vertrag an.

Aufgabe 22

Begründen Sie, warum in diesem Fall ein Kabotageverkehr vorliegt, und geben Sie an, mit welcher Berechtigung der Unternehmer Charles Bernard diesen Transport durchführen kann.

Aufgabe 23

Ermitteln Sie, ob die drei Sendungen zusammen auf den Sattelzug verladen werden können oder ob ein Wechselbrückenfahrzeug benötigt wird.

Aufgabe 24

Erläutern Sie, wer die Sendungen be- und entladen muss und wer für die betriebs- und beförderungssichere Beladung zuständig ist.

Aufgabe 25

Für den Hauptlauf wird ein Beförderungspapier benötigt. Erläutern Sie die Vorschriften des HGB zum Beförderungspapier (Ausstellungspflicht, Quittung des Fahrers, Form des Papiers).

Aufgabe 26

Die Sendungen 1 und 2 sollen am 29.03.20.. spätestens um 17 Uhr ankommen. Die Sendung 3 kann auch erst am 30.03.20.. abgeliefert werden. Alle Sendungen können am 28.03.20.. nachmittags durch Bernard abgeholt werden. Berechnen Sie, wann der Fahrer oder die Fahrerin der Firma Bernard am 29. März spätestens den Hauptlauf beginnen muss, damit er unter Beachtung der Lenk- und Ruhezeiten bei einer Durchschnittsgeschwindigkeit von 65 km/h und einer Entfernung von 585 km die vereinbarten Liefertermine einhalten kann?

Aufgabe 27

Welche Bundesautobahnen werden auf dem Weg befahren, wenn über die folgenden Städte gefahren wird?

a) Frankfurt und Nürnberg
b) Frankfurt und Karlsruhe
c) Frankfurt, Würzburg und Ulm

Aufgabe 28

Berechnen Sie den Rohgewinn, den die DTMLog mit diesen Sendungen erzielen kann. Berücksichtigen Sie die Preisvereinbarungen (Anlage A2-001) und die Mauttabelle (Anlage A2-002). Die mautpflichtige Strecke beträgt 554 km.

Sachverhalt zur Aufgabe 29–35

Der Lkw-Unternehmer A. Möller GmbH, Lützowstraße 6, 45141 Essen, erhält einen Transportauftrag gemäß dem beiliegenden Frachtbrief (Anlage A2-004). Die Transportstrecke führt in der Schweiz durch den Gotthard-Tunnel (Tunnelbeschränkungscode E).

Aufgabe 29

Begründen Sie mit den Geltungsvoraussetzungen der CMR, ob der Transport den Bestimmungen der CMR unterworfen ist.

Aufgabe 30

Möller führt den Transport mit einem Sattelzug nach Euronorm (Euro 5, 5 Achsen) durch. Stellen Sie fest, wie viele Lademeter die Sendung beansprucht.

Aufgabe 31

Ermitteln Sie den Gesamtpreis für den Transport in die Schweiz einschließlich Maut in Deutschland (Anlage A2-001) und der LSVA in der Schweiz (Anlage A2-002). Die Entfernung von Köln nach Weil am Rhein (Grenze) beträgt 486 km, davon 475 km mautpflichtige Straßen. Die Strecke in der Schweiz beträgt 237 km.

Aufgabe 32

Ermitteln Sie das Datum und die Uhrzeit, wann Ihr Fahrer frühestens in Bellinzona ankommt. Die Durchschnittsgeschwindigkeit des Lkw beträgt 60 km/h. Der Grenzaufenthalt ist mit 1 Stunde einzuplanen. Ihrem Fahrer steht die volle Lenkzeit zur Verfügung.

Aufgabe 33

Bei der Ankunft wird festgestellt, dass eine Europalette Möbel beschädigt war. Es handelt sich um einen wirtschaftlichen Totalschaden. Der Wert der Palette beträgt 6 400,00 €. Ermitteln Sie die Höhe des Schadenersatzes und die Deckungslücke.

Aufgabe 34

Erläutern Sie zwei im CMR-Recht festgehaltene Möglichkeiten, die dem Absender bei Schadensfällen vollen Schadenersatz zugestehen.

Aufgabe 35

Die Sendung Acryl-Holzglanzlack (UN 1306) ist Gefahrgut. In jedem Karton befinden sich 4 Dosen Lack (1 kg Lack = 0,9 Liter). Das Verpackungsgewicht beträgt 48 kg. Berücksichtigen Sie die Gefahrgutvorschriften in Anlage A2-005.

a) Beschreiben Sie die Kennzeichnung und Bezettelung der Packstücke.
b) Stellen Sie fest, ob es sich um eine **begrenzte Menge je Packstück** handelt und wie die Kennzeichnung und Bezettelung in diesem Fall aussehen würde.
c) Ermitteln Sie, ob es sich um eine **geringe Menge je Fahrzeug** handelt.
d) Beschreiben Sie die Kennzeichnung des Fahrzeuges mit dem Gefahrgut.
e) Erläutern Sie die Voraussetzungen, die der Fahrer für die Durchführung des Transportes benötigt.
f) Welche Angaben müssen in den CMR-Frachtbrief für das Gefahrgut eingetragen werden?

Sachverhalt zur Aufgabe 36–44

Die DTMLog GmbH in 90451 Nürnberg erhält zwei Speditionsaufträge für Versendungen nach Skandinavien (Anlage A2-006/007). Die Sendungen werden in das Speditionslager in Nürnberg vorgeholt und sollen vom Lkw-Unternehmer Roman-Trans s.r.o. in Karlovy Vary (Tschechien) durchgeführt werden.
Das Unternehmen ist im Besitz einer Gemeinschaftslizenz mit mehreren beglaubigten Kopien und einer CEMT-Genehmigung. Es verfügt über Sattelzüge mit 13,60 m Ladelänge und Gliederzüge mit Wechselbrücken (7,30 m Innenlänge). Alle Fahrzeuge haben Europalettenbreite sowie eine Nutzlast von mindestens 22,0 t. Sie erfüllen die Schadstoffnorm Euro 5 und haben jeweils 5 Achsen.

Aufgabe 36

Geben Sie die verkehrsvertraglichen Beziehungen zwischen den beteiligten Unternehmen an und nennen Sie die Rechtsgrundlage(n) des jeweiligen Verkehrsvertrages.

Aufgabe 37

Begründen Sie, welche Berechtigung(en) das Transportunternehmen Roman-Trans für die Durchführung der Transporte zweckmäßigerweise einsetzt.

Aufgabe 38

Die beiden Sendungen sollen auf einen Lkw geladen werden. Stellen Sie fest, ob der Sattelzug ausreicht oder ein Gliederzug verwendet werden muss.

Aufgabe 39

Prüfen Sie, ob für den Speditionsauftrag 022-4322 (Anlage A2-007) die Befreiungen des ADR über Limited Quantity möglich sind (Anlage A2-005: Gefahrgut).

Aufgabe 40

Der Transportunternehmer benutzt für den Transport nach Skandinavien die Fähre von Travemünde nach Trelleborg. Geben Sie an, unter welcher Bedingung die TR-Line Lkw mit Gefahrgut zur Beförderung annimmt (Anlage A2-008: Timetable).

Aufgabe 41

Nennen Sie die Nummern der auf dem Weg von Nürnberg über Würzburg und Hamburg benutzten 3 Autobahnen.

Aufgabe 42

Stellen Sie fest, wann der Unternehmer in Nürnberg spätestens abfahren muss, um die letzte Fähre am Mittwoch in Travemünde zu erreichen (siehe Anlage A2-009: Entfernungen). Der Lkw-Fahrer hat bereits am Montag dieser Woche eine Verlängerung der Tageslenkzeit in Anspruch genommen und tritt am Mittwoch seine Fahrt nach einer vollen Tagesruhezeit an. Beachten Sie, dass Lkw mit Gefahrgut mindestens zwei Stunden vor Abfahrt der Fähre eintreffen müssen

Aufgabe 43

Gehen Sie davon aus, dass die Fähre pünktlich in Trelleborg eintrifft (siehe Anlage A2-008: Timetable) und der Fahrer 30 Minuten später seine Fahrt fortsetzen kann. Klären Sie, ob bei planmäßigem Fahrtverlauf der im Auftrag 022-5138 (siehe Anlage A2-006) genannte Fixtermin unter den folgenden Bedingungen eingehalten werden kann. Die Entladung in Göteborg dauert eine Stunde und kann als Lenkzeitunterbrechung genutzt werden.

Aufgabe 44

Mit dem Lkw-Unternehmer Roman-Trans s.r.o. in Karlovy Vary hat die Spedition DTMLog folgende Preisvereinbarung getroffen:

- Frachtkosten 1 185,00 €
- Fährkosten: 6 443,00 SEK
- Zuschlag für jede Gefahrgutposition (UN-Nr.): 275,00 SEK
- Zusätzlich wird die Autobahn-Maut in Deutschland (Anlage A2-002: Mauttabelle) berechnet (mautpflichtige km = 662).

Berechnen Sie die Gesamtkosten für diesen Transport.

Sachverhalt zur Aufgabe 45–51

Die DTMLog GmbH in 01099 Dresden erhält von der Maschinenfabrik Maurer & Söhne KG in Chemnitz den Auftrag, einen Versand nach Konya/Türkei zu organisieren (Anlage A2-010: Speditionsauftrag).

Die DTMLog in Dresden beauftragt den Lkw-Unternehmer Sachsen-Trans GmbH, Seilerweg 5, 04158 Leipzig, mit der Durchführung des Transportes in die Türkei.

Aufgabe 45

Nennen Sie die auf dem Weg durchfahrenen Staaten, auf denen der Transport durchgeführt wird (Anlage A2-011: Chemnitz-Konya).

Aufgabe 46

Geben Sie die Berechtigungen an, die der Lkw-Unternehmer für diesen Transport benötigt bzw. zweckmäßigerweise einsetzt. Beschreiben Sie, wer diese Berechtigung ausstellt und welche Voraussetzungen der Lkw-Unternehmer erfüllen muss, um diese Berechtigungen zu erhalten. Beschreiben Sie hier auch die möglichen alternativen Berechtigungen.

Aufgabe 47

Der Unternehmer setzt einen Sattelzug mit einer Ladelänge von 13,60 m ein. Ermitteln Sie, welche Ladelänge durch die Sendung beansprucht wird.

Aufgabe 48

Die Entfernung beträgt 2.592 km. Es kann eine Durchschnittsgeschwindigkeit von 64 km/h gefahren werden. Berechnen Sie, wann der Lkw frühestens in Konya ankommen kann, wenn die TRZ nicht verkürzt wird. Der Fahrer übernimmt den vorgeladenen Lkw.

Aufgabe 49

Für den Transport wird ein CMR-Frachtbrief erstellt (Anlage A2-012: CMR-Frachtbrief).

a) Nennen Sie 4 Funktionen des CMR-Frachtbriefs.
b) Nehmen Sie die entsprechenden Eintragungen in den Feldern 1 bis 4, 15 und 16 des abgebildeten CMR-Frachtbriefs vor.

Aufgabe 50

Für die Maurer & Söhne KG ist es die erste Lieferung in die Türkei. Aus diesem Grund hat man Sie neben der Besorgung des Transportes und der Ausfuhrabfertigung auch mit der Erstellung eines Präferenznachweises beauftragt.

a) Geben Sie an, welchen Präferenznachweis Sie in diesem Fall ausfüllen werden und erläutern Sie den Zweck dieses Dokuments.
b) Begründen Sie, welches Ausfuhrverfahren Sie für diese Sendung anwenden müssen.
c) Erläutern Sie die Art des ausgewählten Ausfuhrverfahrens und die Bedeutung des Ausgangsvermerkes in diesem Zusammenhang.

Aufgabe 51

In der Türkei verursacht der Fahrer einen Verkehrsunfall, bei dem 8 EFP zerstört werden. Die 40 EFP haben einen Wert von 150.640,00 USD. Berechnen Sie, mit welchem Betrag die Versicherung beim Lkw-Unternehmer in Regress geht.

2 Güterkraftverkehr (Anlagen)

Anlage A2-001: Preisvereinbarungen

a) **Preisvereinbarung mit der Charles Bernard SA**

Grundfracht pauschal:		810,00 €
plus Zuschläge:		
für jede weitere Be- und/oder Entladestelle:		90,00 €
für Gefahrgut je UN-Nr.:		60,00 €
plus Maut für Euronorm 6		

b) **Preisvereinbarung mit der ELGE AG**

Transportpreis je Gerät	bis 150 kg	24,00 €
	ab 151 kg	28,00 €

c) **Preisvereinbarung mit der Rheinchemie**

Transportpreis	bis 600 km	45,00 €
je angefangener Lademeter	ab 601 km	50,00 €

Anlage A2-002: Mauttabelle

Mautsätze pro Kilometer						
Achs- und Gewichtsklasse	Euro 6	Euro 5	Euro 4	Euro 3	Euro 2	Euro 1/ Euro 0
7,5–11,99 t	9,3	10,4	11,4	14,6	15,6	16,7
12–18 t	12,8	13,9	14,9	18,1	19,1	20,2
>18 t bis 3 Achsen	17,3	18,4	19,4	22,6	23,6	24,7
>18 t ab 4 Achsen	18,7	19,8	20,8	24,0	25,0	26,1

Anlage A2-003: LSVA

Leistungsabhängige Schwerverkehrsabgabe (LSVA) für die Schweiz in Rp/km		
Emissionsnorm	Euro 0 bis Euro 5	Euro 6
Satz pro t und km	3,10 Rp./tkm	2,28 Rp./tkm
Gewicht ist das zulässige Gesamtgewicht der Fahrzeugkombination		

Anlage A2-004: Frachtbrief

1 Absender (Name, Anschrift, Land)	INTERNATIONALER FRACHTBRIEF
Mönckeberg Möbel GmbH Venloer Str. 389 50825 Köln/Deutschland	1a Diese Beförderung unterliegt trotz einer gegenteiligen Abmachung den Bestimmungen des Übereinkommens über den Beförderungsvertrag im internationalen Straßengüterverkehr (CMR).
2 Empfänger (Name, Anschrift, Land) Antonini (Sagl) Via Mirasole 42 6500 Bellinzona/Schweiz	16 Frachtführer (Name, Anschrift, Land) **A. Möller GmbH** Internationale Transporte Lützowstraße 6, 45141 Essen
4 Ort und Tag der Übernahme des Gutes Ort: Venloer Str. 389, 50825 Köln Land: Deutschland Datum: 01.02.20(0), 7:00 Uhr	17 Nachfolgende Frachtführer (Name, Anschrift, Land)
5 Beigefügte Dokumente Handelsrechnung, 3-fach Ausfuhrbegleitdokument Versanddokument T2	18 Vorbehalte und Bemerkungen des Frachtführers

6 Zeichen und Nummern	7 Anzahl	8 Art der Verpackung	9 Bezeichnung des Gutes	11 Bruttogewicht in kg
MF 427/1-12	12	EFP	Möbel	6.480
MF 428/1-6	6	Karton	Möbel (je 1,20 × 2,10m)	1.080
MF 429/1-48	48	Karton	Acryl-Holzglanzlack (UN 1306) (je 40 × 30 x 40 cm) (SF 0)	1.200

13 Weisungen des Absenders (Zoll- und sonstige amtliche Behandlung des Gutes)
Gestellung der Sendung bei Zollamt Bellinzona

14 Gefahrgut-Klassifikation			Nettomasse kg/l	
UN-Nr.	Gefahrgut-Bezeichnung	Gefahrzettelmuster	Verpackungsgruppe	Tunnelbeschränkungscode

15 Frachtzahlungsanweisungen	19 Besondere Vereinbarungen
unfrei	Frachtvereinbarung 160,00 € je Lademeter zuzüglich Maut in Deutschland und LSVA in der Schweiz

21 Ausgefertigt in Köln	am 20.12.20(0) um 8:00 h	22 Gut empfangen am
MÖNCKEBERG GMBH KÖLN *C. Hassel*	**A. Möller GmbH** Lützowstraße 6 45141 Essen *Manfred Kayser*	
22 Unterschrift und Stempel des Absenders	23 Unterschrift und Stempel des Frachtführers	24 Unterschrift und Stempel des Empfängers

Anlage A2-005: Gefahrgut

Gefahrguttabelle

UN-Nr.	Benennung und Beschreibung	Klasse	Verpackungsgruppe	Gefahrzettel	Begrenzte und freigestellte Mengen		Beförderungskategorie (Tunnelbeschränkungscode)	Nummer zur Kennzeichnung der Gefahr
	3.1.2	2.2	2.1.1.3	5.2.2	3.4.6/3.5.1.2		1.1.3.6 (8.6)	5.3.2.3
(1)	(2)	(3a)	(4)	(5)	(7a)	(7b)	(15)	(20)
1219	ISOPROPANOL (ISOPROPYLALKOHOL)	3	II	3	1 L	E2	2 (D/E)	33
1268	ERDÖLDESTILLATE, N.A.G. oder ERDÖLPRODUKTE, N.A.G.	3	I	3	500 ml	E3	1 (D/E)	33
1306	HOLZSCHUTZMITTEL, FLÜSSIG	3	III	3	5 L	E1	3 (D/E)	30
1950	DRUCKGASPACKUNGEN, giftig, entzündbar	2		2.1+ 6.1	120 ml	E0	1 (D)	
3066	FARBE oder FARBZUBEHÖRSTOFFE (einschließlich Farbverdünnung und -lösemittel)	8	III	8	5 L	E1	3 (E)	80

In freigestellten Mengen verpackte gefährliche Güter (EQ)		
	Code höchste Nettomenge je Innenverpackung (für feste Stoffe in Gramm und für flüssige Stoffe und Gase in ml)	Höchste Nettomenge je Außenverpackung (für feste Stoffe in Gramm und für flüssige Stoffe und Gase in ml oder bei Zusammenpackung die Summe aus Gramm und ml)
E 0	In freigestellten Mengen nicht zugelassen	
E 1	30	1000
E 2	30	500
E 3	30	300
E 4	1	500
E 5	1	300

Geringe Mengen je Beförderungseinheit	
Beförderungskategorie	Höchstzulässige Gesamtmenge je Beförderungseinheit (in kg oder Liter)
0	0
1	20
2	333
3	1000
4	unbegrenzt

Anlage A2-006: Speditionsauftrag

	Speditionsauftrag	Nr. 022-5138
1 Versender/Lieferant FRACHEM AG Spezialchemie Wehlauer Str. 18-24 90766 Fürth	DTMLog GmbH logistics international	4 Versandspediteur DTMLog GmbH Bremer Str. 118 90451 Nürnberg
2 Empfänger Olsen Engeneering AS Maskinfabrikk Østensjøveien 15 0661 Oslo, Norwegen	5 Datum	02.05.20..
	6 Eintreff-Datum Freitag, 06.05.20..	7 Eintreff-Zeit 17:00 Uhr Fixtermin
3 Anlagen/Bemerkungen	8 Versendervermerke für den Versandspediteur Kein Gefahrgut nach ADR und IMDG IBC nicht stapelbar	

9 Zeichen und Nr.	10 Anzahl	11 Packstück	13 Inhalt	14 Maße in cm je Packstück	15 Brutto je/kg	15 Brutto gesamt/kg
712-01/06	6	IBC	ECO-Silan A201	120 × 100 × 140	770	4 620
846-01/09	9	IBC	ECO-Silan A206	80 × 80 × 120	530	4 770
851-01/04	4	IBC	ECO-Silan A208	120 × 100 × 140	820	3 280
914-01/06	6	IBC	ECO-Silan A210	80 × 80 × 120	460	2 760
	25					15 430

16 Frankatur	17 Warenwert für die Güterversicherung	Nachnahme
Frei Haus	192 100,00 €	

Wir arbeiten ausschließlich auf Grundlage der Allgemeinen Deutschen Spediteurbedingungen 2017 (ADSp 2017). Hinweis: Die ADSp 2017 weichen in Ziffer 23 hinsichtlich des Haftungshöchstbetrages für Güterschäden (§ 431 HGB) vom Gesetz ab, indem sie die Haftung bei multimodalen Transporten unter Einschluss einer Seebeförderung und bei unbekanntem Schadenort auf 2 SZR/kg und im Übrigen die Regelhaftung von 8,33 SZR/kg zusätzlich auf 1,25 Millionen Euro je Schadenfall sowie 2,5 Millionen Euro je Schadenereignis, mindestens aber 2 SZR/kg, beschränken.

Anlage A2-007: Speditionsauftrag

	Speditionsauftrag	Nr. 022-4322
1 Versender/Lieferant Medgros GmbH Großhandel Aischweg 22 90768 Fürth	DTMLog GmbH logistics international	4 Versandspediteur DTMLog GmbH Bremer Str. 118 90451 Nürnberg
2 Empfänger Svenska Economica Medica AB Stålverksgatan 7 417 07 Göteborg, Schweden	5 Bordero-Nr.	02.05.20..
	6 Eintreff-Datum 05.05.20..	7 Eintreff-Zeit
3 Anlagen/Bemerkungen	8 Versendervermerke für den Versandspediteur The delivery contains dangeraus goods in „limited quantity“ according to 3.4 ADR: 356-02 bis 03: 450 pieces a 100 ml (UN 1950) 322-01 bis 04: 1 160 pieces a 15 ml (UN 1219)	

9 Zeichen und Nr.	10 Anzahl	11 Packstück	13 Inhalt	14 Maße in cm je Packstück	15 Lademittelgewicht kg	16 Bruttogewicht kg
356-01/11	11	EFP	Medical Accessories	7 Karton je EFP zu je 25 kg	192,5	1 925,0
322-01/24	24	Karton	Medical Accessories	50 × 40 × 30 cm (auf die EFP stapelbar)	24,0	128,0
	35				216,5	2 053,0

16 Frankatur	17 Warenwert für die Güterversicherung	Nachnahme
DAP Göteborg	28 912,00 €	

Wir arbeiten ausschließlich auf Grundlage der Allgemeinen Deutschen Spediteurbedingungen 2017 (ADSp 2017). Hinweis: Die ADSp 2017 weichen in Ziffer 23 hinsichtlich des Haftungshöchstbetrages für Güterschäden (§ 431 HGB) vom Gesetz ab, indem sie die Haftung bei multimodalen Transporten unter Einschluss einer Seebeförderung und bei unbekanntem Schadenort auf 2 SZR/kg und im Übrigen die Regelhaftung von 8,33 SZR/kg zusätzlich auf 1,25 Millionen Euro je Schadenfall sowie 2,5 Millionen Euro je Schadenereignis, mindestens aber 2 SZR/kg, beschränken.

Anlage A2-008: Timetable

TR-Line Travemünde-Trelleborg		TIMETABLE		
Weekday	Travemünde–Trelleborg		Trelleborg–Travemünde	
	dep TRA	arr TRE	dep TRE	arr TRA
...				
Wednesday	02:30	10:45	06:30	14:00
	09:30	19:15	09:30	19.15
	15:45	23:15	16:45	Th 00:45
	22:00	Th 07:30	22:00	Th 07:30
...				

Dangerous goods have to be reported at least 24 hrs. before departure. TR Line reserves the right to change timetable without any advance notice and to cancel or interrupt the journey because of weather conditions, technical or other reasons.

Anlage A2-009: Entfernungen

Strecke	Entfernungen	Geschwindigkeit
Nürnberg - Travemünde	684 km	72 km/h
Trelleborg-Göteborg	315 km	70 km/h
Göteborg-Oslo	270 km	60 km/h

Anlage A2-010: Speditionsauftrag

Speditionsauftrag International — Nr. 022-7022

Auftraggeber/Shipper
Maurer & Söhne KG
Maschinenfabrik
Annaberger Str. 206
09125 Chemnitz, Sachsen

DTMLog GmbH
logistics international

Versandspediteur
DTMLog GmbH
Magazinstraße 22
01099 Dresden

Empfänger/Consignee
TCS Makina Ltd.
Ortakonak OSB Mah.
500 Sk No:17
42050 Konya, Türkei

Notify zur Weiterleitung an/zur Verfügung von:

INCOTERM
CIP Konya

Warenwert
270.644,15 USD

Datum
16.08.20(0)

9 Zeichen und Nr.	10 Anzahl	11 Packstück	13 Inhalt	14 SF	15 Brutto/kg
9150/1-4	4	Verschlag	Elektroschränke 120 × 120 × 210	0	2.720,0
9151/1-40	40	EFP	Maschinenteile	1	9.600,0
	44				12.320,0

Besondere Vorschriften:		
Transportmittel	Lkw	
Transportversicherung	☑ ja ☐ nein	
Abholung	Montag, 18.08.20(0), 18:00 h	
Ankunft	Donnerstag, 22.08.20(0), 14:00 h	

Wir arbeiten ausschließlich auf Grundlage der Allgemeinen Deutschen Spediteurbedingungen 2017 (ADSp 2017). Hinweis: Die ADSp 2017 weichen in Ziffer 23 hinsichtlich des Haftungshöchstbetrages für Güterschäden (§ 431 HGB) vom Gesetz ab, indem sie die Haftung bei multimodalen Transporten unter Einschluss einer Seebeförderung und bei unbekanntem Schadenort auf 2 SZR/kg und im Übrigen die Regelhaftung von 8,33 SZR/kg zusätzlich auf 1,25 Millionen Euro je Schadenfall sowie 2,5 Millionen Euro je Schadenereignis, mindestens aber 2 SZR/kg, beschränken.

Anlage A2-011: Chemnitz–Konya

Anlage A2-012: CMR-Frachtbrief

1 Absender (Name, Anschrift, Land)	**INTERNATIONALER FRACHTBRIEF** 1a Diese Beförderung unterliegt trotz einer gegenteiligen Abmachung den Bestimmungen des Übereinkommens über den Beförderungsvertrag im internationalen Straßengüterverkehr (CMR).
2 Empfänger (Name, Anschrift, Land)	16 Frachtführer (Name, Anschrift, Land)
4 Ort und Tag der Übernahme des Gutes Ort: Land: Datum:	17 Nachfolgende Frachtführer (Name, Anschrift, Land)
5 Beigefügte Dokumente	18 Vorbehalte und Bemerkungen des Frachtführers

6 Zeichen und Nummern	7 Anzahl	8 Art der Verpackung	9 Bezeichnung des Gutes	11 Bruttogewicht in kg

13 Weisungen des Absenders (Zoll- und sonstige amtliche Behandlung des Gutes)

14 Gefahrgut-Klassifikation			Nettomasse kg/l	
UN-Nr.	Gefahrgut-Bezeichnung	Gefahrzettel-muster	Verpackungsgruppe	Tunnelbe-schrän-kungscode

15 Frachtzahlungsanweisungen	19 Besondere Vereinbarungen

21 Ausgefertigt in	am	22 Gut empfangen am
22 Unterschrift und Stempel des Absenders	23 Unterschrift und Stempel des Frachtführers	24 Unterschrift und Stempel des Empfängers

3 Luftfracht (mit Incoterms®2020 und Zoll) (Aufgaben)

Sachverhalt zur Aufgabe 52–58

Sie sind Mitarbeiter/-in der AirTrans GmbH in Düsseldorf. Sie erhalten den Auftrag (Anlage A3-001: Speditionsauftrag), Ersatzteile nach Mumbai/Indien zu versenden. Wegen der Dringlichkeit soll die Sendung im Direktverkehr abgefertigt werden.

Aufgabe 52

Geben Sie die Vertragspartner an, zwischen denen der Frachtvertrag abgeschlossen wird, und erläutern Sie die Rolle der Spedition Air-Trans bei der Auftragsabwicklung.

Aufgabe 53

Die WEMA AG in Bochum wünscht eine Auskunft über die Luftfrachtkosten einschließlich der Nebengebühren und der Versicherung/Haftungserhöhung. Berechnen Sie diese Kosten gemäß dem Haustarif der Air-Trans (Anlage A3-002-004: Luftfrachttarif)

Aufgabe 54

Für die Sendung wird ein AWB erstellt. Bitte füllen Sie im beiliegenden AWB (Anlage A3-006: AWB) die Felder (1) bis (12) aus. Entscheiden Sie, ob die Weight Charge im Feld (10) oder (11) eingetragen wird. Ergänzen Sie die Angaben im AWB. Berücksichtigen Sie, dass die WEMA AG ein „bekannter Versender" und die AirTrans ein „Reglementierter Bevollmächtigter" mit der LBA-Registration No. DE.RAC.0210 ist.

Aufgabe 55

Sie überprüfen anhand des folgenden Auszugs aus den TACT-Rules die Importvorschriften für Indien (Anlage A3-005: TACT-Rules Importvorschriften Indien).

a) Welche Anforderungen werden an die Verpackung der Sendung gestellt und was muss der Exporteur unternehmen, um die Anforderungen zu erfüllen.
b) Nennen Sie vier Anforderungen, welche die Handelsrechnung erfüllen muss.

Aufgabe 56

Für die Sendung wird eine Ausfuhrabfertigung vorgenommen.

a) Begründen Sie das anzuwendende Ausfuhrverfahren und geben Sie die Fachbezeichnung der beteiligten Zollstellen und deren Orte an.
b) Nennen Sie die vollständige Bezeichnung der Kontrollnummer, die zur Überwachung des Ausfuhrverfahrens dient.
c) Das Zollamt prüft die Zulässigkeit der Ausfuhr. Nennen Sie Verbote und Beschränkungen für eine Ausfuhr.

Aufgabe 57

Der Verkauf der Sendung erfolgt nach dem Incoterm „DAP MUM Terminal 12-7".

a) Nennen Sie die englische und die deutsche Bezeichnung des Incoterms.
b) Beschreiben Sie den Kosten- und Gefahrenübergang bei dem Incoterm DAP.

Aufgabe 58

Der Carrier FlyCargo fliegt verschiedene Städte in Südasien an. Ordnen Sie den Städten Chennai, Neu-Delhi, Abu Dhabi, Hanoi und Singapur die Ziffern aus der beiliegenden Karte (Anlage A3-007: Karte) zu.

Sachverhalt zur Aufgabe 59–64

Sie sind Mitarbeiter/-in der AirTrans GmbH in Düsseldorf und erhalten den Auftrag, den Import von hochwertigem Tafelgeschirr von Hong Kong über Frankfurt/Main nach Hannover zu besorgen. Ihr Auftrag umfasst die Organisation des Luftfrachttransportes von Hong Kong nach Frankfurt/Main, die Einfuhrabfertigung zum zoll-

und steuerrechtlich freien Verkehr in Hannover und die Besorgung des Nachlaufs per Lkw zum Empfänger in Hannover.

Informationen zur Sendung:

- 65 Karton Porzellan-Geschirr, 377 kg (je 30 × 40 × 32 cm)
- Warenwert laut Handelsrechnung: 10 834,85 USD
- Incoterm: FCA 9 Chun Wan Rd, Chek Lap Kok, Hongkong Incoterms® 2020

Beteiligte:

- Spediteur: AirTrans Speditions GmbH, Krahnenburgstraße 71, 40472 Düsseldorf
- Korrespondenzspediteur: AFQ Int. Ltd, 9 Chun Wan Rd, Chek Lap Kok, Hongkong
- Auftraggeber/Importeur: W. Wahlmann GmbH, Kornstraße 70, 30167 Hannover
- Carrier: FlyCargo AG, 118 Connaught Road West, Hong Kong
- Exporteur: XTEC Ceramic, Ltd, Jihua Rd, Longgang, Shenzhen, Guangdong Province, China, 518129

Die AFQ in Hong Kong übernimmt die Sendung vom Exporteur und versendet sie per Luftfracht an AirTrans.

Aufgabe 59

Begründen Sie, welche Vertragsbeziehung jeweils zwischen den folgenden Akteuren besteht.

a) Wahlmann GmbH, Hannover und der Spedition AirTrans,
b) Spedition AirTrans und der AFQ Int. Ltd, Hong Kong sowie
c) AFQ Int. Ltd, Hong Kong und FlyCargo AG, Hong Kong

Aufgabe 60

Verkäufer und Käufer haben im Kaufvertrag den Incoterm FCA Hong Kong vereinbart.

a) Geben Sie die englische und deutsche Bezeichnung des Incoterms in Langschrift an.
b) Nennen Sie den Kosten- und Gefahrenübergang für den Käufer.
c) Begründen Sie, warum es sich beim Incoterm FCA um eine Einpunktklausel handelt.

Aufgabe 61

Die Wahlmann GmbH in Hannover möchte eine Information über die Kosten der Versendung. Berechnen Sie die Gesamtkosten des Transportes (Anlage A3-009: Kosten).

Aufgabe 62

Die Einfuhr von Porzellan unterliegt neben den üblichen Zollabgaben auch einem Straf-/Ausgleichszoll (Antidumping). Erläutern Sie, wann Antidumpingzölle erhoben werden und welchem Zweck sie dienen.

Aufgabe 63

Berechnen Sie den Zollwert, den Zoll, den Antidumpingzoll, den EUSt.-Wert und die EUSt. Die Flugkosten werden zu 81 % der außereuropäischen Flugstrecke zugeordnet (Anlage A3-008: Zolltarif).

Aufgabe 64

Die Sendung wird am Montag, den 02.08.20(0) um 16:00 Uhr beim Spediteur in Hong Kong angeliefert. Wählen Sie einen Flug aus und berechnen Sie die früheste Ankunftszeit in Frankfurt/Main (Anlage A3-010: Flugplan).

Sachverhalt zur Aufgabe 65–75

Sie sind Mitarbeiter/-in der AirTrans GmbH in Düsseldorf und erhalten den beiliegenden Speditionsauftrag (A3-011) über die Versendung von Ersatzteilen für Holzbearbeitungsmaschinen nach São Paulo in Brasilien. Die Sendung ist eilig und soll per Luftfracht versendet werden.

Aufgabe 65

Der Versender wünscht ein Angebot über die gesamten Kosten der Versendung. Ermitteln Sie die Kosten für den Versand, wenn der Vorlauf mit 185,00 €, der Nachlauf mit 210 USD und die Ausfuhrabfertigung mit 72,00 € zusätzlich zu den Luftfrachtkosten in Rechnung gestellt werden. Auf die Luftfrachtkosten nach TACT (nicht auf die Nebengebühren) kalkulieren Sie eine Marge von –10 % (Anlage A3-012: Luftfrachttarif Sao Paulo, A3-003: Nebengebühren, A3-004: Luftfrachtversicherung).

Aufgabe 66

Bestimmen Sie, mit welchem Flug das Gut befördert werden kann, wenn der Flug mit der frühestmöglichen Ankunftszeit gewählt wird. Ermitteln Sie die Ankunftszeit für diesen Flug (Anlage A3-014: Flugplan São Paulo).

Aufgabe 67

Der Flugplan enthält 2 Verbindungen, für die eine Transferverbindung angegeben ist. Erläutern Sie die Bedeutung dieser Angaben.

Aufgabe 68

Überprüfen Sie die Importregelungen für Brasilien (Anlage A3-013: TACT-Rules Importvorschriften Brasilien).

a) Geben Sie an, welche Information Sie dem Kunden hinsichtlich der Kennzeichnung der Sendung geben müssen.
b) Geben Sie 4 weitere Anforderungen aus den Importregelungen an.

Aufgabe 69

Die Sendung wurde mit dem Incoterm CIP Campinas Incoterms® 2020 verkauft. Nennen Sie die englische und deutsche Bezeichnung in Langschrift, den Kosten- und Gefahrenübergang und die Vorschrift über die Transportversicherung.

Aufgabe 70

Die AirTrans GmbH ist IATA-Agentur und macht die Sendung „ready for carriage". Erläutern Sie, welche Aufgaben die Spedition dazu ausführen muss.

Aufgabe 71

Im Speditionsauftrag ist eine Notify-Adresse angegeben. Erläutern Sie die Bedeutung dieser Angabe.

Aufgabe 72

AirTrans ist Reglementierter Beauftragter. Die WMF-Maschinenbau ist allerdings ein „unbekannter Versender (unknown shipper)". Beschreiben Sie, welche Maßnahmen ergriffen werden müssen, damit die Sendung eine „sichere Sendung" wird und welcher Code für den Sicherheitsstatus im AWB eingetragen werden muss.

Aufgabe 73

AirTrans ist beauftragt, die Ausfuhrabfertigung für die Sendung vorzunehmen.

a) Begründen Sie, welches Ausfuhrverfahren für die Sendung durchgeführt werden muss.

b) Geben Sie die Fachbezeichnung der beteiligten Zollstellen und deren Orte an.
c) Nennen Sie 5 Abfertigungsschritte dieses Verfahrens.

Aufgabe 74

Bei Auslieferung der Sendung durch die Airline, die bei Übernahme reine Quittung erteilt hat, wird festgestellt, dass die zwei Kartons WFM BC-02 total beschädigt sind. Berechnen Sie den Schadenersatz in Euro, den die Versicherung vom Carrier beanspruchen kann.

Aufgabe 75

Die Spedition AirTrans überlegt, verschiedene europäische Flughäfen in ihr Angebot aufzunehmen. Tragen Sie die jeweils zugehörige Kennziffer (Anlage A3-015: Karte) der 6 in der Tabelle benannten Flughäfen in die Kästchen ein.

Flughafen (Stadt)	Kennziffer
Maastricht	
Prag	
Zürich	
Kopenhagen	
Brüssel	
Warschau	

Sachverhalt zur Aufgabe 76–83

Die AirTrans Spedition GmbH in Düsseldorf hat mehrere Aufträge erhalten (Anlage A3-016: Sammelgutliste), die zu einer Luftfracht-Sammelgutsendung konsolidiert und in einen Luftfrachtcontainer vom Typ 5A verladen werden soll.

Der Düsseldorfer Luftfrachtspediteur arbeitet mit der AIR CARGO GLOBAL Corp., 560 Bercik Street, Elizabeth, NJ 07201, United States als Empfangspartner für Sammelsendungen in New York und New Jersey zusammen.

Aufgabe 76

Für die Sendung 5 liegt Ihnen ein Speditionsauftrag (Anlage A3-018: Speditionsauftrag) vor. Um ein Angebot zu erstellen, berechnen Sie die Luftfracht (einschließlich der Nebengebühren) für diese Sendung.

Verwenden Sie den Haustarif der AirTrans (Anlage A3-019: Luftfrachttarif Newark) und den Nebengebührentarif aus der Anlage A3-003.

Aufgabe 77

Berechnen Sie die Luftfracht für die gesamte Sammelladung einschließlich der Nebengebühren. Die Fluggesellschaft gewährt einen Rabatt von 40 % auf den TACT.

Aufgabe 78

Ermitteln Sie den Rohgewinn aus dieser Sammelsendung.

Aufgabe 79

Für die Sendung wird ein Master-AWB erstellt. Bitte füllen Sie im beiliegenden AWB (Anlage A3-022) die Felder (1) bis (18) aus. Entscheiden Sie, ob die Weight Charge im Feld (16) oder (17) eingetragen wird.

Aufgabe 80

Für die Sendung 5 wird ein House-AWB erstellt. Beschreiben Sie, bei welchen Inhalten sich Master- und House-AWB unterscheiden und welche unterschiedlichen Daten im House-AWB eingetragen werden.

Aufgabe 81

Nennen Sie ein weiteres für den Sammelguttransport benötigtes Frachtpapier und erläutern Sie den Inhalt des Papiers.

Aufgabe 82

Berechnen Sie die Ankunftszeit des Gutes für den frühestmöglichen Flug.

Aufgabe 83

Air Trans ist damit beauftragt, die Ausfuhrabfertigung für die Agro-Tech GmbH in Solingen vorzunehmen.

a) Beschreiben Sie, welche Zwecke mit dem Ausfuhrverfahren verfolgt werden.
b) Begründen Sie die Art des Ausfuhrverfahrens für diese Sendung und nennen Sie die Bezeichnungen der beteiligten Zollämter.
c) Mit welchem Papier wird der Transport des Gutes zum Flughafen Düsseldorf durchgeführt und nennen Sie die vollständige Bezeichnung der Kontrollnummer, die zur Überwachung des Ausfuhrverfahrens dient.

3 Luftfracht (mit Incoterms®2020 und Zoll) (Anlagen)

Anlage A3-001: Speditionsauftrag

Speditionsauftrag International — Nr. 022-9210

Auftraggeber WEMA AG Maschinenfabrik Scharnhorststraße 71 44787 Bochum	**AirTrans** Speditions GmbH Krahnenburgstraße 71 40472 Düsseldorf **IATA-Agentur** Code 23-4 4812/6045
Empfänger Bhilosa Industries 75, Free Press Bldg. Nariman Point, Mumbai – 400 021 INDIA	Notify zur Weiterleitung an/zur Verfügung von: APT LOGISTICS 112, Goregaon West Road Mumbai, Maharashtra 400062 INDIA

Kunden-Nr.	Ort	Datum
42/88795-09	Bochum	15.08.20(0)

Incoterm	Warenwert	Bemerkungen
DAP MUM Terminal 12-7	9 800,00 €	WAG 77/08: mit Holz verstärkte Wellpapp-Container

9 Zeichen und Nr.	10 Anzahl	11 Packstück	13 Inhalt	14 Maße in cm	15 Brutto gesamt/kg
WAG 77/08	1	Holzkiste	Ersatzteile für Textilmaschinen (spare parts for textiles machines)	64 × 96 × 100	74,5
WAG 77/14	3	Karton		je 40 × 55 × 60	75,0
	4				149,5

Besondere Vorschriften	Papiere
Ausreichender Haftungs- oder Versicherungsschutz ist sicherzustellen. Abholung Montag, 18.08.20(0); 16:00 Uhr	3 Handelsrechnung 1 EUR. 1

Wir arbeiten ausschließlich auf Grundlage der Allgemeinen Deutschen Spediteurbedingungen 2017 (ADSp 2017). Hinweis: Die ADSp 2017 weichen in Ziffer 23 hinsichtlich des Haftungshöchstbetrages für Güterschäden (§ 431 HGB) vom Gesetz ab, indem sie die Haftung bei multimodalen Transporten unter Einschluss einer Seebeförderung und bei unbekanntem Schadenort auf 2 SZR/kg und im Übrigen die Regelhaftung von 8,33 SZR/kg zusätzlich auf 1,25 Millionen Euro je Schadenfall sowie 2,5 Millionen Euro je Schadenereignis, mindestens aber 2 SZR/kg, beschränken.

Anlage A3-002: Luftfrachttarif Mumbai

TACT = The Air Cargo Tariff			
Frankfurt		DE	FRA
		€	KGS
Mumbai	India	M	76,69
		N	4,09
		45,00	3,28
		100	2,56
		200	2,30
		300	2,17
	9709	100	2,26
	/C		2,03
5	/B	2.000	8.022,43
8	/B	1.000	4.511,22
9709 CHEMICALS, CHEMICAL PRODUCTS, DRUGS, COSMETICS, PHARMACEUTICALS, ESSENTIAL OILS, RESINS, RUBBER INCLUDING PLASTIC ARTICLES, TOILET ARTICLES			

Haustarif AirTrans			
Frankfurt		DE	FRA
		€	KGS
Mumbai	India	M	69,02
		N	3,68
		45,00	2,95
		100	2,30
		200	2,07
		300	1,95
	9709	100	2,03
	/C		1,83
5	/B	2.000	7.220,19
8	/B	1.000	4.060,10
9709 CHEMICALS, CHEMICAL PRODUCTS, DRUGS, COSMETICS, PHARMACEUTICALS, ESSENTIAL OILS, RESINS, RUBBER INCLUDING PLASTIC ARTICLES, TOILET ARTICLES			

Anlage A3-003: Nebengebühren

Nebengebühren für Exportsendungen (Auszug)			€
1.	Allgemeine Gebühren		
1.1	Air Waybill-Ausstellung	pro AWB	10,00
1.2	Air Waybill-Berichtigung	pro AWB	25,00
2.	Abfertigungsgebühren		
2.1	Allgemeine Handling Charges	pro kg	0,08
	(Annahme, Verwiegen, Messen, Etikettieren, Übergabe an Fluggesellschaft)	Minimum pro Sendung	8,00
	Maximum pro Sendung		30,00
3.	Dokumentation		
3.1	DGR Handling Fee		
	Alle DGR-Sendungen ausgenommen Radioaktiv-Sendungen	für eine UN-Nummer in Shipper's Declaration	35,00
		für mehr als eine UN-Nummer in Shipper's Declaration	70,00
4.	Weitere Gebühren		
	Fuel Surcharge	pro kg	0,80
	Security Surcharge	pro kg	0,25

Anlage A3-004: Luftfrachtversicherung

Basisprämien (in Promille) vom Versicherungswert (inkl. gesetzlicher Versicherungssteuer, sofern anwendbar)				
von/nach	Zone 1	Zone 2	Zone 3	Zone 4
Zone 1	1,5	2,2	2,2	3,8
Zone 2	2,2	1,5	3,0	3,8
Zone 3	2,2	3,0	3,0	3,8
Zone 4	3,8	3,8	3,8	4,5

Versicherungszonen

Zone 1: Europa, Israel (ohne Osteuropa, Kanarische Inseln und Türkei)

Zone 2: USA, Kanada (nur Kontinent)

Zone 3: Australien, Neuseeland, Japan, Hongkong, Singapur, Taiwan und Südkorea

Zone 4: Mittel- und Südamerika, Afrika, Asien, Osteuropa, Kanarische Inseln, Türkei und übrige Länder

Anlage A3-005: TACT-Rules Importvorschriften Indien

2.1 GENERAL

2.1.1 Packing

Wooden material: Exporter's Declaration that it is free from bark, injurious organism or insects. When no wooden material is used, Commercial invoice must state: „No wood packing has been used".

2.1.2 Language on documents English.

2.2 DOCUMENTARY REQUIREMENTS

2.2.1 Commercial consignments

Commercial invoices and Certificates of Value required for all goods. The commercial invoice must contain: place and date of issue, name and address of shipper, country of origin, marks and numbers on packages, quantity and description of goods, current domestic value. If purchase tax is included in domestic values, this should be shown separate.

Anlage A3-006: AWB

032 | FRA | 6240 1520 — 032-6240 1520

Shipper's Name and Address: [1]

Shipper's Account Number:

Not Negotiable
Air Waybill
Issued by
FlyCargo AG
Fasanenweg 78
65451 Kelsterbach

FlyCargo
Member of International Air Transport Association

Copies 1, 2 and 3 of this Air Waybill are originals and have the same validity.

Consignee's Name and Address: [2]

Consignee's Account Number:

It is agreed that the goods described herein are accepted in apparent good order and condition (except as noted) for carriage SUBJECT TO THE CONDITIONS OF CONTRACT ON THE REVERSE HEREOF. ALL GOODS MAY BE CARRIED BY ANY OTHER MEANS INCLUDING ROAD OR ANY OTHER CARRIER UNLESS SPECIFIC CONTRARY INSTRUCTIONS ARE GIVEN HEREON BY THE SHIPPER, AND SHIPPER AGREES THAT THE SHIPMENT MAY BE CARRIED VIA INTERMEDIATE STOPPING PLACES WHICH THE CARRIER DEEMS APPROPRIATE. THE SHIPPER'S ATTENTION IS DRAWN TO THE NOTICE CONCERNING CARRIER'S LIMITATION OF LIABILITY. Shipper may increase such limitation of liability by declaring a higher value for carriage and paying a supplemental charge if required.

Issuing Carrier's Agent Name and City: [3]

Accounting Information:

Agent's IATA Code: 23-4 4812/6045

Account No.:

Airport of Departure (Addr. of First Carrier) and Requested Routing: FRA Frankfurt/Main

Reference Number:

Optional Shipping Information:

To	By First Carrier / Routing and Destination	to	by	to	by
BOM	FlyCargo				

Currency	CHGS Code	WT/VAL PPD	WT/VAL COLL	Other PPD	Other COLL	Declared Value for Carriage	Declared Value for Customs
EUR						[4]	

Airport of Destination: Mumbai Airport Int'l

Requested Flight/Date:

Amount of Insurance: [5]

INSURANCE – If carrier offers insurance, and such insurance is requested in accordance with the conditions thereof, indicate amount to be insured in figures in box marked „Amount of Insurance".

Handling Information: [6]

Commercial Invoice attached 3-f

SCI

No. of Pieces RCP	Gross Weight	kg / lb	Rate Class / Commodity Item No.	Chargeable Weight	Rate / Charge	Total	Nature and Quantity of Goods (incl. Dimensions or Volume)
	[7]			[8]	[9]	[10]	spare parts for textiles machines

Prepaid	Weight Charge	Collect	Other Charges
[11]		[12]	[13]
	Valuation Charge		
	Tax		

Anlage A3-007: Karte

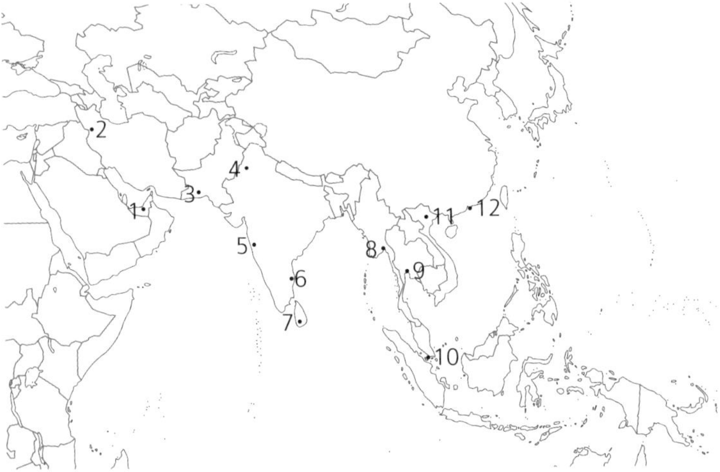

Anlage A3-008: Zolltarif

Geschirr und andere Artikel für den Tisch- oder Küchengebrauch

Zolltarifnummer: 69111000900

Ursprungsland: China

Gebietscode	MN-Schl.	Maßnahmeart	Maßnahmen	Beginn
1011	103	Drittlandszoll-satz	12 %	01.01.2005

Antidumpingzoll			
lfd. Nr.	Aktion	Aktions-betrag	Dokument
1	Der Aktionsbetrag ist anzuwenden	18,3	Antidumping-/Ausgleichszolldoku-ment; Handelsrechnung mit unterzeichneter Erklärung

Anlage A3-009: Kosten

TACT = The Air Cargo Tariff			
HONG KONG		HK HKD	HKG KGS
Frankfurt	DE	M	392,00
		N	83,92
		45	62,95
		100	44,00
		300	39,00
		500	36,00
		800	32,00
Fuel Surcharge		kg	7,05
Security Surcharge		kg	2,90

Weitere Kosten	
Speditionskosten AFQ, Hong Kong (inkl. AWB-fee, Handling Charge)	1 990.00 HKD
Nachlauf Frankfurt–Hannover	310,00 €
Speditionskosten AirTrans	440,00 €

Anlage A3-010: Flugplan

Flugplan Hong Kong–Frankfurt/Main Hong Kong International Airport				time zone Hong Kong UTC+8:00	
Frequency	Depart	Arrive	Flight	Acrft	Elapsed
1*3**6*	09:10	**:**	CX2289	744	13:50
*2**5*7	15:05	**:**	LH8459	77W	14:20
36*	22:45	**:**	LH2319	320	14:40

Anlage A3-011: Speditionsauftrag

Speditionsauftrag International — Nr. 022-9714

Auftraggeber	
WFM GmbH Maschinenbau Voisweg 28 40878 Ratingen	**AirTrans** Speditions GmbH Krahnenburgstraße 71 40472 Düsseldorf **IATA-Agentur** Code 23-4 4812/6045

Empfänger	Notify zur Weiterleitung an/zur Verfügung von:
Camco Equipment Ltda. Fábrica de máquinas R. Vitório Chinaglia, 308 Campinas – SP, 13052-476, Brasilien	Globalfreight Servicos Logisticos Ltda. Av. Novo Brasil, 138 São Paulo, Guarulhos – SP, 07221-010, Brasilien

Destination/Bestimmungsflughafen	Ort	Datum
Aeroporto Int. de São Paulo-Guarulhos	Ratingen	21.05.20(0)

Incoterm	Warenwert
CIP Campinas Incoterms® 2020	37.900,00 USD

Zeichen und Nr.	Anzahl	Packstück	Inhalt	Maße in cm	Brutto kg	Wert USD
WFM GR-03	3	Karton	Kreissägeblatt	je 45x45x55	120	7.500
WFM BC-02	2	Karton	Frästisch	je 95x75x65	210	17.100
WFM WB-04	4	Karton	Elektromotor	je 48x64x48	60	4.600
WFM CS-01	1	Kiste	Bandsäge	je 85x73x175	145	8.700
Gesamt	10	Teile für Holzbearbeitungsmaschinen (Spare parts woodworking machines)			535	37.900

Besondere Vorschriften	Papiere
Abholung: Dienstag, 22.05.20(0) von 16:00 Uhr bis 18:30 Uhr Abschluss der Luftfracht-Transportversicherung	4 Handelsrechnung 1 EUR. 1

Wir arbeiten ausschließlich auf Grundlage der Allgemeinen Deutschen Spediteurbedingungen 2017 (ADSp 2017). Hinweis: Die ADSp 2017 weichen in Ziffer 23 hinsichtlich des Haftungshöchstbetrages für Güterschäden (§ 431 HGB) vom Gesetz ab, indem sie die Haftung bei multimodalen Transporten unter Einschluss einer Seebeförderung und bei unbekanntem Schadenort auf 2 SZR/kg und im Übrigen die Regelhaftung von 8,33 SZR/kg zusätzlich auf 1,25 Millionen Euro je Schadenfall sowie 2,5 Millionen Euro je Schadenereignis, mindestens aber 2 SZR/kg, beschränken.

Anlage A3-012: Luftfrachttarif Sao Paulo

Auszug (TACT = The Air Cargo Tariff)			
FRANKFURT		DE	FRA
		€	KGS
SAO PAULO	BR	M	76,69
		N	15,05
		45,00	11,42
		100	9,11
		300	7,15
		500	5,65
		800	4,20

Anlage A3-013: TACT-Rules Importvorschriften Brasilien

TACT-RULES: IMPORT REGULATIONS

2. IMPORT

2.1 General (...)

2.1.2 Marking

Packages must show AWB number and country of origin. (...)

2.1.4 Language on documents Portuguese or English.

2.1.5 Other requirements

AWB: Description and value of goods should be in conformity with Commercial Invoice, number and date of issue of Import Permit, if any, to be inserted. (...)

2.2 Documentary requirements

2.2.1 Commercial consignments

4 Commercial invoices stating value for each class of goods, net and gross weight and quantities in metric figures; (...). 2 Additional copies of the Commercial invoices should be sent separately to the consignee.

Anlage A3-014: Flugplan São Paulo

Flugplan Frankfurt (FRA)–Sao Paulo (GRU) Aeroporto Int. de São Paulo-Guarulhos				time zone São Paulo UTC-3:00		
Frequency	Depart	Arrive	Flight	Stops	Transfer location	Elapsed
12***6*	06:35	**:**	LA8085	0		12:25
1234567	10:40	**:**	BA316/LA421	1	LIS	18:40
*23*5**	11:45	**:**	LH8266	0		13:10
1***5**	14:20	**:**	QR473/IB223	1	MAD	19:10
1*3*5**	21:55	**:**	LH506	0		11:50

Anlage A3-015: Karte

Anlage A3-016: Sammelgutliste

POS	ANZ	ART	INHALT	GEWICHT	Versender	Empfänger
1	2	Karton	Ersatzteile	148,0 kg	Schulze Maschinenbau, Köln	Ultimate Car, Bayonne NY
2	1	Karton	Textilien	70,0 kg	ManuTex, Essen	Gap Outlet, Tinton Falls, NJ
3	9	Fässer	Reinigungsmittel	189,5 kg	Haiser Chemie. Mülheim	Seidler Chemical, Newark, NJ
4	3	Karton	Messinstrumente	85,0 kg	Anker Instruments, Bochum	New York Nautical, New York, NY,
5	1	Kiste	Getriebeteile	480,0 kg	AgroTech, Solingen	Myers & Son. Ltd., Irvington NY
6	2	Koffer	Fotoapparate	172,0 kg	TecTrade, Düsseldorf	Fonar Corporation, Melville, NY,
7	2	Karton	Spielwaren	158,0 kg	Müller & Schild, Kleve	Mary Arnold Toys, New York, NY
8	1	Kiste	Schmuck	75,0 kg	Juwelier Landberg, Heimbach	Borg Jewelery, Flemington, NJ
	21			1 377,5 kg		

Anlage A3-017: Volumen und Fracht

POS	VOLUMEN cm^2	LUFTFRACHT	NEBENGEBÜHREN
1	1.768.000	546,00 €	177,24 €
2	52.000	141,40 €	91,50 €
3	1.357.200	430,35 €	224,14 €
4	393.600	171,70 €	107,25 €
5	3.570.000		
6	710.400	326,80 €	204,36 €
7	360.000	300,20 €	188,54 €
8	287.100	151,50 €	96,75 €
Summe	8.498.300		

Anlage A3-018: Speditionsauftrag Sendung 5

<table>
<tr><td colspan="5">Speditionsauftrag International</td><td colspan="2">Nr. 022-7210</td></tr>
<tr><td colspan="4">Auftraggeber
AgroTech GmbH
Landmaschinenbau
Friedrichstraße 72
42651 Solingen</td><td colspan="3">AirTrans
Speditions GmbH
Krahnenburgstraße 71
40472 Düsseldorf
IATA-Agentur
Code 23-4 4812/6045</td></tr>
<tr><td colspan="4">Empfänger
Myers & Son. Ltd.
Agricultural Machinery
609 Chancellor Ave, Irvington,
NJ 07111 USA</td><td colspan="3">Notify zur Weiterleitung an/zur Verfügung von:</td></tr>
<tr><td colspan="4">Destination/Bestimmungsflughafen
EWR Newark Liberty International Airport New Jersey (USA)</td><td>Ort
Solingen</td><td colspan="2">Datum
18.05.20(0)</td></tr>
<tr><td colspan="4">Incoterm
DAP Airport Terminal Newark Incoterms® 2020</td><td colspan="3">Warenwert
17 287,24 USD</td></tr>
<tr><td>Zeichen und Nr.</td><td>Anzahl</td><td>Packstück</td><td>Inhalt</td><td>Maße in cm</td><td colspan="2">Bruttogewicht kg</td></tr>
<tr><td>AT4212-13</td><td>1</td><td>Holzkiste</td><td>Getriebeteile (gearbox parts)</td><td>255 × 175 × 80</td><td colspan="2">480,0</td></tr>
<tr><td colspan="6">Besondere Vorschriften
Abholung: Dienstag, 22.05.20(0) von 16:00 Uhr bis 18:30 Uhr
Keine Versicherung</td><td>Papiere
3 Handelsrechnung
1 EUR. 1</td></tr>
<tr><td colspan="7">Wir arbeiten ausschließlich auf Grundlage der Allgemeinen Deutschen Spediteurbedingungen 2017 (ADSp 2017). Hinweis: Die ADSp 2017 weichen in Ziffer 23 hinsichtlich des Haftungshöchstbetrages für Güterschäden (§ 431 HGB) vom Gesetz ab, indem sie die Haftung bei multimodalen Transporten unter Einschluss einer Seebeförderung und bei unbekanntem Schadenort auf 2 SZR/kg und im Übrigen die Regelhaftung von 8,33 SZR/kg zusätzlich auf 1,25 Millionen Euro je Schadenfall sowie 2,5 Millionen Euro je Schadenereignis, mindestens aber 2 SZR/kg, beschränken.</td></tr>
</table>

Anlage A3-019: Luftfrachttarif Newark

TACT = The Air Cargo Tariff)				
DÜSSELDORF			DE €	DUS KGS
NEWARK	NJ	US	M	79,69
			N	3,24
			45,00	2,69
			100	2,53
			300	2,43
			500	2,31
			800	2,07
		/C		2,14
Pallet	2	/B	2 860	3.060,00
LD9 Container	5A	/B	1 220	1.840,00

Haustarif der AirTrans GmbH				
DÜSSELDORF			DE €	DUS KGS
NEWARK	NJ	US	M	79,69
			N	3,24
			45,00	2,69
			100	2,53
			300	2,43
			500	2,31
			800	2,07

		AWB-Eintragung
IATA ULD LD9	(Rate class: Type 5A)	
Maximum gross weight:	4,624 kg (10,194 lb)	U/E
Tare weight:	215 kg (473 lb)	X
Volume:	10.8 m³ (381 ft3)	
Container-Nummer	PA173458	

Anlage A3-020: Flugplan Newark

SERVICE-DAYS							NJ = UTC-4					
Flug	ARR	DEP	STD	AC	M	T	W	T	F	S	S	FLIGHT TIME
LH408	DUS	EWR	12:05	34Y	1		3		5			8:30 h
LH412	DUS	EWR	16:25	34Y		2		4	5	6		8:45 h

Anlage A3-022: MASTER-AWB

032 | FRA | 3211 1789 — 032-3211 1789

Shipper's Name and Address
[1]

Shipper's Account Number

Not Negotiable
Air Waybill
Issued by
FlyCargo AG
Fasanenweg 10
40474 Düsseldorf

FlyCargo
Member of International Air Transport Association

Copies 1, 2 and 3 of this Air Waybill are originals and have the same validity.

Consignee's Name and Address
[2]

Consignee's Account Number

It is agreed that the goods described herein are accepted in apparent good order and condition (except as noted) for carriage SUBJECT TO THE CONDITIONS OF CONTRACT ON THE REVERSE HEREOF. ALL GOODS MAY BE CARRIED BY ANY OTHER MEANS INCLUDING ROAD OR ANY OTHER CARRIER UNLESS SPECIFIC CONTRARY INSTRUCTIONS ARE GIVEN HEREON BY THE SHIPPER, AND SHIPPER AGREES THAT THE SHIPMENT MAY BE CARRIED VIA INTERMEDIATE STOPPING PLACES WHICH THE CARRIER DEEMS APPROPRIATE. THE SHIPPER'S ATTENTION IS DRAWN TO THE NOTICE CONCERNING CARRIER'S LIMITATION OF LIABILITY. Shipper may increase such limitation of liability by declaring a higher value for carriage and paying a supplemental charge if required.

Issuing Carrier's Agent Name and City

Accounting Information

Agent's IATA Code | Account No.

Airport of Departure (Addr. of First Carrier) and Requested Routing
DUS Duesseldorf

Reference Number | Optional Shipping Information

To	By First Carrier / Routing and Destination	to	by	to	by	Currency	CHGS Code	WT/VAL PPD	WT/VAL COLL	Other PPD	Other COLL	Declared Value for Carriage	Declared Value for Customs
EWR	FlyCargo					EUR		X		X		NVD	NCV

Airport of Destination
EWR Newark Liberty Int'l

Requested Flight/Date

Amount of Insurance
XXX

INSURANCE – If carrier offers insurance, and such insurance is requested in accordance with the conditions thereof, indicate amount to be insured in figures in box marked „Amount of Insurance".

Handling Information
SPX, AirTrans, LBA-Registration No. DE.RAC.0210
[3]

SCI

No. of Pieces RCP	Gross Weight	kg lb	Rate Class / Commodity Item No.	Chargeable Weight	Rate / Charge	Total	Nature and Quantity of Goods (incl. Dimensions or Volume)
	[4]		[5]	[6]	[7]	[8]	[15]
			[9]	[10]	[11]	[12]	
	[13]		[14]				

Prepaid	Weight Charge	Collect	Other Charges
[16]		[17]	[18]

4 Seefracht (mit Akkreditiven, Incoterms®2020, Zoll) (Aufgaben)

Sachverhalt zur Aufgabe 84–88

Sie sind bei der DTMLog in der Niederlassung Hamburg in der Abteilung Seefracht-Export beschäftigt. Von Walter & Sohn KG aus Itzehoe erhalten Sie den Auftrag, eine Exportsendung nach Indien zu besorgen. Der Verkaufspreis beträgt 124 000 € CIF Mumbai.

Aufgabe 84

Sie erhalten von der Reederei die in der Anlage A4-001 abgebildete Bill of Lading (B/L) zur Weiterleitung an Ihren Kunden. Der Kunde wünscht die Erläuterung folgender Begriffe aus dem B/L:

a) SLAC
b) FREIGHT PREPAID
c) MOVEMENT FCL/FCL
d) For Delivery of Goods apply to

Aufgabe 85

Der Exporteur hat mit seinem Kunden den Incoterm CIF Mumbai (India) vereinbart. Benennen Sie die englische und deutsche Bezeichnung des Incoterms sowie den Kosten- und Gefahrenübergang in diesem Fall.

Aufgabe 86

Der Incoterm CIF schreibt den Abschluss einer Transportversicherung vor. Erläutern Sie,

a) nach welchen Versicherungsbedingungen und
b) mit welchem Deckungsumfang die Seeversicherung abgeschlossen werden muss.
c) Welchen Betrag wird die Versicherung bei einer Totalbeschädigung der Sendung dem Kunden ersetzen?

Aufgabe 87

Für die Sendung ist eine Ausfuhrabfertigung erforderlich.

a) Nennen Sie das Ausfuhrverfahren und begründen Sie, warum dieses Verfahren verwendet werden muss.
b) Nennen Sie die beteiligten Zollstellen.

c) Der Zoll überprüft das Vorliegen von Verboten und Beschränkungen für Exportsendungen. Beschreiben Sie drei mögliche VuB, die überprüft werden.

Aufgabe 88

Sie erstellen für die Walter & Sohn KG eine Abrechnung der gesamten Kosten, die nach dem Incoterm von ihr zu tragen sind. Folgende Kosten sind entstanden:

		THC Mumbai	78 USD
Containerfracht	2.150 USD	ISPS Hamburg	15 €
BAF	835 USD	Nachlauf Mumbai	150 USD
CAF	17,7 %	Ausfuhrabfertigung	56 €
THC Hamburg	124 €	B/L-Gebühr	18,75 €

Sachverhalt zur Aufgabe 89–96

Sie sind bei der DTMLog in der Niederlassung Hamburg in der Abteilung Seefracht-Import beschäftigt. Sie erhalten von Heimann Freight Vietnam LLC den Auftrag, einen Container mit T-Shirts aus Vietnam im Hafen zu übernehmen und den Nachlauf zu organisieren. Zusätzlich erteilt die Jacobi GmbH in Elmshorn den Auftrag, die Importabfertigung in Hamburg vorzunehmen. Die Sendungsdaten ergeben sich aus dem beiliegenden Konnossement (Anlage A4-002: B/L).

Aufgabe 89

Bei der Versendung werden unterschiedliche Verkehrsverträge geschlossen. Nennen Sie die unterschiedlichen Verträge, die Namen und die handelsrechtlichen Bezeichnungen der Vertragsbeteiligten.

Aufgabe 90

Beschreiben Sie die Art des beiliegenden Konnossements. Berücksichtigen Sie dabei:

a) den Zeitpunkt und Ort der Gutübernahme
b) die Übertragungsmöglichkeiten
c) den Zustand des Gutes bei Übernahme

Aufgabe 91

Die „Terms and Conditions“ enthalten unter anderem den nachfolgenden Text: „... In witness whereof the Carrier or his Agents has si-

gned Bills of Lading all of this tenor and date, one of which being accomplished, the others to stand void ..." Erläutern Sie den Inhalt dieser Textpassage.

Aufgabe 92

Im Konnossement steht die Angabe „Movement FCL/FCL". Geben Sie an, was die Abkürzung FCL ausgeschrieben heißt und erläutern Sie die Bedeutung dieser Angabe.

Aufgabe 93

Im Konnossement wird der Incoterm erwähnt, nach dem der Kauf der Sendung erfolgt ist.

a) Geben Sie die englische und die deutsche Bezeichnung des Incoterms an.
b) Beschreiben Sie den Kosten- und Gefahrenübergang bei diesem Incoterm.

Aufgabe 94

Die Sendung soll durch DTMLog in Hamburg verzollt werden.

a) Berechnen Sie den Zollwert und den Zoll für die Sendung (Anlage A4-003: Kosten bei dieser Versendung und A4-004: Zolltarif). Ein Präferenznachweis liegt vor.
b) Ermitteln Sie den Einführumsatzsteuerwert und die Einfuhrumsatzsteuer (EUSt).
c) Berechnen Sie die gesamten Bezugskosten für Jacob in Elmshorn.

Aufgabe 95

Der Exporteur aus Vietnam bietet die Ware auch für 78.500.00 USD FOB Vung Tau an. Wie würde sich der Bezugspreis ändern, wenn die Kosten sich nicht verändern und der Importeur für die Sendung ebenfalls eine Seeversicherung abschließt?

Aufgabe 96

In der Anlage (A4-005: Karte) ist die Strecke abgebildet, die das Seeschiff von Vietnam nach Hamburg nimmt.

a) Nennen Sie die Meere, Meerengen und Seeschifffahrtskanäle dieser Fahrt.
b) Nennen Sie die Staaten, in denen die abgebildeten Häfen liegen.

Sachverhalt zur Aufgabe 97–103

Die Spedition DTMLog, Niederlassung Bremerhaven, erhält den Auftrag, eine Sendung Druckmaschinen nach Montréal zu versenden.

Aufgabe 97

Für die Sendung besteht ein Akkreditiv (Anlage A4-006: Akkreditiv) und das B/L (Anlage A4-008: B/L).

a) Begründen Sie, ob das B/L mit den einzelnen Anforderungen in Ziffer 46A der Akkreditivvorschriften übereinstimmt.
b) Stimmen die Vorschriften über die Lade- und Entladehäfen im B/L mit dem Akkreditiv überein? Nennen Sie für jedes Land (44E GERMAN/DUTCH/BELGIAN SEAPORT) einen weiteren möglichen Verschiffungshafen.

Aufgabe 98

Der Incoterm CIF und das Akkreditiv (46A) schreiben den Abschluss einer Seeversicherung vor.

a) Erläutern Sie die im Akkreditiv vorgeschriebene Seeversicherung. Gehen Sie dabei auf die Versicherungsbedingungen, den Deckungsumfang und die Versicherungssumme ein.
b) In welchen Punkten weichen die Akkreditivvorschriften zur Transportversicherung von den Vorschriften des Incoterms CIF ab.
c) Im Akkreditiv wird ein Versicherungspapier verlangt. Nennen Sie den Namen dieses Dokumentes und beschreiben Sie, welche Eigenschaften das Versicherungspapier aufweisen muss.

Aufgabe 99

Beschreiben Sie die Abwicklung des Akkreditivs.

a) Nennen Sie die Beteiligten (Importeur, Exporteur, Import- und Exportbank, Versand- und Empfangsspediteur und den Verfrachter).
b) Beschreiben Sie die einzelnen Schritte im Ablauf der Akkreditivabwicklung in der richtigen Reihenfolge.

Aufgabe 100

Berechnen Sie die Kosten, die dem Versender in Rechnung gestellt werden. Erläutern Sie die Bedeutung der einzelnen Nebengebühren (Anlage A4-007: Kosten).

Aufgabe 101

Für die Druckmaschinen ist ein Transport auf Basis LC/LCL vorgesehen. Erläutern Sie dieses Container-Movement im vorliegenden Fall.

Aufgabe 102

Bei einer der beiden Druckmaschinen stellt der Empfänger eine Beschädigung fest, die auf den Seetransport zurückzuführen ist. Die Reparaturkosten betragen 9.200,00 CAD. Die Transportversicherung ersetzt den Schaden und geht beim Carrier in Regress. Ermitteln Sie die Schadenshöhe und die Haftungshöchstgrenzen für diesen Schaden. Welchen Betrag kann die Versicherung vom Reeder fordern?

Aufgabe 103

Beschreiben Sie den Seeweg (Meere, Teilmeere, Seewasserstraßen), den das Schiff nimmt.

Sachverhalt zur Aufgabe 104–111

Die Mathias Clausner GmbH in Ratingen erteilt DTMLog in Düsseldorf den Auftrag, eine Sendung Ersatzteile nach Australien zu versenden (Anlage A4-010: Speditionsauftrag).

Aufgabe 104

Der Transport wird als LCL/LCL-Movement durchgeführt. Beschreiben Sie diese Transportart und begründen Sie, warum nicht FCL/FCL gewählt wurde.

Aufgabe 105

Sie erstellen das in der Anlage (A4-012: FBL) abgebildete FBL. Erläutern Sie folgende Begriffe aus dem FBL:

a) SAID TO CONTAIN
b) CONSIGNED TO ORDER OF PRINGLES LTD. ...
c) FREIGHT COLLECT
d) SHIPPED ON BOARD
e) NEGOTIABLE FIATA MULTIMODAL TRANSPORT BILL OF LADING

Aufgabe 106

Der Versender wünscht die Ausstellung eines FBL. Für solche Transporte können auch Seekonnossemente (Ocean-B/L) oder Seefracht-

briefe (Sea-Waybill/Express-B/L) ausgestellt werden. Begründen Sie, warum der Versender ein FBL wünscht.

Aufgabe 107

Erläutern Sie die einzelnen Phasen der Abwicklung dieser Versendung und die Verwendung des FBL.

Aufgabe 108

Im Speditionsauftrag wird der Incoterm DAP Sydney angegeben.

a) Geben Sie die englische und die deutsche Bezeichnung dieses Incoterms an.
b) Erläutern Sie den Kosten- und Gefahrenübergang bei DAP Sydney.
c) Erläutern Sie die Vorschiften des Incoterms zur Versicherungspflicht und prüfen Sie, ob die Vorschriften im FBL korrekt umgesetzt sind.

Aufgabe 109

DTMLog in Düsseldorf wird durch die Ausstellung des FBL zum MTO (Multimodal Transport Operator). Welche Rechtsfolgen hat das für den Spediteur?

Aufgabe 110

Berechnen Sie den Betrag, der dem Versender für diese Sendung in Rechnung gestellt wird (Anlage A4-011: Kosten).

Aufgabe 111

In der Karte (Anlage A4-013: Karte) wird der Seeweg beschrieben. Nennen Sie die Ozeane, Meere, Teilmeere, Seeschifffahrtskanäle, Seeschifffahrtswege, Meerengen in der richtigen Reihenfolge.

Sachverhalt zur Aufgabe 112–115

Der Kaffeeimporteur Rohloff aus Bielefeld hat Rohkaffee von der Kagera Cooperative Union Ltd. In Bukoba (Tansania) gekauft (siehe Anlage A4-014: Commercial invoice). Die Sendung soll in Bielefeld durch die Allsped GmbH, Wismarer Str. 9, 33605 Bielefeld (als direkter Vertreter), verzollt werden. In Antwerpen wird der Spediteur Van Dochten das Zollverfahren für den Transport von Antwerpen nach Bielefeld einleiten und den Nachlauf organisieren.

Aufgabe 112

Benennen Sie das Zollverfahren, das in Antwerpen beantragt wird, und beschreiben Sie die Voraussetzungen und den Ablauf dieses Verfahrens.

Aufgabe 113

In Bielefeld wird die Importverzollung durchgeführt.

a) Benennen Sie das Zollverfahren.
b) Geben Sie folgende Eintragungen in der Einfuhrzollanmeldung an:
   1. Anmelder, Vertreter
   2. Warennummer (mit Begründung)
   3. Vollständige Lieferbedingung (zusätzlich in Langschrift deutsch und englisch)
   4. Währung und in Rechnung gestellter Gesamtbetrag
c) Beschreiben Sie, in welcher Weise die Abgaben bezahlt werden können.
d) Nennen Sie das benötigte Präferenzpapier. Erläutern Sie die Funktion des Präferenzpapiers für diesen Import.
e) Beschreiben Sie den Ablauf des Importverfahrens.

Aufgabe 114

Ermitteln Sie die gesamten Einfuhrabgaben und den statistischen Wert unter Berücksichtigung des Zolltarifes (Anlage A4-015: Zolltarif) und der Kostenaufstellung (Anlage A4-016: Kosten).

Aufgabe 115

Erläutern Sie die Terms of Payment „D/P“.

4 Seefracht (mit Akkreditiven, Incoterms®2020, Zoll) (Anlagen)

Anlage A4-001: B/L

Transworld
Shipping

ORIGINAL
Ocean or Combined Transport Bill of Lading

(1) Shipper/Exporter
WALTER & SOHN KG
MASCHINENBAU
GRAVERTKAMP 7
25524 ITZEHOE

(4) B/L No.
HL227-89-166

(5) Reference Nos.
STT: 200043212
EXPORT REF#18748

(2) Consignee
TO ORDER

(6) Forwarding Agent
DTMLOG LOGISTICS GMBH
TOLLERORTWEG 42
20457 HAMBURG-STEINWERDER

(3) Notify Party
JAYPRIT INTERNATIONAL
EXPORTERS & IMPORTERS
GULMOHAR CROSS ROAD NO 9,
MUMBAI – 400 055, INDIA

(7) For Delivery of Goods apply to:
CHINUBHAI KALIDAS & BROS.
FREIGHT FORWARDERS
PORT-A-CABIN, DRONAGIRI,
MUMBAI 400 001, INDIA

(8) Vessel/Voyage	(9) Port of Loading	(10) Port of Discharge
KYOTO EXPRESS	VUNG TAU	MUMBAI/INDIA

(11) Place of Receipt	(12) Final Destination
25524 ITZEHOE, GERMANY	MUMBAI/INDIA

RECEIVED by the Carrier from the Shipper in apparent good order and condition (unless otherwise noted herein) the total number or quantity of Containers or other packages or units indicated in the box opposite entitled "Total No. of Containers/Packages received by the Carrier" for Carriage subject to all the terms and conditions hereof (INCLUDING THE TERMS AND CONDITIONS ON THE REVERSE HEREOF AND THE TERMS AND CONDITIONS OF THE CARRIER'S APPLICABLE TARIFF) from the Place of Receipt or the Port of Loading, whichever is applicable, to the Port of Discharge or the Place of Delivery, whichever is applicable. One original Bill of Lading, duly endorsed, must be surrendered by the Merchant to the Carrier in exchange for the Goods or a delivery order. In accepting this Bill of Lading the Merchant expressly accepts and agrees to all its terms and conditions whether printed, stamped or written, or otherwise incorporated, notwithstanding the non-signing of this Bill of Lading by the Merchant.IN WITNESS WHEREOF the number of original Bills of Lading stated below all of this tenor and date has been signed, one of which being accomplished the others to stand void.

(13) Kind of packages; description of goods; marks an numbers; Container No./Seal No.		(14) Gross Weight	(15) Measurement
HLCU 857 412-4	1 x 40' STANDARD-CONTAINER, SLAC	22.610 KGM	51,0 MTQ
SEAL: PV954586	MACHINE TOOLS		
AKKREDITIV-NR.	SHIPPED ON BOARD DATE OCT/23/20(0)		
1289/G/177	FREIGHT PREPAID, CIF MUMBAI		

(16) Total number of containers or packages received by Carrier:	FREIGHT PAYABLE AT	Movement	(21) Number of Original Bills of Lading
1 (ONE) CONTAINER	MUMBAI/INDIA	FCL/FCL	3/THREE

Charge	Rate	Basis	Wt/Vol/Val	P/C	Amount

(22) Place and Date of issue of B/L:
HAMBURG, OCT/23/20..

(23) Signed and issued as agents for named Carrier
TRANSWORLD SHIPPING
HAMBURG

ORIGINAL

Anlage A4-002: B/L

OceanCargo Shipping

ORIGINAL
Ocean or Combined Transport Bill of Lading

(1) Shipper/Exporter	(4) B/L No.
TEXMAN LLC TEXTIL MANUFACTURER 56 DOAN KE THIEN HO CHI MINH CITY 705500 VIETNAM	HL227-89-166 (5) Reference Nos. STT: 20026ß78 EXPORT REF#4827751

(2) Consignee	(6) Forwarding Agent
CARL JACOBI GMBH TEXTILHANDEL RAMSKAMP 70 25337 ELMSHORN	HEIMANN FREIGHT VIETNAM LLC 33 LE DUAN STREET, HO CHI MINH CITY VIETNAM

(3) Notify Party
DTMLOG GMBH
LOGISTICS INTERNATIONAL
TOLLERORTWEG 42
20457 HAMBURG-STEINWERDER

(8) Vessel/Voyage	(9) Port of Loading	(10) Port of Discharge
YM WELLNESS	VUNG TAU	HAMBURG

(11) Place of Receipt	(12) Final Destination
HO CHI MINH CITY VIETNAM	25337 ELMSHORN

RECEIVED by the Carrier from the Shipper in apparent good order and condition (unless otherwise noted herein) the total number or quantity of Containers or other packages or units indicated in the box opposite entitled "Total No. of Containers/Packages received by the Carrier" for Carriage subject to all the terms and conditions hereof (INCLUDING THE TERMS AND CONDITIONS ON THE REVERSE HEREOF AND THE TERMS AND CONDITIONS OF THE CARRIER'S APPLICABLE TARIFF) from the Place of Receipt or the Port of Loading, whichever is applicable, to the Port of Discharge or the Place of Delivery, whichever is applicable. One original Bill of Lading, duly endorsed, must be surrendered by the Merchant to the Carrier in exchange for the Goods or a delivery order. In accepting this Bill of Lading the Merchant expressly accepts and agrees to all its terms and conditions whether printed, stamped or written, or otherwise incorporated, notwithstanding the non-signing of this Bill of Lading by the Merchant.IN WITNESS WHEREOF the number of original Bills of Lading stated below all of this tenor and date has been signed, one of which being accomplished the others to stand void.

(13) Kind of packages; description of goods; marks an numbers; Container No./Seal No.		(14) Gross Weight	(15) Measurement
	LOADED INTO 1/20 FT CONTAINER SLAC:		
MEDU 4827751	20 PALLETS QUALITY MEN SHIRTS	6240 KGM	29,0 MTQ
	FROM 100 % COTTON,		
SEAL: PV954586	FREIGHT PREPAID		
DAP ELMSHORN	SHIPPED ON BOARD DATE MAR/02/20..		

(16) Total number of containers or packages received by Carrier:	FREIGHT PAYABLE AT	Movement	(21) Number of Original Bills of Lading
1 (ONE) CONTAINER	HO CHI MINH CITY	FCL/FCL	3/THREE

Charge	Rate	Basis	Wt/Vol/Val	P/C	Amount

(22) Place and Date of issue of B/L:
HO CHI MINH CITY, 10.03.20.

(23) Signed and issued as agents for named Carrier
OCEANCARGO SHIPPING
HO CHI MINH CITY

ORIGINAL

Anlage A4-003: Kosten bei dieser Versendung

Rechnungspreis	82.720,00 USD	DAP Elmshorn
Seefracht (Grundfracht)	1.360,00 USD	
BAF	643,00 USD	
CAF	8,60 %	auf die Grundfracht
Seeversicherung	2,8 %	vom CFR-Wert
Vorlauf Ho Chi Minh City–Vung Tau	185,00 USD	
THC Vung Tau	165,00 USD	
THC Hamburg	175,00 €	
Speditionskosten Ho Chi Minh City	72,00 USD	
Speditionskosten (Abfertigung) Hamburg	125,00 €	
Nachlauf Hamburg-Elmshorn	240,00 €	
Speditionskosten (Verzollung) Hamburg	185,00 €	

Anlage A4-004: Zolltarif

ABS. XI Kap. 50 bis 63: Spinnstoffe und Waren daraus

61	KLEIDUNG UND BEKLEIDUNGSZUBEHÖR, AUS GEWIRKEN ODER GESTRICKEN
6109	T-Shirts und Unterhemden, aus Gewirken oder Gestricken
6109 10	aus Baumwolle
6109 1000 10 0	T-Shirts

Warenbeschreibung:	T-Shirts
Codenummer:	61091000100
Geografisches Gebiet	VN – Vietnam
Einfuhrumsatzsteuer:	19 %

Einfuhrmaßnahmen

Gebiets-code	MN-Schl.	Maßnahmeart	Maß-nahmen	Beginn	Ende	Weitere Informationen
1011	103	Drittlands-zollsatz	12,0 %	01.01.1997	-	
2020*	142	Zollpräferenz	9,6 %	01.01.2015	-	Präferenzpapier**

* 2020 APS (Entwicklungsländer)
** Präferenzpapier: Ursprungerklärung des registrierten Ausführers (REX-System)

Anlage A4-005: Karte

Anlage A4-006: Akkreditiv

Akkreditiv (SWIFT-Übermittlung)		
20:	Documentary Credit Number	93788/054897
40A:	Form of Documentary Credit	IRREVOCABLE
31C*:	Date of Issue	20. AUG 20..
31D:	Date and Place of Expiry	20. NOV 20..
40E:	Applicable Rules	UCP LATEST VERSION
51:	Applicant Bank	CIBCCATTCLS
		CANADIAN IMPERIAL BANK OF COMMERCE 5650 YONGE STREET TORONTO, ON M5G 2M8 CANADA
50*:	Applicant	ADITEK DESIGN & PRINTING, 2350 STEVENAGE DRIVE, MONTRÉAL, QC H3C CANADA
59*:	Beneficiary	DELASSE & PARTNER DRUCKMASCHINENHANDEL SECHTEMER STRASSE 12 50968 KOELN GERMANY

32B*:	Currency Code, Amount	CAD 228.300,00
39A:	Percentage Cred. Amount Tol	+0 /–0
41*:	Available with ... by	ESSEDE5F370 SEB AG GEREONSHOF 21, 50670 KOELN BY DEF PAYMENT
42P:	Deferred Payment Details	21 DAYS AFTER DATE OF B/L
43P:	Partial Shipments	NOT ALLOWED
43T:	Transshipments	NOT ALLOWED
44A:	Place of Taking in Charge	KOELN
44E	Port of Loading	GERMAN/DUTCH/BELGIAN SEAPORT
44F	Port of Discharge	MONTRÉAL
44B:	For Transportation to	MONTRÉAL
44C:	Latest Date of Shipment	20. SEP 20..
45A:	Descriptions of Goods and/ or Services	PRINTING MACHINES (HEIDELBERGER SPEEDMASTER SM 74-4) 6.370 KGS REF. NO. 4219A-138/10 ORDER-NR. ADP-08-1222 CIF MONTRÉAL, QC, CANADA, INCOTERMS® 2020
46A:	Documents Required	
	+ SIGNED COMMERCIAL INVOICE IN TRIPLICATE	
	+ CUSTOMS INVOICE IN TRIPLICATE	
	+ PACKING LIST IN TRIPLICATE	
	+ FULL SET OF CLEAN SHIPPED ON BOARD MARINE BILLS OF LADING ISSUED TO ORDER OF THE APPLICANT MARKED FREIGHT PREPAID, NOTIFY: DELTA CUSTOMS BROKERS, 300 ST-SACREMENT ST., MONT-RÉAL, QC H2Y 1X4 CANADA	
	+ INSURANCE POLICY/CERTIFICATE IN DUPLICATE FOR 110 0/0 OF THE CIF-INVOICE VALUE IN NEGOTIABLE FORM AND BANK ENDORSED COVERING DTV GUETER 2000/2011 ALL RISK STRIKE CLAUSES (CARGO) AND WAR RISK CLAUSES WITH CLAIMS PAYABLE IN CANADA	
71D:	Charges	ALL CHARGES ON YOUR SIDE AND INTEREST, IF ANY, ARE FOR BENEFICIARIES ACCOUNT
48:	Period for Presentation	21 DAYS

Anlage A4-007: Kosten

Rechnungspreis	228.300,00 USD	CIF Montréal
Seefracht (Grundfracht)	95,00 USD	M/G
BAF	45,00 USD	M/G
CAF	4,0 %	auf die Grundfracht
Seeversicherung	2,4 %	vom CIF-Wert
THC BRV	175,00 USD	
THC MTR	115,00 CAD	
ISPS	3,00 €	
Speditionskosten Bremerhaven	125,00 €	
Vorlauf Köln-Bremerhaven	270,00 €	

Anlage A4-008: B/L

Transworld Shipping

ORIGINAL
Ocean or Combined Transport Bill of Lading

(1) Shipper/Exporter
DTMLOG LOGISTICS GMBH
TOLLERORTWEG 42, 20457 HAMBURG
AS AGENT OF
DELASSE & PARTNER,
DRUCKMASCHINENHANDEL
SECHTEMER STRASSE 12, 50968 KÖLN
GERMANY

(4) B/L No.
HL227-21-278

(5) Reference Nos.
REF#4219A-138/10

(2) Consignee
ADITEK DESIGN & PRINTING
2350 STEVENAGE DRIVE
MONTRÉAL, QC H3C
CANADA
OR TO HIS ORDER

(3) Notify Party
DELTA CUSTOMS BROKERS
300 ST-SACREMENT ST.
MONTRÉAL, QC H2Y 1X4
CANADA

(8) Vessel/Voyage	(9) Port of Loading	(10) Port of Discharge
OTTAWA EXPRESS	BREMER-HAVEN	MONTREAL

(11) Place of Receipt	(12) Final Destination
50968 KÖLN, GERMANY	MONTREAL

RECEIVED by the Carrier from the Shipper in apparent good order and condition (unless otherwise noted herein) the total number or quantity of Containers or other packages or units indicated in the box opposite entitled "Total No. of Containers/Packages received by the Carrier" for Carriage subject to all the terms and conditions hereof (INCLUDING THE TERMS AND CONDITIONS ON THE REVERSE HEREOF AND THE TERMS AND CONDITIONS OF THE CARRIER'S APPLICABLE TARIFF) from the Place of Receipt or the Port of Loading, whichever is applicable, to the Port of Discharge or the Place of Delivery, whichever is applicable. One original Bill of Lading, duly endorsed, must be surrendered by the Merchant to the Carrier in exchange for the Goods or a delivery order. In accepting this Bill of Lading the Merchant expressly accepts and agrees to all its terms and conditions whether printed, stamped or written, or otherwise incorporated, notwithstanding the non-signing of this Bill of Lading by the Merchant.IN WITNESS WHEREOF the number of original Bills of Lading stated below all of this tenor and date has been signed, one of which being accomplished the others to stand void.

(13) Kind of packages; description of goods; marks an numbers; Container No./Seal No.		(14) Gross Weight	(15) Measurement
HS 74-5218-19	2 WOODEN BOXES PRINTING MACHINES (HEIDELBERGER SPEEDMASTER SM 74-4)	6.370,0 KGM	12,367 MTQ
	AKKREDITIV-NR. 93788/054897 SHIPPED ON BOARD DATE SEP/18/20(0) FREIGHT PREPAID		

(16) Total number of containers or packages received by Carrier:	FREIGHT PAYABLE AT	Movement	(21) Number of Original Bills of Lading
2 (TWO) BOXES	BREMERHAVEN	LCL/LCL	3/THREE

Charge	Rate	Basis	Wt/Vol/Val	P/C	Amount

(22) Place and Date of issue of B/L:
HAMBURG, OCT/23/20..

(23) Signed and issued as agents for named Carrier
TRANSWORLD SHIPPING
BREMERHAVEN

ORIGINAL

Anlage A4-009: Karte

Anlage A4-010: Speditionsauftrag

Speditionsauftrag International	Nr. 75/4498
Auftraggeber Mathias Clausner Gmbh Landmaschinenhandel Am Rosenweg 39 40882 Ratingen	DTMLog GmbH logistics international DTMLog GmbH Logistics International Cuxhavener Str. 2–4 40221 Düsseldorf
Empfänger Pringles Ltd. Farm Machinery Dealer 5 Grange Rd, Campbelltown Nsw 2560 Australia	Notify zur Weiterleitung an/zur Verfügung von: AAW Global Logistics Pty Ltd Level 8/447 Kent St, Sydney NSW 2000, Australia

Kunden-Nr.	Ort	Datum	Bemerkungen
75/4498	Ratingen	24.09.20..	Bitte erstellen Sie für den multimodalen Transport ein FBL (Fiata Multimodal Transport Bill of Lading) als Liefernachweis.
Incoterm: DAP SYDNEY (AU)		Warenwert: -	

9 Zeichen und Nr.	10 Anzahl	11 Packstück	13 Inhalt	14 Maße in cm	15 Brutto gesamt/kg
MCR 2270-2275	6	Kisten	Ersatzteile für landwirtschaftliche Maschinen (spare parts for agricultural machines)	je 64 × 110 × 96	1.533,6

Besondere Vorschriften	Papiere
AKKREDITIV-NR. 96816/046819	3 Handelsrechnung 1 EUR.1

Wir arbeiten ausschließlich auf Grundlage der Allgemeinen Deutschen Spediteurbedingungen 2017 (ADSp 2017). Hinweis: Die ADSp 2017 weichen in Ziffer 23 hinsichtlich des Haftungshöchstbetrages für Güterschäden (§ 431 HGB) vom Gesetz ab, indem sie die Haftung bei multimodalen Transporten unter Einschluss einer Seebeförderung und bei unbekanntem Schadenort auf 2 SZR/kg und im Übrigen die Regelhaftung von 8,33 SZR/kg zusätzlich auf 1,25 Millionen Euro je Schadenfall sowie 2,5 Millionen Euro je Schadenereignis, mindestens aber 2 SZR/kg, beschränken.

Anlage A4-011: Kosten

PREISVEREINBARUNG			
Lkw-Vorlauf Ratingen–Rotterdam	290,00 €	Nachlauf	320,00 AUD
Seefracht	132,00 USD M/G		
CAF	9 % von der Grundfracht		
BAF	12,00 USD M/G		
Verladen Container Rotterdam	28,00 € je 1.000 kg		
FBL-Spesen	15,00 €		
ISPS-Zuschlag	3,00 €/Sendung		
Entladen Container Sydney	42,00 AUD		

SCHIFFSVERBINDUNG

Abfahrt	26.09.20..	Rotterdam, NLD
Ankunft	05.11.20..	Sydney, AUS

Anlage A4-012: FBL

Consignor MATHIAS CLAUSNER GMBH LANDMASCHINENHANDEL AM ROSENWEG 39 40882 RATINGEN		**FBL** NEGOTIABLE FIATA MULTIMODAL TRANSPORT BILL OF LADING issued subject to UNCTAD/ICC Rules for Multimodal Transport Documents (ICC Publication 481)
Consigned to order of PRINGLES LTD. FARM MACHINERY DEALER 5 GRANGE RD, CAMPBELLTOWN NSW 2560, AUSTRALIA		DTMLOG GMBH LOGISTICS INTERNATIONAL CUXHAVENER STR. 2–4 40221 DÜSSELDORF
Notify address AAW GLOBAL LOGISTICS PTY LTD LEVEL 8/447 KENT ST, SYDNEY NSW 2000, AUSTRALIA		
	Place of receipt RATINGEN, DE	
Ocean vessel MSC MINA	Port of loading ROTTERDAM, NL	
Port of discharge SYDNEY, AU	Place of delivery CAMPBELLTOWN, AU	

Marks and numbers	Number and kind of package	Description of goods	Gross weight	Measurement
MCR 2270-2275	6 BOXES	SAID TO CONTAIN SPARE PARTS FOR AGRI-CULTURAL MACHINE	1.533,6 KGM	4,055 MTQ

LOADED IN CONTAINER NO. MEDU 4828917
DAP SYDNEY (AU)
FREIGHT PREPAID
SHIPPED ON BOARD DATE SEPT/26/20..
MOVEMENT LCL/LCL

Declaration of Interest of the consignor in timely delivery (Clause 6.2.)	Declared value for ad valorem rate according to the declaration of the consignor (Clauses 7 and 8).

The goods and instructions are accepted and dealt with subject to the Standard Conditions printed overleaf. Taken in charge in apparent good order and condition, unless otherwise noted herein, at the place of receipt for transport and delivery as mentioned above. One of these Multimodal Transport Bills of Lading must be surrendered duly endorsed in exchange for the goods. In Witness whereof the original Multimodal Transport Bills of Lading all of this tenor and date have been signed in the number stated below, one of which being accomplished the other(s) to be void.

Freight amount	Freight payable at DUESSELDORF, DE	Place and date of issue DUESSELDORF DE SEPT/24/20..
Cargo Insurance through the undersigned ☒ not covered ☐ Covered according to attached Policy	Number of Original FBLs 3/THREE	DTMLOG GMBH LOGISTICS INTERNATIONAL CUXHAVENER STR. 2–4 40221 DÜSSELDORF *Michael Kowalski*
For delivery of goods please apply to: AAW GLOBAL LOGISTICS PTY LTD 447 KENT ST, SYDNEY NSW 2000 (AU)		

Anlage A4-013: Karte

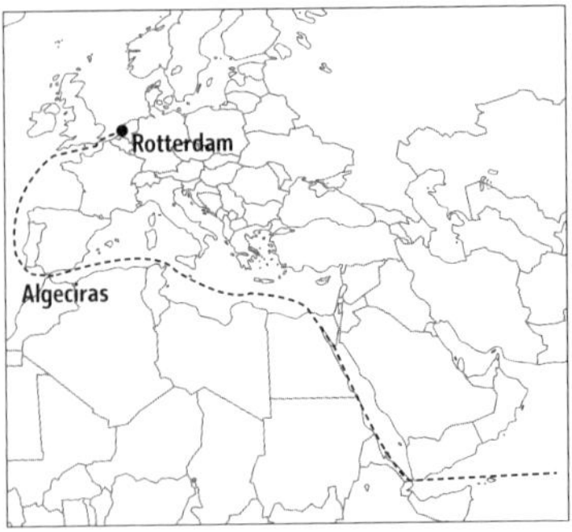

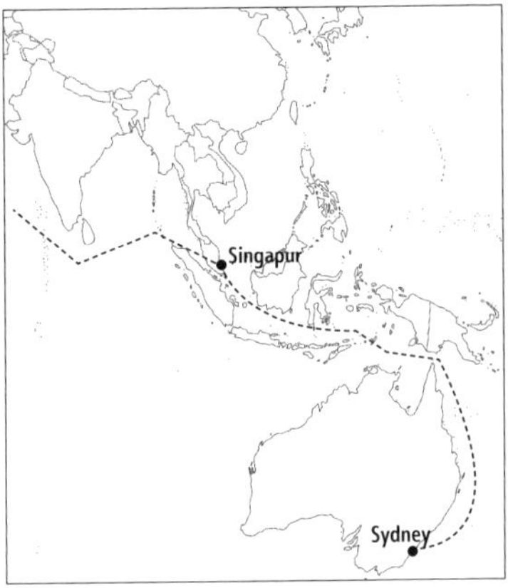

Anlage A4-014: Commercial invoice

Cooperative Kagera/Bukoba		Cooperative **Kagera/Bukoba**	
Exporter KAGERA COOPERATIVE UNION LTD. SOKOINE RAOD BUKOBA, TANZANIA		Invoice No & Date KCU 05/1.720 20(0)-07-04	Exporter's Ref. KCU EX 1720 GER
		Buyers Order No. & Date CR 22785-05 20(0)-05-12	
Consignee CARL ROHLOFF KG KAFFEEIMPORT AM STADTHOLZ 92 33609 BIELEFELD		Buyer (if other than consignee) AS CONSIGNEE	
		Country to Origin of Goods TANZANIA	Country of Final Destination GERMANY
Pre-Carriage by TRUCK	Vessel/Flight No. NICOLINE MAERSK	Terms of Delivery and Payment FOB DAR ES SALAAM, TANZANIA D/P	
Place or Receipt by Pre-Carrier BUKOBA (TZA)	Port of Loading DAR ES SALAAM (TZA)		
Port of Discharge ANTWERP (BELGIUM)	Final Destination BIELEFELD		

Marks & Nos./ Container No.	No. & Kind of Pkgs	Description of Goods	Quantity PCS	Rate	Amount FOB US-$
KCU 1720/001-180	180 BAGS	GREEN COFFEE TANZANIA ROBUSTA	180	130,95	23571,00
KCU 1720/181-250	70 BAGS	SUPERIOR COFFEE TANZANIA NATURAL ARABICA COFFEE	70	123,00	8610,00
40'-CONTAINER MSCU 354 651 6					
TOTAL	250 BAGS	TOTAL PCS	250		
TOTAL GROSS WEIGHT	15.264,5				
TOTAL NET WEIGHT	15.000,0	TOTAL FOB-VALUE USD			32181,00

Amount Chargeable (in words)
TOTAL: USD **THIRTY-TWO-THOUSAND-ONE-HUNDRED-EIGHTY-ONE**

Declaration	Signature & Date
WE DECLARE THAT THIS INVOICE SHOWS THE ACTUAL PRICE OF THE GOODS DESCRIBED AND THAT ALL PARTICULARS ARE TRUE AND CORRECT. THE EXPORTER TZ REX 5214 0238 OF THE PRODUCTS COVERED BY THIS DOCUMENT DECLARES THAT, EXCEPT WHERE OTHERWISE CLEARLY INDICATED, THESE PRODUCTS ARE OF TZ PREFERENTIAL ORIGIN ACCORDING TO RULES OF ORIGIN OF THE GENERALIZED SYSTEM OF PREFERENCES OF THE EUROPEAN UNION AND THAT THE ORIGIN CRITERION MET IS „P" 090111.	KAGERA COOPERATIVE 20(0)-07-04 *David Okoukwo* - CHIEF EXECUTIVE -

Anlage A4-015: Zolltarif

ABS. II Kap. 06 bis 14:	Waren pflanzlichen Ursprungs
09	KAFFEE, TEE, MATE UND GEWÜRZE
0901	Kaffee, auch geröstet oder entkoffeiniert; Kaffeeschalen und Kaffeehäutchen; Kaffeemittel mit beliebigem Kaffeegehalt
0901 11	– Kaffee, nicht geröstet
0901 11 00 0	- nicht entkoffeiniert
0901 12 00 0	- entkoffeiniert
0901 21	– Kaffee, geröstet
0901 21 00 0	- nicht entkoffeiniert
0901 22 00 0	- entkoffeiniert
0901 90	– andere
0902	Tee, auch aromatisiert

Einfuhrmaßnahmen

Gebietscode	MN-Schl.	Maßnahmeart	Maßnahmen	Weitere Informationen
1011	103	Drittlandszollsatz	7,5 %	
2020*	142	Zollpräferenz	2,6 %	Präferenzpapier**
Einfuhrumsatzsteuer			7,0 %	

* 2020 APS (Entwicklungsländer)
** Präferenzpapier: Ursprungserklärung des registrierten Ausführers (REX-System)

Anlage A4-016: Kosten

Kosten	Betrag	Währung	Bemerkungen
Seefracht	842,00	USD	je TEU
BAF	172,00	USD	je TEU
CAF	8 %		auf die Grundfracht
Vorlauf bis Dar es Salaam	640,00	USD	
Beladung des Containers in Dar es Salaam	195,00	USD	
THC Dar es Salaam	140,00	USD	
Seeversicherung	2 ‰		des CFR-Wertes
Qualitätskontrollen in Dar es Salaam	135,00	USD	FOB A9
Nachlauf Antwerpen–Bielefeld	368,00	EUR	Anteil in Deutschland 60 %
THC Antwerpen	165,00	EUR	
Speditionskosten Zollabfertigung Antwerpen	130,00	EUR	
Speditionskosten Zollabfertigung Bielefeld	210,00	EUR	

5 Bahn (Aufgaben)

Sachverhalt zur Aufgabe 116–121

Sie sind Mitarbeiter/-in der DTMLog GmbH, Logistics International, in Saarlouis und erhalten einen Speditionsauftrag der Stahlwerke Richling in Dillingen/Saar (Anlage A5-001: E-Mail).

Aufgabe 116

Nennen Sie die für diesen Auftrag abzuschließenden Verkehrsverträge, die Beteiligten und die handelsrechtlichen Bezeichnungen sowie die Rechtsgrundlagen für diese Verträge.

Aufgabe 117

Dem Kaufvertrag liegt der Incoterm DAP Bahnhof Debrecen zugrunde.

a) Erläutern Sie den Kosten- und Gefahrenübergang des vereinbarten Incoterms.
b) „DAP“ ist eine Ein-Punkt-Klausel. Formulieren Sie 2 geeignete Zwei-Punkt-Klauseln für die vorliegende Situation, wenn der Bestimmungsort weiterhin der Bahnhof Debrecen sein soll.
c) Begründen Sie, ob der Verkäufer durch diese Incoterms aus Aufgabe 1.2.2 besser oder schlechter gestellt ist.

Aufgabe 118

Die Stahlwerke Richling möchten wissen, ob die Haftung der Spedition DTMLog GmbH und die Haftung der DB Cargo ausreicht, um den gesamten Güterwert abzudecken.

a) Erläutern Sie die Haftung für den Transport nach Debrecen. DTMLog hat mit dem Versender einen Fixpreis für die Beförderung vereinbart.
b) Ermitteln Sie den möglichen Schadenersatz bei Sendungsverlust. Beraten Sie den Versender, ob er in diesem Fall eine Transportversicherung eindecken soll.

Aufgabe 119

Für den Transport haben Sie aus dem Güterwagenkatalog der DB Cargo den 4-achsigen Flachwagen „Sns 727“ ausgewählt. Dieser Wagentyp kann 22 Stahlrohre befördern.

a) Geben Sie anhand der abgebildeten Wagenbeschreibung und der technischen Spezifikation (siehe Anlage A5-002: Güterwagenkatalog) 3 Gründe dafür an, warum Sie diesen Wagen für den Transport ausgewählt haben.
b) Begründen Sie mithilfe des Lastgrenzenrasters (Anlage A5-002), welche Streckenklasse mindestens von Dillingen bis Debrecen vorliegen muss, damit der Transport mit dem Wagentyp durchgeführt werden kann.

Aufgabe 120

Der Versender wünscht ein Angebot mit einem Fixpreis. Die DB-Cargo empfiehlt den Transport über Österreich und Ungarn. Die DB-Cargo bietet einen Preis von 4 788,50 € je Wagen an.

a) Aus dem Tarif und aus dem Entfernungsanzeiger DIUM haben Sie nachfolgende Daten zusammengestellt:

von	nach	Entfernung in km	Raten pro t in €	Ladungsgewicht in t	Preis pro Wagen in €
Dillingen (Saar)	Simbach (Inn)	615	86,66 €		
Simbach (Inn)	Nickelsdorf (Gr) Hegyeshalom	384	32,39 €		
Hegyeshalom	Debrecen	400	34,54 €		
				Summe	

Berechnen Sie die Tariffracht pro Wagen. Runden Sie das Ladungsgewicht auf volle 100 kg auf. Tragen Sie Ihre Ergebnisse in die grau hinterlegten Felder der abgebildeten Tabelle ein.

b) Berechnen Sie, wie viel Prozent Rabatt die DB Cargo auf die Tariffracht gibt.
c) Sie bieten dem Versender einen Preis an, der 10 % unter der Tariffracht liegt. Runden Sie den Angebotspreis auf volle Euro auf. Berechnen Sie den Preis pro Wagen.
d) Ermitteln Sie das Rohergebnis für diesen Auftrag.

Aufgabe 121

Sie erstellen den CIM-Frachtbrief als Beförderungspapier (Anlage A5-003: CIM-Frachtbrief).

a) Erläutern Sie die Bedeutung der Abkürzung „CIM“.
b) Im Feld 1 ist die DTMLog GmbH und nicht die Stahlwerke Richling eingetragen. Begründen Sie, warum der Eintrag korrekt ist.

c) Erklären Sie die Aufgabe des NHM-Codes in Feld 24.
d) Im Feld 26 kann ein Wert deklariert werden. Beschreiben Sie die Folge einer Wertdeklaration und begründen Sie, warum ein Eintrag im vorliegenden Fall nicht sinnvoll ist.

Sachverhalt zur Aufgabe 122–128

Die DTMLog GmbH, Logistics International, in Dortmund erhält einen Speditionsauftrag der WEMA AG Wuppertal (Anlage A5-005: Speditionsauftrag).

Aufgabe 122

Die Sendung kann in zwei Wechselbrücken (Innenlänge 7,30 m, Nutzlast 11,6 t) oder einen Sattelauflieger (Innenlänge 13,6 m, Nutzlast 25 t) verladen werden. Überprüfen Sie, ob in Bezug auf Gewicht und Lademeter die Verladung auf Wechselbrücken möglich ist.

Aufgabe 123

Die Sendung kann im internationalen Lkw-Verkehr (Selbsteintritt) oder im kombinierten Verkehr befördert werden. Die TRANSKOMBI GMBH in Köln bietet eine Verbindung zwischen Köln und Milano an (Anlage A5-004: Fahrplan Kombiverkehr), die benutzt werden kann.

a) Nennen Sie die Vorteile für die Spedition DTMLog GmbH bei einer Beförderung im kombinierten Verkehr.
b) Beschreiben Sie die Aufgaben der TRANSKOMBI GMBH als Kombi-Operateur bei einem Transport im kombinierten Transport.

Aufgabe 124

Nennen Sie die Verträge, die Vertragsbeteiligten und die Rechtsgrundlagen der für diesen Auftrag abzuschließenden Verkehrsverträge:

a) bei reinem Lkw-Verkehr
b) bei Durchführung im Kombiverkehr

Aufgabe 125

Im Kombiverkehr werden die Wechselbrücken an den Kombiterminals in Köln und in Milano umgeschlagen.

a) Beschreiben Sie die Verladetechniken an Terminals.
b) Geben Sie die technischen Ausstattungsmerkmale an, über die Wechselbrücken verfügen müssen, damit sie am kombinierten Verkehr teilnehmen können.

Aufgabe 126

Eine wesentliche Entscheidungsgrundlage für die Entscheidung zwischen Lkw- und Kombitransport ist die Laufzeit. Beim reinen Lkw-Transport sowie beim Nachlauf beträgt die Durchschnittsgeschwindigkeit 60 km/h. Eine Verlängerung der Lenkzeit und eine Verkürzung der Tagesruhezeit ist unzulässig.

Ermitteln Sie für die folgenden Transporte die früheste Ankunftszeit:

a) Lkw-Transport
b) Transport im Kombiverkehr

Aufgabe 127

Die WEMA AG wünscht von der DTMLog einen festen Preis, der alle Kosten der Beförderung von Wuppertal bis Novara umfasst. Der Auftraggeber wäre mit einem Kombitransport einverstanden, wenn sich der Preis gegenüber der reinen Lkw-Beförderung nicht erhöht. Vergleichen Sie rechnerisch den Nettoangebotspreis für eine reine Lkw-Beförderung und für den Fall der Nutzung des kombinierten Verkehrs (Anlage A5-006: Kalkulationsdaten).

Aufgabe 128

Für den Versender ist bei der Entscheidung zwischen reinem Lkw-Verkehr und Kombiverkehr auch die unterschiedliche Haftungshöhe wichtig. Ermitteln Sie den Schadenersatz für Verlust der Sendung im Hauptlauf bei beiden Transportvarianten.

5 Bahn (Anlage)

Anlage A5-001: E-Mail (Auszug)

An: DTMLog GmbH, Logistics International, Industriestraße 22, 66740 Saarlouis

Sehr geehrte Damen und Herren, wir beauftragen Sie mit der Versendung einer Partie Stahlröhren für ein Erdgasprojekt in Debrecen/Ungarn. Wir verfügen über einen eigenen Gleisanschluss und bevorzugen daher eine Transportlösung per Bahn. Die Beladung der Eisenbahnwagen einschließlich Ladungssicherung übernehmen wir selbst. Am Empfangsbahnhof Debrecen werden die Eisenbahnwagen durch den Empfänger entladen.

Sendungsdaten

Versender	Stahlwerke Richling, Dieffler Straße 18–43, 66763 Dillingen/Saar
Empfänger	HUNGARY GAS RT, Debrecen, Karabély u. 3, 4030 Ungarn
Frachtführer	DB Cargo
Sendung	6 105 m Stahlrohre, Durchmesser 550 mm, Gewicht 90 kg pro m. Die Stahlrohre haben eine Länge von jeweils 18,5 m.
Wert	850 000,00 €
Incoterm	DAP Bahnhof Debrecen Incoterms 2020

Dillingen, 22.6.20..

Stahlwerke Richling, Dillingen/Saar

Anlage A5-002: Güterwagenkatalog von DB Cargo (Auszug)

Wagenbeschreibung Sns 727:
Drehgestellflachwagen mit vier Radsätzen, Stirnwandklappen und Niederbindeeinrichtung. Der Drehgestell-Flachwagen wurde speziell für den Transport von Rohren, Profilstahl sowie Flachstahlprodukten entwickelt und zeichnet sich durch hohe Ladekapazität und optimierte Ladesicherung aus. Das Ladegut wird durch 8 Rungen mit Schichtholzleisten und Kunststoffspitzen geschont.

Technische Spezifikation	
Gattungszeichen mit Bauartennummer	Sns 727
Ladelänge in mm	19.098
Ladebreite in mm	2.850
Ladehöhe in mm	3 280
Rungenhöhe in mm	2.000

Lastgrenzenraster für Sns 727				
	A	B	C	D
s	37,5 t	45,5 t	53,5 t	63,5 t
120	0,00 t			

Anlage A5-003: CIM-Frachtbrief

Lettre de voiture CIM / Frachtbrief CIM ☐ — Lettre wagon CUV / Wagenbrief CUV ☐

1 Expéditeur (nom, adresse) – Absender (Name, Anschrift)
DTMLog GmbH
Industriestraße 22
66740 Saarlouis

4 Destinataire (nom, adresse, pays) – Empfänger (Name, Anschrift, Land)
HUNGARY GAS RT
Karabély u. 3
HU 4030 Debrecen

10 Lieu de livraison – Ablieferungsort: Gleis 8
Gare – Bahnhof: Debrecen — Pays – Land: Ungarn

12: 55 139121

13 Conditions commerciales – Kommerzielle Bedingungen:
via Simbach (Inn) -
Nickelsdorf (Gr)/Hegyeshalom

14: 1 72 415

15 Informations pour le destinataire – Vermerke für den Empfänger:
Order 42189 Richling, Dillingen/Saar

16 Prise en charge – Übernahme: 06 28 17 — 17: 80 253443
Lieu – Ort: Dillingen/Saar

18 Wagon N° – Wagen Nr: 80-4 712 081-6

20 Paiement des frais – Zahlung der Kosten
☐ Franco de port / Franko Fracht
☒ Incoterms DAP

21 Désignation de la marchandise – Bezeichnung des Gutes:
22 Stück Rohre aus Stahl/steel tubes

22 Transport exceptionnel – Außergewöhnliche Sendung ☐ — 23 RID ☐

24 NHM Code: 730411 — 25 Masse: 36.630

Anlage A5-004: Fahrplan Kombiverkehr

TRANSKOMBI GMBH, KÖLN						
	Verbindung	Zeit	Laufzeit	Dauer	Verkehrstage	CO_2-Einsparung
1	Köln-Eifeltor Ubf	13:30	A	2 Tage	123----	0,882 t (58 %)
	Milano Smistamento	07:50	D	18 Stunden		
2	Köln-Eifeltor Ubf	11:05	A	3 Tage	-----6-	0,882 t (58 %)
	Milano Smistamento	07:50	E	20 Stunden		

Anlage A5-005: Speditionsauftrag

	Speditionsauftrag	Nr. 022-5138
1 Versender/Lieferant WEMA AG Maschinenfabrik Mettmanner Str. 72 42115 Wuppertal	DTMLog GmbH logistics international	4 Versandspediteur DTMLog GmbH Franziusstraße 86 44147 Dortmund
2 Empfänger NOVA ENGINEERING S.R.L. 40 Via Gibellini 28100 Novara NO Italien	5 Datum	Freitag, 11.05.20..
	6 Eintreff-Datum Freitag, 18.05.20..	7 Eintreff-Zeit 18:00 h
3 Anlagen/Bemerkungen	8 Versendervermerke für den Versandspediteur Übernahme der Sendung am Montag, den 14.5.20.. ab 14:00 Uhr	

9 Zeichen und Nr.	10 Anzahl	11 Packstück	12 Inhalt	13 Maße in cm je Packstück	14 SF	15 Brutto gesamt/kg
925-01/06	18	Kisten	Maschinenteile	115 × 90 × 135	0	12.780
926-01/22	30	EFP	Maschinenteile	120 × 80 × 100	1	10.050

16 Frankatur/ Incoterm	17 Warenwert für die Güterversicherung	Nachnahme
DAP Novara	324 100,00 €	

Wir arbeiten ausschließlich auf Grundlage der Allgemeinen Deutschen Spediteurbedingungen 2017 (ADSp 2017). Hinweis: Die ADSp 2017 weichen in Ziffer 23 hinsichtlich des Haftungshöchstbetrages für Güterschäden (§ 431 HGB) vom Gesetz ab, indem sie die Haftung bei multimodalen Transporten unter Einschluss einer Seebeförderung und bei unbekanntem Schadenort auf 2 SZR/kg und im Übrigen die Regelhaftung von 8,33 SZR/kg zusätzlich auf 1,25 Millionen Euro je Schadenfall sowie 2,5 Millionen Euro je Schadenereignis, mindestens aber 2 SZR/kg, beschränken.

Anlage A5-006: Kalkulationsdaten

Reiner Lkw-Transport (pro Lkw)		
--> Entfernung Versender Wuppertal bis Empfänger Novara:	890 km	
--> Kosten (fixe und variable) pro km:		1,40 €
Kombinierter Verkehr		
--> Kosten für den Vorlauf per Lkw von der WEMA AG in Wuppertal zum Transkombi-Terminal Köln durch die Spedition DTMLog	40 km	120,00 €
--> Eisenbahnhauptlauf einschließlich Umladungen von Köln nach Milano (pro Verladeeinheit)		310,00 €
--> Lkw-Nachlauf von Milano zum Empfänger nach Novara; Festpreis des Empfangsspediteurs	50 km	220,00 €
Verwaltungskostenzuschlag auf die Kosten von 15 % und Gewinnzuschlag auf die Selbstkosten von 8 %		

6 Binnenschifffahrt (Aufgaben)

Sachverhalt zur Aufgabe 129–134

Sie sind Mitarbeiter/-in der DTMLog GmbH, Logistics International, in Saarlouis und erhalten einen Speditionsauftrag der VSW Eisenwerke GmbH, Völklingen/Saar (Anlage A6-001: E-Mail).

DTMLog erteilt den Transportauftrag an die SAAR SHIP e.G. Partikulier-Genossenschaft, ausführender Frachtführer ist der Partikulier Werner Schulte mit seinem Motorgüterschiff MS Marjan (L: 85 m, B: 9,50 m, Tiefgang: 2,50 m) und einer Nutzlast von 1.288 t.

Aufgabe 129

Der Auftraggeber bittet in einem Telefonat um Auskunft über die Transportdauer und die Transportstrecke. Sie kalkulieren mit einem Continue-Einsatz des Schiffes. Die Ladezeit beträgt 24 Stunden, die Entladung wird mit 83 t/Stunde kalkuliert. Die Entfernung beträgt 1.260 km, das Schiff fährt durchschnittlich 12 km/h.

a) Erläutern Sie Ihrem Auftraggeber den Fachbegriff „Continue-Einsatz“.
b) Berechnen Sie die gesamte Transportdauer einschließlich der Lade- und Löschzeit und die geplante Ankunftszeit im Hafen Györ/Gönyü.
c) Beschreiben Sie die Strecke, die das Schiff von Völklingen (Saar) bis Györ (Donau) zurücklegt (Wasserstraßen, Orte [von–bis], Länder).

Aufgabe 130

Im Ladeschein (Anlage A6-003) ist einer Lieferklausel angegeben.

a) Geben Sie die englische und die deutsche Bezeichnung der Lieferklausel an
b) Beschreiben Sie den Kosten- und Gefahrenübergang dieser Lieferklausel.

Aufgabe 131

Nennen Sie 5 Unternehmen, die an diesem Transportvorgang beteiligt sind und beschreiben Sie deren jeweilige Rechtsstellung und Aufgabe. Tragen Sie die Ergebnisse in die abgebildete Tabelle ein.

	Unternehmen	Rechtsstellung	Aufgabe
1			
2			
3			
4			
5			

Aufgabe 132

Im Verlauf der Auftragsabwicklung haben Sie die nachfolgenden Sachverhalte zu klären:

a) Begründen Sie, welche Art von Ladeschein (Anlage A6-003) im vorliegenden Fall ausgestellt wurde, wie der Ladeschein auf Dritte übertragen werden kann und wie sich der Ladeschein von einem Frachtbrief unterscheidet.

b) Erläutern Sie folgende Abkürzungen aus dem Ladeschein:
- ADN
- CMNI
- IVTB

Aufgabe 133

Ermitteln Sie den Preis, den die VSW Eisenwerke in Völklingen/Saar bezahlen müssen, wenn der Spediteur Verwaltungskosten und den Gewinnzuschlag von 16 % auf die Rechnung des Partikuliers und des Umschlagsunternehmens in Györ aufschlägt (A6-002: Kalkulationsdaten).

Aufgabe 134

Die Stahlbleche wurden vom Partikulier unzureichend vor Nässe geschützt. Während des Transportes geriet das Schiff in einen starken Regen. Bei der Löschung zeigen 35 Tafeln Rostansatz.

a) Nennen und erläutern Sie das Haftungsprinzip und die Haftungshöchstgrenzen gemäß CMNI für diesen Schadensfall.

b) Nennen Sie die 3 grundsätzlichen Reklamationsfristen für Schäden gemäß der angewendeten Rechtsgrundlage und begründen Sie die in diesem vorliegenden Schadenfall geltende Frist.

c) Berechnen Sie die Höhe der Schadenersatzleistung, die der Frachtführer leisten muss.

Sachverhalt zur Aufgabe 135–142

Die Textilgroßhandlung Johann Mühlhans & Co. KG in Frankfurt/Main hat eine Sendung Textilien in Sri Lanka gekauft. Die Sendung kommt in einem Container in Rotterdam an (Anlage A6-004: Transportdaten).

Die DTMLog GmbH, Logistics International, in Frankfurt/Main erhält den Auftrag, die Übernahme der Sendung im Hafen Rotterdam, den Nachlauf per Binnenschiff, den Zollgutversand und die Verzollung in Frankfurt/Main zu organisieren.

Aufgabe 135

Die Reederei rechnet bei Bergfahrten mit einer durchschnittlichen Geschwindigkeit von 10 km/h. Für den Umschlag am ICT Intercontainer Terminal, Frankfurt/Main, und Lkw-Zustellung beim Empfänger veranschlagen Sie insgesamt 6 Stunden. Das Schiff kann am 25.08.20.. um 18:00 h in Rotterdam abfahren.

a) Ermitteln Sie die Ankunftszeit des GMS Dordrecht am Terminal in Frankfurt/Main bei „Continue-Einsatz“.
b) Begründen Sie rechnerisch, ob der Liefertermin eingehalten werden kann.

Aufgabe 136

Im Rahmen der Abwicklung dieses Auftrages schließt DTMLog eine Reihe von Verkehrsverträgen. Nennen Sie die handelsrechtliche Bezeichnung der Beteiligten, die Vertragsart und die Rechtsgrundlage der Verträge mit Johann Mühlhans & Co. KG, der Rederij Maas-Rijn-Groep N.V. und der CONTRUCK Transporte.

Aufgabe 137

Die Textilien wurden von Mühlhans aus Sri Lanka importiert. Der Container wird in Frankfurt/Main verzollt. Für den Transport von Nichtunionsware nach Frankfurt wird ein T-Papier ausgestellt.

a) Nennen Sie den genauen Namen des Zollverfahrens, das in Rotterdam eröffnet wird und in Frankfurt/Main endet.
b) Nennen Sie die Voraussetzung für die Eröffnung dieses Zollverfahrens.
c) Beschreiben Sie den Ablauf dieses Verfahrens.

Aufgabe 138

Berechnen Sie gemäß den Angaben der Reederei (Anlage A6-004: Reedereiangebot) die gesamten Kosten für den Nachlauf, die vom Verkäufer nicht übernommen werden.

Aufgabe 139

Der Wasserstand am Pegel Kaub beträgt am 25.08.20.. 1,75 m. Berechnen Sie, wie sich durch diesen Umstand der in Rechnung gestellte Gesamtbetrag (ohne Umsatzsteuer) erhöht.

Aufgabe 140

DTMLog nimmt für den Importeur die Verzollung vor.

a) Benennen Sie das Zollverfahren.

b) DTMLog handelt als „direkter Vertreter" für den Importeur.
   1. Erläutern Sie, welche Verpflichtung die Spedition in diesem Fall eingeht.
   2. Im Zollverfahren wird die EORI-Nummer verwendet. Beschreiben Sie die Funktion dieser Angabe im Zollverfahren.
   3. DTMLog verwendet für die Einfuhrabgaben ihr eigenes Aufschubkonto. Erläutern Sie die Folge dieser Angabe.

c) 1. Berechnen Sie den Zollwert, den Zoll, den EUSt.-Wert und die EUSt. unter Verwendung der Anlage A6-006: Zollinformationen.
   2. Ermitteln Sie den Einkaufswert des gesamten Imports einschließlich der Importabgaben.

Aufgabe 141

Der Reeder hat Ihnen mitgeteilt, welche Containerterminals entlang des Rheins er bedient (Anlage A6-004: Reedereiangebot). Nennen Sie die richtige Reihenfolge, in der das GMS Dordrecht diese Containerterminals passiert.

Aufgabe 142

Nennen Sie die 3 Seehäfen, die neben dem Hafen Rotterdam zur Hafengruppe ZARA gehören.

6 Binnenschifffahrt (Anlagen)

Anlage A6-001: E-Mail (Auszug)

An: DTMLog GmbH, Logistics International, Industriestraße 22, 66740 Saarlouis

Sehr geehrte Damen und Herren,

wir beauftragen Sie mit der Versendung einer Partie Stahlbleche nach Gyor/Gönyü (Ungarn/Donau).

Sendungsdaten

Versender	VSW Eisenwerke GmbH, Bismarckstraße 57–59, 66333 Völklingen
Empfänger	STEEL MATERIALS RT, Győr, Gerda utca 3, 9011 Ungarn
Frachtführer	Transport Binnenschiff
Sendung	430 Bunde mit je 10 Tafeln rostempfindliche Stahlbleche
Wert	1 019 100,00 €
Gewicht	1.248 t
Incoterm	DPU Binnenschiff Löschhafen Gyor/Gönyü Incoterms 2020
Beförderungspapier	Ladeschein

Dillingen, 28.8.20..
Dillinger Eisenwerke GmbH, 66748 Dillingen/Saar

Anlage A6-002: Kalkulationsdaten

Angebot des Frachtführers:		
Schiffsfracht einschließlich aller Schifffahrtsabgaben	8,65 €/t	Frachtgut
Gasölzuschlag	1,25 €/t	Nutzlast des Schiffes
Am Löschhafen fallen folgende Kosten an:		
ISPS	50,00 €	pauschal
Hafengeld	0,20 €/t	Nutzlast des Schiffes
Entladung in Györ	72,50 €/Std.	Umschlag 83 t/Std.

Anlage A6-003: Ladeschein

<table>
<tr><td colspan="2">LADESCHEIN</td><td colspan="2">Die Auslieferung der Güter erfolgt nur gegen Rückgabe des ordnungsgemäß übertragenen Original-Ladescheins.</td></tr>
<tr><td colspan="2">(1) Absender
DTMLOG GMBH
LOGISTICS INTERNATIONAL, INDUSTRIESTRAS-
SE 22
66740 SAARLOUIS</td><td colspan="2">(4) Frachtführer
SAAR SHIP e.G.
PARTIKULIER-GENOSSENSCHAFT
SCHILLERPLATZ 42
66111 SAARBRÜCKEN</td></tr>
<tr><td colspan="2">(2) Empfänger
STEEL MATERIALS RT
GERDA UTCA 3
9011 GYŐR
UNGARN</td><td colspan="2">(5) Ausführender Frachtführer
PARTIKULIER WERNER SCHULTE
C/O SAAR SHIP e.G.
66111 SAARBRÜCKEN</td></tr>
<tr><td colspan="2">(3) Meldeadresse
CARGO LOG K.F.T.
LoGISTICS INTERNATIONAL
KOSSUTH LAJOS U. 51-55
9071 GÖNYŰ, UNGARN
TEL. +36 96 654 309</td><td colspan="2">(6) Absenderanweisungen
VERLADUNG DURCH DIE VSW EISENWERKE GMBH, VÖLKLINGEN/SAAR
DAS SCHIFF SOLL AM 31.08.20.. UM 6:00 UHR VERLADEBEREIT AN DER LADESTELLE LIEGEN.</td></tr>
<tr><td>(7) Schiff
MS MARJAN</td><td colspan="2">(8) Ladestelle
WERKSHAFEN VSW VÖLKLINGEN
SAAR</td><td>(9) LÖSCHSTELLE
HAFEN GYŐR-GÖNYŰ DONAU
ANLEGESTELLE H10</td></tr>
<tr><td colspan="4">(10) Zeichen | (11) Nummer | (12) Zahl | (13) Bezeichnung der Ware | (14) Gewicht/kg

VSW | 283-001-430 | 430 | BUNDE MIT JE 10 TAFELN ROSTEMPFINDLICHE STAHLBLECHE | 1.248.000

DPU BINNENSCHIFF LÖSCHHAFEN GYOR/GÖNYÜ INCOTERMS® 2020
KEIN GEFAHRGUT NACH ADN. DER FRACHTFÜHRER IST VERPFLICHTET, SICH 12 STUNDEN VOR ANKUNFT IM LÖSCHHAFEN BEI DER MELDEADRESSE VORANZUMELDEN.</td></tr>
<tr><td colspan="4">15) Anmerkungen des Frachtführers
Für Stückzahl, Maß, Gewicht, Inhalt, Beschaffenheit, Wert, Größe, Zeichen und Nummern ist der Frachtführer nicht verantwortlich.
Wir verpflichten uns, die aufgeführten Güter auszuliefern aufgrund der Internationalen Verlade- und Transportbedingungen für Binnenschifffahrtstransporte (IVTB), welche Absender und Empfänger annehmen und den CMNI.</td></tr>
<tr><td>16 Anzahl Original-Ladescheine
1</td><td>17 Anzahl Ladeschein-Kopien
2</td><td>18 Ausgestellt in
SAARBRÜCKEN</td><td>19 Ausgestellt am
30.08.20..</td></tr>
<tr><td colspan="2">20 Unterschrift des Absenders
DTMLOG GMBH SAARLOUIS
i.A. Claus Meierling</td><td colspan="2">21 Unterschrift des Frachtführers
SAAR SHIP e.G. 66111 SAARBRÜCKEN
i.A. Werner Schulte</td></tr>
</table>

Anlage A6-004: Reedereiangebot

Rederij Maas-Rijn-Groep N.V., Westblaak 180, 3012 Rotterdam, Niederlande		
General Offer 20..		
Rhein-Service Ports	Bonn, Duisburg, Düsseldorf-Neuss, Emmerich, Frankfurt, Koblenz, Köln, Mainz, Rotterdam-Maasvlakte, Rotterdam-Waalhafen	
BARGE-RATES	Rotterdam-Maasvlakte–Frankfurt	20 ft= 180,00 € 40 ft = 290,00 €
	--> free loaded barge at the seaports up to FAS CT Frankfurt-Ost --> excl. handling and port dues at inland barge-terminal --> excl. handling at the seaport	
SURCHARGES	Congestion surcharge Rotterdam	25,00 € per FCL-container for barge-shipment
	LWS Low Water Surcharge (Pegel Kaub)	≤ 1,50 m = 20 ft € 50,00 ≤ 1,80 m = 20 ft € 37,50 ≤ 2,00 m = 20 ft € 12,50
	T-document	30,00 € each document
THC Rotterdam	Umschlag Seeschiff-Terminal Umschlag Terminal-Barge	40 ft = 220,00 € 40 ft = 125,00 €
Handling	inland terminal per move/ container	--> barge/truck 30,00 € --> rail/truck 35,00 € --> port dues 0,50 € per ton
Lkw-Containerbeförderunq	Voll: CT Frankfurt-Ost bis Verlader	je TEU 30,00 €
	Leer: Verlader bis Depot Frankfurt	je TEU 30,00 €

Anlage A6-005: Transportdaten

Terminal:	ECT Euromax-Terminal, Maasvlakte, Rotterdam
	ICT Intercontainer Terminal, Frankfurt/Main, Osthafen
Sendung	1 40FT-Container, Textilien, 29.850 kg
	Import aus Sri Lanka, Lieferbedingung CIF Rotterdam; Ursprungserklärung des Exporteurs (REX) liegt vor.
	Abliefertermin beim Empfänger am 27.8.20.. bis 11:00 h
Spediteur FFM	DTMLog, Schmickstraße 24, 60314 Frankfurt/Main
Versender Empfänger	Johann Mühlhans & Co. KG, Textilgroßhandel, Eichenstraße 68, 65933 Frankfurt/Main
Frachtführer Binnenschiff	Rederij Maas-Rijn-Groep N.V., Westblaak 180, 3012 Rotterdam, Niederlande
Schiff	GMS Dordrecht, Großes Rheinschiff, 280 TEU
Entfernung	Rotterdam–Frankfurt 690 km
Frachtführer Frankfurt	CONTRUCK Transporte, Lindleystraße 42, 60314 Frankfurt/Main

Anlage A6-006: Zollinformationen

Kaufpreis	42.700,00 USD (CIF Rotterdam)

ABS. XI Kap. 50 bis 63:	Spinnstoffe und Waren daraus
61	KLEIDUNG UND BEKLEIDUNGSZUBEHÖR, AUS GEWIRKEN ODER GESTRICKEN
6109	T-Shirts und Unterhemden, aus Gewirken oder Gestricken
6109 10	aus Baumwolle
6109 1000 10 0	T-Shirts

Warenbeschreibung:	T-Shirts
Codenummer:	61091000100
Geografisches Gebiet	LK Sri Lanka
Einfuhrumsatzsteuer:	19 %

Einfuhrmaßnahmen

Gebiets-code	MN-Schl.	Maßnahmeart	Maß-nahmen	Beginn	Ende	Weitere Informationen
1011	103	Drittlands-zollsatz	12,0 %	01.01.1997	–	
2020*	142	Zollpräferenz	9,6 %	01.01.2015	–	Präferenzpapier**

* 2020 APS (Entwicklungsländer)

** Präferenzpapier: Einfuhren aus Entwicklungsländern in die EU: Form A

7 Logistik (Aufgaben)

Sachverhalt zur Aufgabe 143–148

Die Spedition DTMLog in Dortmund führt ein Lager für verschiedene Kunden. Das Lager hat eine Kapazität von 18.900 Palettenstellplätzen.

Aufgabe 143

Die SCOOTER AG in Dortmund will ihre Lagerhaltung an DTMLog outsourcen.

a) Erläutern Sie den Begriff „Outsourcing".
b) Nennen Sie die Gründe, die die Geschäftsleitung der SCOOTER AG dazu bewegt haben könnten, und beschreiben Sie, welche Vorteile sich das Unternehmen von dieser Maßnahme verspricht.
c) Erläutern Sie die Auswirkung auf die Struktur der Lagerkosten der SCOOTER AG, wenn diese sich dafür entscheidet, der Spedition DTMLog den Logistikauftrag zu erteilen, anstatt ein eigenes Lager zu betreiben.

Aufgabe 144

Bei der Bearbeitung der Anfrage (Anlage A7-001) müssen Sie zunächst den Platzbedarf für diesen Auftrag ermitteln.

a) Berechnen Sie die optimale Bestellmenge. Die Bestellkosten betragen nach unserer Kalkulation 845,00 € je Bestellung, die Lagerkosten (einschließlich Lagerzinsen) betragen 34,20 €/Stück im Jahr (Anlage A7-002: Formel).
b) Das Lager ist zu 78 % ausgelastet. Ermitteln Sie die maximale Anzahl der benötigten Palettenplätze für diesen Auftrag und entscheiden Sie, ob der Auftrag angenommen werden kann.

Aufgabe 145

Nachbestellung soll mit dem Bestellpunktverfahren erfolgen. Dazu müssen Sie den Meldebestand ermitteln. Es soll ein Sicherheitszeitraum von 3 Tagen und eine Lieferzeit von 4 Tagen einkalkuliert werden.

Aufgabe 146

Berechnen Sie folgenden Lagerkennzahlen:

a) durchschnittlicher Lagerbestand aus dem Mindestbestand und dem Höchstbestand nach der Lieferung

b) die Lagerumschlagshäufigkeit
c) die durchschnittliche Lagerdauer
d) die Lagerreichweite am 18.06. (6 Tage nach der Lieferung einer Bestellung)

Aufgabe 147

Die Spedition DTMLog GmbH vereinbarte mit der SCOOTER AG die KPI aus der Anfrage.

Im vergangenen Monat ergaben sich folgende Daten:

- Kommissionieraufträge: 940 Stück
- Fehleranzahl beim Kommissionieren: 2 Stück
- Auslieferungen: 3 200 Stück
- termingerechte Auslieferungen: 3 184 Stück

Ermitteln Sie, ob die KPI eingehalten wurden.

Aufgabe 148

Die SCOOTER AG verkauft und lagert unterschiedliche Motorrollertypen. Um die eigenen Marketingmaßnahmen besser zu fokussieren, soll eine ABC-Analyse durchgeführt werden.

Führen Sie die ABC-Analyse für folgende Artikel durch und verwenden Sie als Kriterien A ⇐ 80 % und B ⇐ 95 %:

Nr.	Jahresbedarf	Stückpreis in €	Wert	%-Wert
1	4.488	2.450,00		
2	7.106	3.400,00		
3	8.976	1.250,00		
4	6.732	7.600,00		
5	10.098	4.200,00		

Sachverhalt zur Aufgabe 149–152

Die Niederlassung DTMLog in Hannover hat mit dem Automobilhersteller METRA AG einen Logistikvertrag abgeschlossen. Die DTMLog organisiert für das nordwestdeutsche Gebiet die Abholungen bei den Zulieferern, die Lagerung sowie die Anlieferung im hannoverschen Werk der METRA AG.

Aufgabe 149

Nennen Sie die 2 logistischen Teilbereiche, in denen die DTMLog für die METRA AG tätig wird.

Aufgabe 150

Die Anlieferungen sollen grundsätzlich just-in-time, für eine Produktionslinie jedoch just-in-sequence erfolgen.

a) Erläutern Sie den Begriff „Just-in-time-Anlieferungen“
b) Erklären Sie den Unterschied zu den gewünschten „Just-in-sequence-Anlieferungen“.

Aufgabe 151

DTMLog soll für den Auftraggeber für die Abholung der bestellten Güter als Gebietsspediteur tätig werden.

a) Erläutern Sie den Grundgedanken des Gebietsspediteur-Konzepts an diesem Auftrag.
b) Nennen Sie Vorteile des Gebietsspediteur-Konzepts aus Sicht der Spedition DTMLog, aus Sicht der METRA AG und aus Umweltgesichtspunkten.
c) Das Gebietsspediteur-Konzept soll zu einer Verringerung der Kosten und einer Verbesserung der logistischen Abläufe führen. Nennen Sie Gründe, weshalb das Gebietsspediteur-Konzept zu einer einfacheren und übersichtlicheren Abwicklung der Anlieferungen führt.

Aufgabe 152

Die METRA AG möchte die Beschaffung in Zukunft verstärkt von Single Sourcing auf Multiple Sourcing und von Local Sourcing auf Global Sourcing umstellen.

a) Erklären Sie alle genannten Sourcing-Konzepte.
b) Erläutern Sie die Auswirkung des Global-Sourcing-Konzepts auf den Beschaffungsprozess durch DTMLog.

Sachverhalt zur Aufgabe 153–156

Die Spedition DTMLog GmbH unterhält für die Niemann GmbH eine Lagerhalle für verschiedene Fertigteile. In dieser Lagerhalle erfolgt die Kommissionierung und Auslieferung von Kleinpartien auf Anforderung von Einzelhändlern, die alle Selbstabholer sind.

Aufgabe 153

DTMLog schließt mit Niemann einen Vertrag über diese Leistungen.

a) Nennen Sie die Art des Vertrages, die Beteiligten und deren handelsrechtliche Bezeichnung und die Rechtsgrundlage des Vertrages.
b) Erläutern Sie die Grundpflichten der Vertragsbeteiligten. Nennen Sie (neben den Grundpflichten) drei weitere Pflichten von DTMLog.

Aufgabe 154

Die Einlagerung der Paletten der Niemann GmbH im Lager der DT-MLog erfolgt nach dem System der chaotischen Lagerung (Freiplatzsystem), die Kommissionierung und Auslagerung nach dem Mann-zur-Ware-System.

a) Erläutern Sie das System der chaotischen Lagerung und nennen Sie einen Vorteil dieses Systems.
b) Erklären Sie in der richtige Reihenfolge 4 Arbeitsschritte der Kommissionierung nach dem Mann-zur-Ware-System.

Aufgabe 155

DTMLog möchte dem Kunden zusätzliche Dienstleistungen (Value Added Services) anbieten, die über die vereinbarten Leistungen hinausgehen.

a) Nennen Sie vier zusätzliche Dienstleistungen, die Sie im vorliegenden Fall dem Kunden anbieten können.
b) Geben Sie einen Vorteil an, den die Spedition DTMLog als Logistikdienstleister erzielt, wenn sie für den Kunden weitere Value Added Services übernimmt.

Aufgabe 156

Für die Erstellung eines Angebotes an die Niemann GmbH und die Sendungsabrechnung kalkulieren Sie die Kosten für die Leistung. Die Lagerhalle wird nur für diesen Auftrag verwendet (Anlage A7-003. Kalkulationsdaten). Berechnen Sie:

a) die Umschlagkosten für 100 kg
b) die Lagerungskosten für 100 kg/Monat
c) die Lagerverwaltungskosten für 100 kg/Monat
d) die gesamten monatlichen Kosten für diesen Auftrag
e) die Lagerversicherungsprämie für den durchschnittlichen Lagerbestand (Warenwert 6,35 €/kg)

7 Logistik (Anlagen)

Anlage A7-001: Anfrage

An: DTMLog GmbH, Franziusstraße 86, 44147 Dortmund

ANFRAGE
Sehr geehrte Damen und Herren,

unser Unternehmen beabsichtigt, Sie mit der Lagerung und Auslieferung unserer Motorroller zu beauftragen.

Durchschnittlich sollen arbeitstäglich (220 Arbeitstage/Jahr) 235 Motorroller (1 Motorroller = 1 Europalette) ausgelagert werden. Der Mindestbestand soll der 3-fache Tagesbedarf sein. Sie sollen für uns auch die Nachbestellung der Motorroller übernehmen. Es soll jeweils die optimale Bestellmenge geordert werden.

Zur Qualitätssicherung erwarten wir die Einhaltung der folgenden Key Performance Indicators (KPI):

Fehlerquote bei der Kommissionierung von ≤ 0,3 %,

Termintreue von ≥ 99,75 %.

Die Auslieferung der palettierten Motorroller soll über Ihren innerdeutschen Sammelgutverkehr erfolgen.

Wir bitten um eine Benachrichtigung, ob Sie diesen Auftrag übernehmen können.

Mit freundlichen Grüßen

SCOOTER AG Dortmund

Anlage A7-002: Formel

Optimale Bestellmenge	
$Bestellmenge_{optimal} = \sqrt{\frac{2 \times J \times BK}{LK + Zinsen}}$	J = Jahresbedarfsmenge BK = fixe Bestellkosten je Bestellung LK = Lagerkosten je Mengeneinheit/Jahr Zinsen = je Mengeneinheit/Jahr

Anlage A7-003: Kalkulationsdaten

Für die Einlagerung werden täglich 0,5 Gabelstaplerstunden, für die Auslagerung täglich 2,5 Gabelstaplerstunden benötigt. Die Lagerverwaltung für die Niemann GmbH wird mit 1,1 Stunden täglich kalkuliert.

Arbeitstage je Monat	20 Tage	
Kosten des Staplerfahrers je Arbeitsstunde	31,00 €	
Kosten des Gabelstaplers je Arbeitsstunde lt. Vorkalkulation	7,20 €	
Monatliches Einlagerungsgewicht	110 000 kg	
Monatliches Auslagerungsgewicht	110 000 kg	
Kalkulatorische Abschreibung Lagergebäude	14 500,00 €	jährlich
Kalkulatorische Verzinsung	11 000,00 €	jährlich
Energiekosten	350,00 €	monatlich
Versicherungskosten Lagerhaus	1 900,00 €	jährlich
Allgemeine Verwaltungskosten	980,00 €	vierteljährlich
Durchschnittlicher Lagerbestand	70 000 kg	
Stundensatz für eine Lagerverwaltungsstunde	38,20 €	
Lagerversicherung je angefangene 1 000,00 € Versicherungssumme und je angefangener Monat	0,15 €	
zzgl. 19 % Versicherungssteuer		
Gewinnzuschlag	12,5 %	

8 Marketing

Sachverhalt zur Aufgabe 157–160

Die Spedition DTMLog in Stuttgart möchte die Krankenhauslogistik für den Raum Stuttgart als neue Dienstleistung „DTM Healthcare" einführen. Damit soll die Versorgung von Krankenhäusern mit Arzneimitteln und medizinischem Sachbedarf zentralisiert werden.

Aufgabe 157

Begründen Sie, um welche produktpolitische Marketingmaßnahme es sich dabei für die DTMLog handelt.

Aufgabe 158

Um die Akzeptanz und die Absatzchancen dieses Produktes zu überprüfen, hat die Geschäftsleitung eine Marktforschungsgruppe eingesetzt, um den Umfang und die Entwicklung der Logistikaktivitäten und Logistikkosten aus Statistiken und Geschäftsberichten zu ermitteln. Zusätzlich sollen die Klinikleitungen zum Bedarf und zur Möglichkeit der Verlagerung auf externe Dienstleister befragt werden.

a) Ordnen Sie die Maßnahmen begründet den Begriffen zu.
   1. Marktanalyse
   2. Marktbeobachtung

b) Erläutern Sie allgemein und konkret am Beispiel die Begriffe:
   1. Primärforschung
   2. Sekundärforschung

Aufgabe 159

Nennen Sie 4 Aspekte, die Sie bei der Preis- und Konditionenpolitik für dieses neue Produkt berücksichtigen müssen.

Aufgabe 160

Beschreiben Sie die unterschiedlichen Möglichkeiten, die DTMLog hat, die Befragungen vorzunehmen. Nennen Sie die Vor- und Nachteile der einzelnen Befragungsmethoden.

Sachverhalt zur Aufgabe 161–164

Die Geschäftsleitung der Spedition DTMLog möchte nach einer erheblichen Umsatzsteigerung durch das neue Produkt „DTM Healthcare" die eigenen Aktivitäten sowie das Verhalten der Mitarbeiter/-innen in höherem Maße kundenorientiert ausrichten.

Aufgabe 161

Erläutern Sie 3 Aspekte bzw. Ziele, was unter Kundenorientierung zu verstehen ist.

Aufgabe 162

Die Geschäftsleitung möchte zunächst Seminare für die Mitarbeiter/-innen im Vertrieb anbieten. Nennen Sie 4 kommunikative Kompetenzen, die für diese Mitarbeitergruppe besonders wichtig sind.

Aufgabe 163

Um das Ziel der Umsatz- und Gewinnsteigerung zu erreichen, sollen die Werbemaßnahmen verbessert werden. Dazu wird ein Werbeplan aufgestellt. Nennen Sie die wichtigsten Inhalte dieses Werbeplans.

Aufgabe 164

Um das Produkt „DTM Healthcare" zu fördern, sollen neben der Werbekampagne auch andere Maßnahmen der Kommunikationspolitik ergriffen werden. Erläutern Sie, welche Ziele und Maßnahmen aus den folgenden Bereichen verfolgt werden können.

a) Öffentlichkeitsarbeit (Public Relations)
b) Sponsoring
c) Verkaufsförderung (Sales Promotion)

B

WIRTSCHAFTS- UND SOZIALPROZESSE

1 Ausbildung und Arbeitsschutz

Aufgabe 165

Die DTMLog GmbH schließt mit Christoph Meyer einen Berufsausbildungsvertrag zum Speditionskaufmann ab.

Welche der unten stehenden Pflichten übernimmt Christoph Meyer mit dem Abschluss des Berufsausbildungsvertrages?

(1) Meldepflicht
(2) Schweige- und Treuepflicht
(3) Fürsorgepflicht
(4) Zeugnispflicht
(5) Dienstleistungspflicht

Aufgabe 166

Der Auszubildende Sven Degen will nach Ablauf der Probezeit seinen Ausbildungsvertrag kündigen. Ist das nach dem Berufsbildungsgesetz (BBiG) möglich?

(1) Nein, der Vertrag kann nach der Probezeit nur vom Ausbildenden gekündigt werden.
(2) Ja, der Vertrag kann auch nach der Probezeit stets von beiden Seiten ohne Einhaltung einer Kündigungsfrist gekündigt werden.
(3) Nein, der Vertrag kann nur während der vereinbarten Probezeit gekündigt werden.
(4) Ja, der Vertrag kann nach der Probezeit aufgelöst werden, allerdings nur in beiderseitigem Einvernehmen.
(5) Ja, der Vertrag kann vom Auszubildenden nach der Probezeit mit einer Frist von 4 Wochen gekündigt werden, wenn dieser sich z. B. für eine andere Berufstätigkeit ausbilden lassen will.

Aufgabe 167

Welche Aussage entspricht den Bestimmungen des Jugendarbeitsschutzgesetzes?

(1) Jugendliche müssen im Rahmen der Abschlussprüfung 2 Arbeitstage vor der Prüfung freigestellt werden.
(2) Jugendliche dürfen grundsätzlich nicht mit Akkordarbeit beschäftigt werden oder andere tempoabhängige Arbeiten ausführen, mit denen ein höheres Entgelt erzielt werden kann.
(3) Jugendliche dürfen nicht 8 Stunden ununterbrochen ohne Ruhepausen beschäftigt werden.
(4) Das Jugendarbeitsschutzgesetz soll alle jungen Menschen unter 25 Jahren vor einer Gefährdung ihrer Gesundheit oder einer Störung ihrer Entwicklung bewahren.
(5) Zwischen dem Feierabend und dem Arbeitsbeginn am nächsten Tag muss eine ununterbrochene Ruhezeit von mindestens 15 Stunden liegen.

Aufgabe 168

Im Gebäude einer Sammelgutspedition sind folgende Sicherheitskennzeichnungen angebracht:

A 	B 
C 	D 

Welche der genannten Sicherheitskennzeichnungen sind:

Rettungszeichen ☐

Warnzeichen ☐

Verbotszeichen ☐

Gebotszeichen ☐

Aufgabe 169

Welche drei Maßnahmen von (1) bis (5) sind im Büro der Spedition DTMLog GmbH durch die Unfallverhütungsvorschriften, die Arbeitsstättenverordnung bzw. das Arbeitsschutzgesetz vorgeschrieben?

(1) Anbringen eines Feuerlöschers in vertretbarer Entfernung im Gebäude
(2) Maßnahmen zum Schutz von Nichtrauchern im Pausenraum
(3) Benennung von Beschäftigten, welche die Aufgabe der Ersten Hilfe übernehmen
(4) Maßnahmen zur Verminderung von Belästigungen durch Nichtraucher am Arbeitsplatz
(5) Beteiligung der Mitarbeiter bei der Entscheidung über die Einrichtung ihres Arbeitsplatzes

2 Handelsrecht

Kaufmann und Firma

Aufgabe 170

Beurteilen Sie die folgenden Fälle von Ziffer (1) bis (5) in Bezug auf die Kaufmannseigenschaft der Unternehmen bzw. des Unternehmers.

Kreuzen Sie in den Kästchen der Spalte A an, wenn es sich dabei um Kaufleute im Sinne des HGB handelt.

Tragen Sie in die Kästchen der Spalte B:

die Ziffer 1 ein, wenn es sich um einen Istkaufmann,
die Ziffer 2 ein, wenn es sich um einen Kannkaufmann, oder
die Ziffer 3 ein, wenn es sich um einen Formkaufmann handelt.

Fälle:		A	B
(1)	Manfred Gruber ist Abteilungsleiter „Sammelgut" in einer großen Spedition. Er erbt 400 000,00 €. Mit dem Geld gründet er ein eigenes Speditionsunternehmen und stellt drei Arbeitnehmer ein.	☐	☐
(2)	Frau Müller betreibt einen kleinen Kiosk und verkauft Zeitschriften, Süßigkeiten und Getränke.	☐	☐
(3)	Mehrere Geschäftspartner betreiben eine international tätige Großhandlung für Maschinenteile in der Rechtsform der OHG.	☐	☐
(4)	Der Anwalt Friedrichs gründet zusammen mit dem Steuerberater Mohrmann eine gemeinsame Rechtsanwalts- und Steuerberatergesellschaft in der Rechtsform der GmbH.	☐	☐
(5)	Mehrere freiberuflich tätige Autorinnen und Autoren gründen eine Genossenschaft (eG), um ihre Bücher selbst zu verlegen.	☐	☐

Aufgabe 171

Klären Sie für folgende Unternehmen, welche Art von Kaufmannseigenschaft vorliegt.

Tragen Sie die Ziffer der zutreffenden Kaufmannseigenschaft in die nebenstehenden Kästchen ein.

(1) Istkaufmann
(2) Kannkaufmann
(3) Formkaufmann
(4) kein Kaufmann

Firma	
Maschinenbau AG	☐
Landwirtschaft mit Hofladen im Nebenbetrieb	☐
Zeltverleih	☐
Schuhmacher, der auch Schuhe verkauft	☐

Aufgabe 172

Friedrich Seegmayer, Gerd Becker und Christa Grabe sind Gesellschafter der Rheinsped GmbH, Internationale Spedition in Mannheim. Das Unternehmen ist durch die Übernahme und Änderung der Rechtsform aus der Heinen KG, Weinheim, entstanden. Welche der folgenden Firmierungen wären auch möglich gewesen?

Nennen Sie die vier zutreffenden Firmierungen.

(1) Seegmayer Spedition
(2) Gerd Becker GmbH
(3) Heinen GmbH & Co.
(4) Rheintrans Speditiongesellschaft mbH
(5) Seegmayer GmbH
(6) Seegmayer GmbH
(7) Mannheimer Speditionsgesellschaft
(8) Grabe, Becker und Seegmeyer

Aufgabe 173

Handelsregisterauszug: Amtsgericht Mannheim HRB 530

Nr.	a) Firma b) Sitz c) Gegenstand des Unternehmens	Grund- oder stammkapital	Vorstand	Prokura	Rechtsverhältnisse	a) Tag der Eintragung der Unterschrift b) Bemerkungen
1	2	3	4	5	6	7
1	a) Rheinsped GmbH b) 68159 b Mannheim c) Spedition	500.000,00	Dipl. Betriebswirt Becker Dipl. Kauffrau Christa Grabe	Rainer Laske		a) 1. Januar 20(0)

Beantworten Sie die folgenden Fragen zum oben stehenden Registerauszug der Rheinsped GmbH:

a) Wo wurde die Eintragung vorgenommen?
   (1) in Abteilung A des Handelsregisters
   (2) in Abteilung B des Handelsregisters
   (3) im Genossenschaftsregister

b) Welche der folgenden Aussagen zur Eintragung in Spalte 5 des Handelsregisterauszugs ist richtig?
   (1) Rainer Laske ist nicht mehr Mitarbeiter der Rheinsped GmbH.
   (2) Rainer Laske darf mit dem Zusatz ppa. unterschreiben.

c) Ist die Höhe des Stammkapitals ...
   (1) gleich dem gesetzlichen Mindestbetrag?
   (2) höher als der gesetzliche Mindestbetrag?
   (3) niedriger als der gesetzliche Mindestbetrag?

d) Während einer Diskussion über den Handelsregisterauszug werden die nachstehenden Aussagen gemacht.

   Welche der folgenden Aussagen trifft zu?
   (1) Die Eintragung in das Handelsregister ist freiwillig.
   (2) Die Wirkung ist deklaratorisch und bezeugt lediglich, dass es sich bei der Rheinsped GmbH um einen Kaufmann im Sinne des HGB handelt.
   (3) Jeder ist berechtigt, sich vom Auszug über die Rheinsped GmbH eine Abschrift anfertigen zu lassen.
   (4) Handelsregistereintragungen der Rheinsped GmbH werden ausschließlich in den örtlichen Tageszeitungen veröffentlicht.

Unternehmensformen

Aufgabe 174

Zwei Freunde gründen die SpegLog KG, Internationale Spedition. Drei Wochen nach Geschäftsbeginn erfolgt die Eintragung im Handelsregister.

a) Zu welchem Zeitpunkt ist die KG entstanden?
b) Welche Rechtswirkung hat der Eintrag für die Entstehung der KG?
c) Wo hat das Gericht die Eintragung ins Handelregister zu veröffentlichen?

Aufgabe 175

Zum Kundenkreis der Intersped GmbH zählen natürliche Personen und juristische Personen des privaten und öffentlichen Rechts.

Stellen Sie fest, wer eine juristische Person des privaten Rechts ist:

(1) Norddeutscher Rundfunk
(2) Elektrogroßhandel GmbH

(3) Anton Meyer e. K.
(4) Gustav Schmidt KG
(5) Finanzamt Hannover

Aufgabe 176

Welche der unten stehenden Aussagen treffen nach der gesetzlichen Regelung auf die folgenden Punkte (1) bis (3) zu?

(1) nur auf die OHG
(2) nur auf die GmbH
(3) auf keine dieser Unternehmensformen

Aussagen

a) Die Gesellschaft erlischt mit der Erfüllung des gemeinsamen Ziels automatisch. ☐

b) Das gezeichnete Kapital nennt man Stammkapital. ☐

c) Die Rechtsvorschriften über die Gesellschaft finden sich im BGB. ☐

d) Die Eigentumsanteile werden an der Börse gehandelt. ☐

e) Alle Gesellschafter sind zur Geschäftsführung verpflichtet. ☐

f) Die Haftung aller Gesellschafter ist unbeschränkt. ☐

g) Die Haftung einiger Gesellschafter ist beschränkt, die übrigen Gesellschafter haften unbeschränkt. ☐

Aufgabe 177

Welche der folgenden Aussagen treffen nach den gesetzlichen Vorschriften auf die folgenden Punkte (1) bis (3) zu?

(1) nur auf die OHG,
(2) nur auf die GmbH,
(3) weder auf die OHG noch auf die GmbH

Aussagen

a) Alle Gesellschafter haften nur mit ihren Geschäftsanteilen. ☐

b) Die Gesellschaft ist eine juristische Person. ☐

c) Die Gesellschaft besteht nur aus Komplementären und Kommanditisten. ☐

d) Eine Stammeinlage muss mindestens 250,00 € betragen. ☐

e) Jeder Gesellschafter ist grundsätzlich zur Geschäftsführung und Vertretung berechtigt. ☐

f) Der Gewinn der Gesellschaft unterliegt der Körperschaftsteuer. ☐

g) Auf das Eigenkapital müssen mindestens 12 500,00 € eingezahlt werden. ☐

Aufgabe 178

Prüfen Sie, in welcher der Aussagen alle Merkmale einer GmbH richtig sind.

(1) Vorstand – kein Mindeststammkapital – mindestens 7 Gründer – persönliche Haftung

(2) Geschäftsführung – kein Mindeststammkapital – mindestens 7 Gründer – persönliche Haftung

(3) Vorstand – Mindeststammkapital 50 000,00 € – mindestens 5 Gründer – persönliche Haftung

(4) Geschäftsführung – Mindeststammkapital 50 000,00 € – mindestens 5 Gründer – keine persönliche Haftung

(5) Geschäftsführung – Mindeststammkapital 25 000,00 € – ein oder mehrere Gründer – keine persönliche Haftung

(6) Geschäftsführung – Mindeststammkapital 25 000,00 € – ein oder mehrere Gründer – persönliche Haftung

Aufgabe 179

Zwei Kaufleute mit einem Kapital von insgesamt 30 000,00 € wollen unter folgenden Bedingungen ein Unternehmen gründen:

- Einstellung eines Geschäftsführers – keine persönliche Haftung
- Möglichkeit der Kapitalerhöhung durch Aufnahme weiterer Gesellschafter

Welche der folgenden Rechtsformen ist zulässig?

(1) KG
(2) Genossenschaft
(3) AG
(4) GmbH
(5) OHG

Organisation

Aufgabe 180

In welchem Fall handelt es sich um ein Problem der Aufbauorganisation eines Speditionsbetriebes?

(1) Mangelnde Kompetenzabgrenzungen führen wiederholt zu Missstimmungen zwischen einzelnen Abteilungen.
(2) Fehlbuchungen führen zu Störungen bei der Rechnungserstellung.
(3) Bei der Auftragsabwicklung kommt es wegen unklarer Anweisungen häufig zu Fehldispositionen.
(4) Missverständliche Arbeitsanweisungen führen zu Fehlern bei der Auftragsbearbeitung.
(5) Bei der Auftragsannahme kommt es immer wieder zu Leerzeiten.

Aufgabe 181

Die Spedition Berger überlegt, ob sie ihre Geschäfte ausweiten und ein Luftfrachtbüro am Flughafen eröffnen soll.

Welche Organisationseinheit des Unternehmens ist für diese Entscheidung verantwortlich?

(1) die Abteilung „Spedition Sammelgut“
(2) die Finanzabteilung
(3) die Abteilung „Spedition International“
(4) die Kalkulationsabteilung
(5) die Geschäftsleitung

Aufgabe 182

Im folgenden Organigramm sind die Positionen a) bis e) eingekreist:

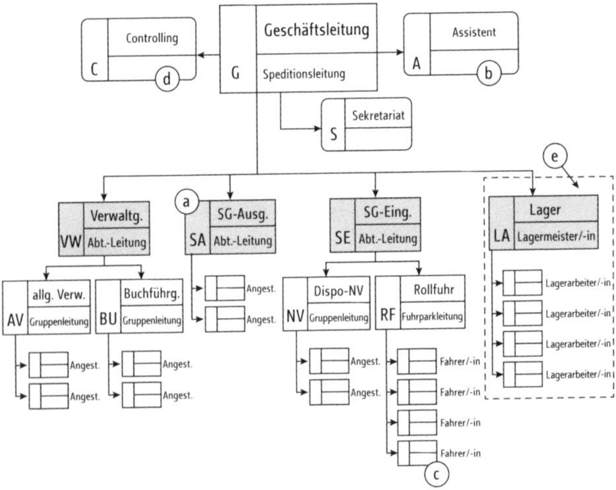

Welche der Begriffe (1) bis (4) treffen auf die eingekreisten Positionen zu?

(1) ausführende Stelle

(2) Instanz

(3) Stabsstelle

(4) Abteilung

Tragen Sie die zutreffenden Nummern in die Kästchen ein:

Positionen

a) Abteilungsleitung Sammelgutausgang ☐

b) Assistent der Geschäftsleitung ☐

c) Fahrer in Abteilung Nahverkehr ☐

d) verantwortliche Mitarbeiter/-innen Controlling ☐

e) gemeinsamer Tätigkeitsbereich Lagermeister/-in und Lagerarbeiter/-in ☐

Aufgabe 183

Für die Disponentenstelle der Fernverkehrsabteilung in der Spedition LogSped GmbH soll eine schriftliche Stellenbeschreibung erstellt werden.

Welche der unten stehenden Aussagen können Inhalte dieser Stellenbeschreibung sein?

(1) Mit Stellenantritt sind Ihnen die Auszubildenden in der Nahverkehrsabteilung unterstellt.
(2) Die Stelle wird mit der Gehaltsgruppe IV bewertet.
(3) Als Disponent/-in dürfen Sie im Monat Dezember keinen tariflichen Urlaub nehmen.
(4) Eine außertarifliche Zulage von 200,00 € erhalten Sie mit Stellenantritt.
(5) Als Disponent/-in nehmen Sie Aufträge im Rahmen des Nahverkehrs entgegen und sorgen für deren ordnungsgemäße Abwicklung.

3 Arbeitsverhältnis

Personalwirtschaft

Aufgabe 184

Durch welche Aussage ist ein kooperativer Führungsstil gekennzeichnet?

(1) Der Vorgesetzte legt die Ziele der Arbeit allein fest.
(2) Die Verantwortungsbereitschaft der Mitarbeiterinnen und Mitarbeiter soll gefördert werden.
(3) Die Eigeninitiative der Mitarbeiterinnen und Mitarbeiter ist nicht erwünscht.
(4) Im Rahmen von Konferenzen werden Arbeitsanweisungen weitergegeben.
(5) Diskussionen über gemeinsames Vorgehen gelten als überflüssig.

Aufgabe 185

Die Personalabteilung führt die folgenden neuen Regelungen für alle Mitarbeiterinnen und Mitarbeiter ein. Welche Maßnahmen motivieren die Mitarbeiterinnen und Mitarbeiter zu einer verstärkten Eigeninitiative?

(1) Für Verbesserungsvorschläge wird ein eindeutiger Dienstweg vorgeschrieben. Nur der direkte Vorgesetzte entscheidet über die Annahme.
(2) Dienstanweisungen werden schriftlich festgehalten und an alle Mitarbeiter ausgegeben.

(3) Durch den Abbau von Hierarchien und durch Zielvereinbarungen steigen die Entscheidungsfreiheit der einzelnen Mitarbeiterinnen und Mitarbeiter.
(4) Um die Belastung der Mitarbeiterinnen und Mitarbeiter zu verringern, werden Überstunden nur nach schriftlicher Genehmigung der nächsthöheren Instanz zugelassen.
(5) klare Arbeitsanweisungen und strenge Kontrollen

Aufgabe 186

Die Rheinsped GmbH stellt für einen Angestellten ein Arbeitszeugnis aus. Welche Aussage zu den Zeugnissen trifft zu?

(1) Der Arbeitnehmer hat einen Anspruch auf ein qualifiziertes Arbeitszeugnis.
(2) Das qualifizierte Arbeitszeugnis beschreibt ausschließlich die allgemeinen bzw. beruflichen Fähigkeiten und Kenntnisse.
(3) Der Anspruch auf das Arbeitszeugnis entsteht erst zum Zeitpunkt des tatsächlichen Ausscheidens aus dem Speditionsunternehmen.
(4) Der Arbeitgeber ist verpflichtet, ein Fehlverhalten des Arbeitnehmers im Zeugnis festzuhalten.
(5) Arbeitszeugnisse werden häufig unter Verwendung bestimmter Codes formuliert.

Aufgabe 187

Die Unternehmensleitung der Transsped GmbH führt regelmäßige Beurteilungsgespräche mit ihren Mitarbeiterinnen und Mitarbeitern durch.

Welche Ziele werden damit verfolgt?

(1) Beurteilungsgespräche haben das vorrangige Ziel, die Arbeitsplatzbeschreibungen zu aktualisieren.
(2) Beurteilungsgespräche haben in erster Linie das Ziel, die Unternehmensleistung zu verbessern.
(3) Beurteilungsgespräche haben das Ziel, den Mitarbeiterinnen und Mitarbeitern ihre Beurteilungen zu erläutern und sie durch neue Zielvereinbarungen zu motivieren.
(4) Beurteilungsgespräche haben das Ziel, Verbesserungsvorschläge zu diskutieren und neue Produktideen zu bekommen.
(5) Beurteilungsgespräche werden nur mit ausscheidenden Mitarbeiterinnen und Mitarbeitern geführt mit dem Ziel, ein gerechtes Zeugnis zu erstellen.

Arbeitsvertrag

Aufgabe 188

Nach bestandener Abschlussprüfung erhält eine Auszubildende der Spedition Intersped GmbH ein Übernahmeangebot in ein unbefristetes Arbeitsverhältnis. In dem Arbeitsvertrag soll auch eine Probezeit vereinbart werden.

Prüfen Sie, ob bzw. worin sich die Regelungen zur Probezeit im Berufsausbildungsvertrag von denen im Arbeitsvertrag unterscheiden.

(1) Die Angabe eines Kündigungsgrundes während der Probezeit kann bei einem Arbeitsverhältnis entfallen. Bei einem Berufsausbildungsverhältnis ist der Kündigungsgrund während der Probezeit anzugeben.
(2) Die arbeitsrechtlichen Regelungen zur Probezeit sind bei einem Berufsausbildungsverhältnis und einem Arbeitsverhältnis genau gleich.
(3) Während bei einem Berufsausbildungsverhältnis eine Probezeit von mindestens einem Monat vorgeschrieben ist, kann ein Arbeitsverhältnis auch ohne Probezeit vereinbart werden.
(4) Die Probezeit während der Berufsausbildung darf höchstens zwei Monate dauern. Für ein Arbeitsverhältnis gilt eine Maximaldauer von sechs Monaten.

Aufgabe 189

Beim Abschluss eines Arbeitsvertrages soll die Bewerberin wahrheitsgemäß über berufliche Qualifikationen und beschäftigungsrelevante Fragen Auskunft geben. Welche der folgenden Aussagen ist unzulässig?

(1) Familienstand
(2) beruflicher Werdegang
(3) Schwerbehinderung
(4) Gewerkschaftszugehörigkeit
(5) Alter
(6) Krankenkassenzugehörigkeit

Aufgabe 190

Ein Lagerarbeiter der Spedition Intersped GmbH ist seit dem 1. März 20(0) im Lager beschäftigt. Seine Probezeit endete am 31. Mai 20(0). Ein Industrieunternehmen bietet dem Lagerarbeiter am 9. September 20(0) eine erheblich besser bezahlte Stelle an.

Tragen Sie die entsprechenden Termine in die Datumsspalte ein.

	Datum
a) Zu welchem Termin kann der Mitarbeiter nach den gesetzlichen Bestimmungen frühestens kündigen?	
b) Zu welchem Termin muss die Kündigung spätestens erfolgen?	

Aufgabe 191

Bei welchen der unten stehenden Kündigungsgründen handelt es sich um eine ...

(1) ordentliche Kündigung durch den Arbeitgeber?
(2) ordentliche Kündigung durch den Arbeitnehmer oder die Arbeitnehmerin?
(3) außerordentliche Kündigung durch den Arbeitgeber?
(4) außerordentliche Kündigung durch den Arbeitnehmer oder die Arbeitnehmerin?

Tragen Sie die entsprechenden Ziffern in die unten stehenden Kästchen ein.

Kündigungsgrund	
a) Der Arbeitgeber verweigert den zustehenden Urlaub aus dem laufenden Jahr.	
b) Das Gehalt steht seit mehreren Monaten aus.	
c) Die internationale Abteilung muss geschlossen werden.	
d) Der Lagerarbeiter ist wiederholt betrunken am Arbeitsplatz erschienen.	
e) Diebstahl von Wertgegenständen aus dem Betrieb.	

Tarifvertrag und Mitbestimmung

Aufgabe 192

Bringen Sie die folgenden Schritte beim Zustandekommen eines neuen Tarifvertrages in die richtige Reihenfolge, indem Sie die Ziffern 1 bis 6 in die Kästchen neben den Schritten eintragen.

Aufnahme der Tarifverhandlungen durch die Tarifpartner ☐

Urabstimmung über einen Arbeitskampf mit nachfolgendem Streik ☐

fristgemäße Kündigung des Gehaltstarifvertrages ☐

neue Verhandlungen während des Streiks ☐

Erklärung des Scheiterns der Tarifverhandlungen durch eine Partei ☐

Urabstimmung über das Ergebnis der neuen Tarifrunde und Ende des Streiks ☐

Aufgabe 193

In Tarifauseinandersetzungen versuchen die Arbeitnehmerinnen und Arbeitnehmer, mit den Gewerkschaften höhere Löhne und Gehälter durchzusetzen. Häufig sind diese Auseinandersetzungen mit Streikmaßnahmen verbunden.

Bringen Sie die folgenden Phasen einer Tarifauseinandersetzung in die richtige Reihenfolge, indem Sie ihnen die Ziffern 1 bis 7 zuordnen.

Abschluss eines neuen Tarifvertrages ☐

Urabstimmung über das Ergebnis der neuen Tarifverhandlungen mit positivem Ergebnis ☐

Scheitern der Schlichtung ☐

Kündigung des Tarifvertrages und Aufnahme von Verhandlungen ☐

Verhandlungen werden für gescheitert erklärt und das Schlichtungsverfahren eingeleitet. ☐

Ausrufung des Streiks aufgrund des Ergebnisses der Urabstimmung und erneute Tarifverhandlungen ☐

Urabstimmung der organisierten Arbeitnehmerinnen und Arbeitnehmer über eine Arbeitskampfmaßnahme ☐

Aufgabe 194

Welche der unten stehenden arbeitsrechtlichen Regelungen sind

(1) im Lohn-/Gehaltstarifvertrag,

(2) im Manteltarifvertrag,

(3) weder im Manteltarif- noch im Lohntarifvertrag geregelt? Tragen Sie die zutreffenden Ziffern in die Kästchen ein.

Sachverhalte

a)	Festlegung der Anzahl der Urlaubstage	☐
b)	Beschäftigung von Auszubildenden nach dem Berufsschulunterricht	☐
c)	Dauer der wöchentlichen Arbeitszeit	☐
d)	Einteilung der Arbeitnehmer in verschiedene Lohn- und Gehaltsgruppen	☐
e)	Höhe des Gehaltes	☐
f)	gleitende Arbeitszeit	☐

Aufgabe 195

Die Unternehmensleitung möchte im Betrieb Regelungen durchsetzen, die von den tarifvertraglich festgelegten Arbeitsbedingungen abweichen.

In welchem Fall ist das zulässig:

(1) wenn sie zugunsten der Arbeitnehmerinnen und Arbeitnehmer erfolgen
(2) wenn ihnen die Berufsgenossenschaft zustimmt
(3) wenn sie vom Arbeitgeber begründet werden
(4) wenn sie von der Bundesagentur für Arbeit genehmigt werden

Aufgabe 196

Ordnen Sie den Sachverhalten a) bis f) zu, ob dem Betriebsrat nach dem Betriebsverfassungsgesetz das Recht auf die folgenden Punkte zusteht.

(1) Mitbestimmung

(2) Beratung

(3) Information

Ein Spediteur...

a) möchte Beginn und Ende der täglichen Arbeitszeit für seine Angestellten neu festlegen. ☐

b) gibt einen Bericht über die augenblickliche Auftragslage. ☐

c) beabsichtigt den Zusammenschluss mit einer anderen Spedition. ☐

d) plant die Errichtung eines neuen Verwaltungsgebäudes. ☐

e) plant die Einführung von Arbeitszeiterfassungsgeräten. ☐

f) organisiert die Arbeitsabläufe im Lager neu. ☐

Vollmachten

Aufgabe 197

In der Spedition Miebert & Schulz OHG bestehen Vollmachten im gesetzlichen Rahmen.

Ordnen Sie jedem der Fälle a) bis g) die Personengruppe (1) bis (3) zu, die zur Ausführung dieser Rechtshandlungen berechtigt ist.

Personengruppen:

(1) nur die Gesellschafter

(2) nur die Gesellschafter und die Prokuristinnen und Prokuristen

(3) die Gesellschafter, die Prokuristinnen und Prokuristen sowie die Handlungsbevollmächtigten mit allgemeiner Handlungsvollmacht

Fälle:

a) Erteilung einer Erlaubnis zur Lastschrift ☐

b) Aufnahme eines weiteren Gesellschafters ☐

c) Vertretung der Neufeld & Wolbert OHG in einer Gerichtsverhandlung ☐

d) Unterzeichnung der Bilanz der Neufeld & Wolbert OHG ☐

e) Aufnahme eines Kredits zur Finanzierung einer geplanten Kühlhalle ☐

f) Bestellung einer Grundschuld zur Sicherung eines Kredits ☐

g) Überweisungsauftrag an die Bank zum Ausgleich einer Lieferantenrechnung, wobei der bestehende Kontokorrentkredit in Anspruch genommen wird ☐

Aufgabe 198

In dem Speditionsunternehmen Dellheim GmbH unterschreiben die vertretungsberechtigten Personen wie unten angegeben.

Welche dieser Personen darf Lagerarbeiter/-innen in der Regel nicht einstellen?

(1) i. V. Müller
(2) ppa. Dapper
(3) i. A. Mensing

Aufgabe 199

Frau Maria Müntzer und Herr Friedhelm Ahlen sind im Handelsregisterauszug als Gesamtprokuristen für die Spedition Jul. Ahlmann GmbH eingetragen.

Welche Befugnisse bezüglich der Vertragsverhandlungen können aus dieser Eintragung abgeleitet werden?

(1) Frau Maria Müntzer und Herr Friedhelm Ahlen dürfen mit dieser Vollmacht das Unternehmen einzeln rechtsverbindlich vertreten.
(2) Frau Maria Müntzer und Herr Friedhelm Ahlen können das Unternehmen in allen Vertragsverhandlungen einzeln und in unbeschränkter Höhe vertreten.
(3) Frau Maria Müntzer und Herr Friedhelm Ahlen haben bei gewöhnlichen Rechtsgeschäften Einzelvertreterbefugnis, bei außergewöhnlichen Rechtsgeschäften, wie z. B. der Aufnahme eines Darlehens, muss das Einverständnis der Geschäftsleitung vorliegen.
(4) Frau Maria Müntzer und Herr Friedhelm Ahlen sind bevollmächtigt, das Unternehmen gemeinsam in allen gewöhnlichen und außergewöhnlichen Geschäften und Rechtshandlungen im Rahmen des Geschäftsbetriebes zu vertreten.
(5) Frau Maria Müntzer und Herr Friedhelm Ahlen sind bevollmächtigt, sämtliche Rechtsgeschäfte einschließlich Verkauf und Belastung von Grundstücken im Namen des Unternehmens eigenverantwortlich abzuschließen.

Entgelte

Aufgabe 200

Das sozialversicherungspflichtige Brutto-Eingangsgehalt beträgt bei der Spedition Intersped GmbH für Mitarbeiterinnen und Mitarbeiter mit abgeschlossener Berufsausbildung 2100,00 €. Der allgemeine Beitragssatz der Krankenversicherung ABC beträgt 14,6 %. Der Arbeitnehmer-Zusatzbeitrag beträgt 2023: 1,6 % (Arbeitgeber und Arbeitnehmer/-in jeweils 0,8 %)

Ermitteln Sie den Beitrag zur gesetzlichen Krankenversicherung in Euro.

Aufgabe 201

Der Mitarbeiter Jan Mertens der Spedition Krage GmbH hat ein Bruttogehalt von 2150,00 €. Bei der Gehaltszahlung werden bestimmte Abzüge vom Gehalt vorgenommen, die der Arbeitgeber abführen muss.

Welche der folgenden Beträge müssen ...

(1) vom Arbeitnehmer allein,

(2) vom Arbeitgeber allein,

(3) von Arbeitnehmer und Arbeitgeber gemeinsam getragen werden?

Ordnen Sie die Ziffern (1) bis (3) den Beiträgen a) bis h) zu:

Sachverhalte

a) Beitrag zur gesetzlichen Arbeitslosenversicherung ☐

b) Beitrag zur gesetzlichen Unfallversicherung ☐

c) Beitrag zur gesetzlichen Pflegeversicherung ☐

d) Kirchensteuer ☐

e) Beitrag zur gesetzlichen Krankenversicherung ☐

f) Beitrag zur gesetzlichen Rentenversicherung ☐

g) Lohnsteuer ☐

Aufgabe 202

Die 30-jährige Angestellte Michaela Freiberg ist in der Versicherungsabteilung der Spedition Rheinsped GmbH tätig.

Erstellen Sie unter Berücksichtigung der unten stehenden Angaben die Gehaltsabrechnung. Frau Freiberg ist ledig und ohne Kinder.

Gehalt: Freiberg, Michaela	2 500,00 €
Abgaben	
– Rentenversicherung 18,6 %	
– Arbeitslosenversicherung 2,60 %	
– Pflegeversicherung 3,40 % – Kinderlosenzuschlag 0,60 %	
– Krankenversicherung 14,60 % Zuschlag 1,6 %	
Summe Sozialabgaben	
Steuern	
– Lohnsteuer	255,16 €
– Kirchensteuer 9 %	
Summe Steuern	
Nettogehalt	

Ermitteln Sie:

a) das Nettogehalt
b) den Arbeitgeberanteil zur Sozialversicherung
c) den an das Finanzamt abzuführenden Gesamtbetrag
d) den an die Sozialversicherungsträger abzuführenden Gesamtbetrag

Aufgabe 203

Martin Kremer ist Angestellter in einer Spedition. Er hat lediglich Einkünfte aus nicht selbstständiger Arbeit.

Bei welchen der unten stehenden Beispiele handelt es sich steuerlich um

(1) Werbungskosten,
(2) Sonderausgaben,
(3) nicht abzugsfähige Ausgaben eines Arbeitnehmers?

Beispiele:

a) Kirchensteuer ☐
b) Seminargebühren für die Ausbildung zum Verkehrsfachwirt ☐
c) Spende von 100,00 € für das Rote Kreuz ☐

d) Aufwendungen für die Fahrten mit eigenem Pkw zur Arbeitsstelle ☐

e) Jahresprämie für die Hausratversicherung ☐

f) Jahresprämie für die private Haftpflichtversicherung ☐

Aufgabe 204

Auf der Lohnsteuerkarte der Angestellten Petra Sommer wurde aufgrund ihres Antrages vom Finanzamt für erhöhte Werbungskosten ein monatlicher Freibetrag in Höhe von 300,00 € eingetragen.

Welche finanzielle Auswirkung hat dies für Frau Sommer?

(1) Bei der Berechnung der Sozialversicherungsbeiträge werden Frau Sommer 300,00 € abgezogen.
(2) Frau Sommer zahlt jetzt nur noch Lohnsteuer, wenn diese den Betrag von 300,00 € monatlich übersteigt.
(3) Die monatliche Lohnsteuer von Frau Sommer sinkt um 300,00 €.
(4) Das monatliche Gehalt von Frau Sommer wird bei der Berechnung der Lohnsteuer um 25,00 € gemindert.
(5) Das monatliche Gehalt von Frau Sommer wird bei der Berechnung der Lohnsteuer um 300,00 € gemindert.

Sozialversicherung

Aufgabe 205

Auf welche der folgenden Zweige der Sozialversicherung beziehen sich die unten stehenden Regelungen?

Zweige der Sozialversicherung

(1) Unfallversicherung

(2) Pflegeversicherung

(3) Arbeitslosenversicherung

(4) Krankenversicherung

(5) Rentenversicherung

Tragen Sie die Ziffern der zuständigen Versicherungszweige ein:

Regelungen

a) Für unterhaltspflichtige Familienangehörige besteht grundsätzlich ein gesetzlicher Anspruch auf Vorsorgeuntersuchungen. ☐

b) Die Finanzierung erfolgt ausschließlich durch Beiträge der Arbeitgeber. ☐
c) Zur Finanzierung wurde in den meisten Bundesländern ein gesetzlicher Feiertag gestrichen. ☐
d) Die Mitarbeiterinnen und Mitarbeiter eines Unternehmens erhalten Kurzarbeitergeld. ☐
e) Nach Erreichen der Altersgrenze wird aufgrund der Bewilligung des Antrags Altersruhegeld gezahlt. ☐
f) Ein Jugendlicher erhält nach dem aufgrund einer unheilbaren Krankheit eingetretenen Tod seines Vaters Waisenrente. ☐

Aufgabe 206

Im Lager der Spedition Niemeyer & Co. in Gelsenkirchen passiert ein Arbeitsunfall. Dabei wird der Lagerarbeiter Späth verletzt. Er ist infolge eines Arbeitsunfalls für eine Woche arbeitsunfähig.

Bei welcher der folgenden Stellen muss der Arbeitsunfall gemeldet werden?

(1) Industrie- und Handelskammer
(2) Berufsgenossenschaft
(3) Arbeitsamt
(4) Krankenkasse
(5) Deutsche Rentenversicherung (Regional)

Aufgabe 207

Der Auszubildende Frank Meister ist bei der Fa. Rheinsped GmbH beschäftigt. Er fährt mit seinem Moped von seiner Wohnung direkt zu seiner Ausbildungsstätte. Unterwegs rutscht er auf der regennassen Fahrbahn aus und bricht sich ein Bein.

Wer trägt letztlich die anfallenden Kosten der ärztlichen Behandlung?

(1) die Krankenversicherung des Auszubildenden
(2) die Deutsche Rentenversicherung (Bund)
(3) die zuständige Berufsgenossenschaft der Rheinsped GmbH
(4) die Haftpflichtversicherung der Rheinsped GmbH
(5) die private Unfallversicherung des Auszubildenden

Aufgabe 208

Welche der unten stehenden Leistungen werden von

(1) der Bundesagentur für Arbeit/der Arbeitsagentur,
(2) der Deutschen Rentenversicherung (Bund),
(3) der gesetzlichen Krankenkasse,
(4) der Pflegekasse,
(5) der Berufsgenossenschaft,
(6) keinem der vorgenannten Träger erbracht?

Tragen Sie die Ziffern der zuständigen Versicherungszweige ein:

Leistungen

a) Zahlung einer Rente an einen Versicherten aufgrund eines Wegeunfalls ☐
b) Berufsberatung ☐
c) Zahlung von Krankenhaustagegeld ☐
d) Übernahme der Reparaturkosten für einen auf dem Weg zur Arbeit entstandenen Fahrzeugschaden ☐
e) Leistungen zur Wiedereingliederung in das Erwerbsleben nach einem Freizeitunfall ☐
f) Zahlung von Kurzarbeitergeld ☐
g) Kostenübernahme für Krankengymnastik aufgrund eines angeborenen Rückenleidens ☐
h) Kostenübernahme für die ständige häusliche ambulante Betreuung eines 80-jährigen Rentners ☐

4 Kaufvertrag

Rechtsgrundlagen

Aufgabe 209

Welche der folgenden Personen oder Institutionen sind juristische Personen?

(1) Richter beim Amtsgericht
(2) Sportclub Rendsburg e. V.

(3) Vorstandsmitglied einer AG
(4) Bundesrepublik Deutschland
(5) Stadtsparkasse Dortmund

Aufgabe 210

Prüfen Sie, welche der folgenden Institutionen eine juristische Person des privaten Rechts ist:

(1) Bundesland Thüringen
(2) Spedition Rheinsped GmbH
(3) Stadt Stuttgart
(4) Industrie- und Handelskammer Dortmund
(5) Allgemeine Ortskrankenkasse München

Aufgabe 211

Die 17-jährige Michaela Grube macht eine Ausbildung zur Kauffrau für Spedition und Logistikdienstleistung.

Entscheiden Sie in den folgenden Sachverhalten und kreuzen Sie an:

Sachverhalt	**ja**	**nein**
a) Von der Ausbildungsvergütung stehen ihr monatlich 300,00 € als Taschengeld zur Verfügung. Eines Tages schließt sie mit einem Kaufhaus einen Kaufvertrag über eine Stereoanlage im Wert von 1 900,00 € ab. Ist sie dazu berechtigt?	☐	☐
b) Michaelas Großvater hat ihr für den Kauf der Stereoanlage 2 000,00 € geschenkt. Kann sie den Kaufvertrag rechtsgültig abschließen?	☐	☐
c) Michaela möchte die Ausbildung in der Spedition abbrechen, um eine andere Ausbildung zu beginnen. Ist sie dazu ohne die Zustimmung der Eltern (gesetzliche Vertreter) in der Lage?	☐	☐

Aufgabe 212

Welche der unten aufgeführten Rechte/Rechtsverhältnisse erlangt eine Person mit Vollendung ...

(1) der Geburt?

(2) des 7. Lebensjahres?

(3) des 14. Lebensjahres?
(4) des 16. Lebensjahres?
(5) des 18. Lebensjahres?
(6) des 21. Lebensjahres?

Tragen Sie die Ziffern der zuständigen Altersangaben ein:

Rechte/Rechtsverhältnisse

a) beschränkte Geschäftsfähigkeit ☐
b) Religionsmündigkeit ☐
c) aktives Wahlrecht (Bundestag) ☐
d) Rechtsfähigkeit ☐
e) aktives Wahlrecht (Betriebsrat) ☐
f) passives Wahlrecht (Landtag) ☐

Aufgabe 213

Welche der unten stehenden Rechtsgeschäfte sind ...

(1) wegen Geschäftsunfähigkeit eines der Beteiligten unwirksam?
(2) trotz Geschäftsunfähigkeit eines der Beteiligten wirksam?
(3) wegen beschränkter Geschäftsfähigkeit eines der Beteiligten schwebend unwirksam?
(4) trotz beschränkter Geschäftsfähigkeit eines der Beteiligten wirksam?

Rechtsgeschäfte

a) Der 17-jährige Martin kauft ohne Wissen seiner Eltern ein Mofa für 795,00 €. ☐
b) Der Großvater schenkt seiner 11-jährigen Enkelin eine Armbanduhr im Wert von 15,00 €. Die Eltern sind damit nicht einverstanden. ☐
c) Der 6-jährige Michael kauft am Kiosk mit abgezähltem Geld eine Fernsehzeitschrift. Der Verkäufer weiß, dass Michael im Auftrag seiner Mutter handelt. ☐
d) Die 6-jährige Mara kauft ein Spielzeugauto. Sie zahlt mit dem Geld, das sie von seinen Eltern als Taschengeld erhalten hat. ☐

e) Die 17-jährige Martina kündigt ihr Arbeitsverhältnis, das sie mit Zustimmung ihrer Eltern abgeschlossen hat. ☐

Abschluss von Verträgen

Aufgabe 214

Ein Lkw der Spedition DTMLog GmbH wird in eine Vertragswerkstatt gebracht, die neue Scheinwerfer beschaffen und einbauen soll.

Welchen Vertrag schließt die Spedition mit der Werkstatt ab?

(1) Werkvertrag
(2) Mietvertrag
(3) Kaufvertrag
(4) Vertrag Lieferung herzustellender beweglicher Sachen
(5) Arbeitsvertrag

Aufgabe 215

Die Spedition DTMLog GmbH schließt Verträge mit verschiedenen Vertragspartnern ab.

Bei welchen der unten aufgeführten Verträge a) bis e) handelt es sich um:

(1) einen Mietvertrag?
(2) einen Werkvertrag?

Tragen Sie die Ziffern (1) oder (2) bei den zutreffenden Verträgen in die Kästchen der folgenden Aufzählung ein.

Verträge

a) Die Deutsche Bahn AG befördert Güter für die DTMLog GmbH ☐
b) Die DTM Log GmbH überlässt einem Mitarbeiter eine Werkswohnung zur Nutzung gegen Entgelt. ☐
c) Ein Immobilienunternehmen verkauft der DTMLog GmbH ein Lagergebäude. ☐
d) Die Spedition DTMLog GmbH überlässt einer Mitarbeiterin für deren Umzug kostenlos ein Firmenfahrzeug. ☐
e) Die Spedition DTMLog GmbH lässt einen Lkw in einer Vertragswerkstatt reparieren. ☐

Aufgabe 216

In welchen der unten stehenden Fälle handelt es sich bei den jeweiligen Willenserklärungen ...

(1) um einen Antrag?

(2) um die Annahme eines Antrags?

(3) weder um einen Antrag noch um die Annahme eines Antrags?

Fall 1

a) Der Geschäftsführer der Spedition DTMLog GmbH liest in einer Zeitschrift die Verkaufsanzeige der Intercomputer KG für einen PC; der Angebotspreis beträgt 1 450,00 €. ☐

b) Der Geschäftsführer bestellt daraufhin für die Spedition drei PCs. ☐

Fall 2

a) Bei der Anlieferung der drei PC wird in der Spedition DTMLog GmbH festgestellt, dass die Intercomputer KG eine nicht bestellte Office-Software mitgeliefert und berechnet hat. ☐

b) Diese Software wird von der Spedition DTMLog GmbH verwendet, der Rechnungspreis wird bezahlt. ☐

Fall 3

a) Die Intercomputer KG unterbreitet der Spedition DTM Log GmbH telefonisch ein Sonderangebot über einen Drucker. ☐

b) Der Geschäftsführer der Spedition DTMLog GmbH bestellt eine Woche später den Drucker per E-Mail. ☐

Aufgabe 217

Ordnen Sie die unten stehenden Fälle a) bis i) den folgenden Vertragsarten (1) bis (5) zu.

(1) Arbeitsvertrag

(2) Darlehensvertrag

(3) Mietvertrag

(4) Leihvertrag

(5) Werkvertrag

Fälle

a) Ein Mitarbeiter „leiht“ bei der Bank 10000,00 €.

b) Eine Mitarbeiterin „leiht“ ein Auto und zahlt 0,60 € je gefahrenen km.

c) Ein Azubi „leiht“ ein Buch von einem Freund.

d) Eine Hausfrau „leiht“ bei der Nachbarin 20,00 € zum Einkaufen.

e) Die Spedition Gabi Merger e. K. lässt ihren Geschäftswagen reparieren.

f) Für die Zeit der Reparatur besorgt sich Frau Merger einen Wagen von der Autoverleih Michel & Schwarz GmbH.

g) Frau Merger hilft ihrem Disponenten Lange finanziell bei der Anschaffung eines Pkw. Kurz zahlt monatlich 180,00 € zurück.

h) Für den Umzug stellt Frau Merger ihrem Angestellten kostenlos den Lkw des Geschäfts zur Verfügung.

i) Frau Merger stellt zwei Angestellte ein.

Aufgabe 218

Die Einkaufsabteilung der Spedition DTMLog GmbH ist u. a. für die Beschaffung verschiedener Gebrauchs- bzw. Verbrauchsgüter zuständig. Dazu schließt sie Kaufverträge mit unterschiedlichen Lieferanten ab.

Ordnen Sie den Einkäufen a) bis f) der Einkaufsabteilung die Ziffern (1) bis (6) der zutreffenden Sonderform des Kaufvertrags zu:

(1) Kauf in Bausch und Bogen

(2) Fixkauf

(3) Kauf auf Probe

(4) Spezifikationskauf

(5) Kauf nach Probe

(6) Kauf auf Abruf

Fälle: Die Einkaufsabteilung der Spedition kauft .....

a) von einem Papiergroßhändler den notwendigen Vorrat an Kopierpapier DIN A4 für ein ganzes Jahr im Voraus. Mit dem Großhändler wird vereinbart, dass die Spedition den Zeitpunkt für die Lieferung der einzelnen Teilmengen rechtzeitig mitteilen wird. ☐

b) für die Neugestaltung eines Besprechungsraums Tapeten nach zugesandten Mustern. Die Muster bewahrt sie als Beweismittel sorgfältig auf. ☐

c) bei einem Elektrofachhändler einen Beamer für den Besprechungsraum. Der Händler ist bereit, den gelieferten Beamer zurückzunehmen, falls die Wiedergabequalität trotz fachgerechter Installation nicht gut sein sollte. ☐

d) bei einem Raumgestalter für die Renovierung des Besprechungsraums 30 qm Teppichboden. Sie behält sich in dem Kaufvertrag das Recht vor, innerhalb von 10 Tagen vor Lieferung die genaue Menge und Abmessung näher zu bestimmen. ☐

e) bei einem Hersteller für Berufskleidung winterwarme Arbeitsjacken für die Lagerarbeiter, die aber wegen der Umstellung auf Winterkleidung am 1. Oktober eingehen muss. ☐

f) bei einem Fachgeschäft für Berufskleidung vor Ort, das aufgelöst wird, die Restbestände en bloc. ☐

Aufgabe 219

Die Spedition DTMLog GmbH erhält folgendes Angebot von der Druckerei Schuster über Speditionsauftragssätze 3-Fach:

Angebot		
Preis	Preis je 500 Stück	80,00 €
Rabatt	ab 5 000 Stück	4 %
	ab 20 000 Stück 6 %	6 %
Skonto	bei Zahlung innerhalb von 8 Tagen	3 %
Frachtkosten	je Packeinheit zu 2 500 Stück	25,50 €

a) Ermitteln Sie für 10 000 Speditionsauftragssätze in Euro und tragen Sie die Beträge in die entsprechenden Kästchen ein:

a1)	den Zieleinkaufspreis		€
a2)	den Bareinkaufspreis		€
a3)	den Bezugspreis		€

b) Spedition DTMLog GmbH hat ein günstigeres Angebot von einer anderen Druckerei vorliegen.
Welche Gründe könnte es geben, trotzdem bei der Druckerei Schuster zu bestellen?

Welche Antworten sind zutreffend?

(1) In der Vergangenheit waren Bestellungen der Spedition bei der Druckerei Schuster ausschließlich zur Zufriedenheit ausgeführt worden.

(2) Eine unserer ehemaligen Beschäftigten hat eine neue Arbeitsstelle in der Versandabteilung der Druckerei Schuster.

(3) Die Kinder des Spediteurs und die des Inhabers der Druckerei Schuster gehen in die gleiche Schulklasse.

(4) Die Liefertermine wurden von der Druckerei Schuster bisher immer eingehalten.

Aufgabe 220

Bringen Sie die folgenden Tätigkeiten bei der Beschaffung neuer Lagerregale durch Eintragen der Ziffern (1) bis (6) in die richtige Reihenfolge.

Tätigkeiten	
Anfragen bei verschiedenen Lieferanten	☐
Mitteilen des Liefertermins	☐
Kontrollieren der Auftragsbestätigung	☐
Bestellen der Regale	☐
Ermitteln möglicher Lieferanten	☐
Vergleich der Angebote	☐

Aufgabe 221

In welchen der unten stehenden Fälle handelt es sich um die folgenden Mängel?

Mängel

(1) einen Beschaffenheitsmangel (Qualitätsmangel)
(2) einen Montage- oder Montageanleitungsmangel
(3) eine Falsch- oder Zuweniglieferung des Gutes

Fälle

a) Eine neue Lkw-Plane ist nicht wasserdicht. ☐
b) Statt der bestellten 20 000 Blatt werden von der Druckerei 200 000 Blatt Kopierpapier geliefert. ☐
c) Von einem Speditionsunternehmen gekaufte neue Schreibtische weisen Kratzer auf. ☐
d) Ein gekaufter Drucker lässt sich wegen einer unverständlichen Installationsanleitung nicht installieren. ☐
e) Ein Speditionsunternehmen bestellt bei einer Druckerei Frachtbriefe für nationale Transporte. Ihr werden CMR-Frachtbriefe geliefert. ☐
f) Ein Drucker lässt sich nicht im Netzwerk betreiben, obwohl in der Werbeanzeige die Aussage „ideal für kleine Unternehmensnetzwerke“ enthalten war. ☐

Aufgabe 222

Die Spedition DTMLog GmbH hat einen neuen Drucker gekauft. Bei der Inbetriebnahme wird festgestellt, dass die Anzeige im Display nicht funktioniert.

a) Wie verhält sich die Spedition DTMLog GmbH unter Beachtung der gesetzlichen Bestimmungen richtig?

Die Spedition ...

(1) kürzt den Rechnungsbetrag um 25 %.
(2) sendet den Drucker an den Lieferanten zurück, ohne mit ihm Rücksprache zu nehmen.
(3) teilt dem Lieferanten Art und Umfang des Mangels mit.
(4) lässt eine Reparatur in einer Fachwerkstatt durchführen und sendet die Rechnung an den Lieferanten.
(5) verklagt den Lieferanten auf mängelfreie Erfüllung des Kaufvertrages.

b) Wann muss die Spedition laut Gesetz den Mangel rügen, um ihre Rechte zu wahren?
(1) unverzüglich nach Entdeckung
(2) innerhalb von 10 Tagen
(3) innerhalb von zwei Jahren
(4) innerhalb eines Jahres

c) Welche drei der folgenden Rechte kann die Spedition laut Gesetz geltend machen?
(1) Rücktritt vom Vertrag
(2) Nachbesserung
(3) Ersatzlieferung des gleichen Druckers
(4) Ersatzlieferung eines teureren Druckers
(5) Preisminderung
(6) Schadenersatz

5 Finanzierung

Aufgabe 223

Die Spedition Rheinsped GmbH plant die Anschaffung eines neuen Lkw. Das Fahrzeug soll so finanziert werden, dass die anfallenden Finanzierungskosten sofort und vollständig in der Gewinn- und Verlustrechnung angesetzt werden.

Welche Finanzierungsart ist aus diesem Grund zu wählen?

(1) Ratenkredit
(2) Leasing-Finanzierung
(3) Lombardkredit
(4) Zessionskredit
(5) Akkreditiv-Finanzierung

Aufgabe 224

Der Sammelgutspediteur CX-Log plant die Errichtung einer neuen Niederlassung in Rendsburg (Schleswig-Holstein). Dazu muss das Unternehmen ein Grundstück kaufen, das mit einem Bankkredit finanziert werden soll. Als Sicherheit für den Kredit bietet CX-Log das Grundstück selbst, darüber hinaus eine Forderungsabtretung.

Welche zwei Kreditarten sind für diesen Zweck nötig?

(1) Lombardkredit und Zession
(2) Hypothek und Leasing
(3) Bürgschaft und Grundschuld
(4) Hypothek und Zession
(5) Übereignungskredit und Hypothek

Aufgabe 225

Ein Unternehmen vergleicht verschiedene Finanzierungsmöglichkeiten. Ordnen Sie den Kreditarten drei der insgesamt fünf betrieblichen Vorgänge zu.

Betriebliche Vorgänge

(1) Ein Kunde beteiligt sich mit 10 % am Unternehmen.
(2) Ein Kunde zahlt bei Vertragsabschluss 30 % der Vertragssumme.
(3) Das Unternehmen erhält von dem Lieferanten ein Zahlungsziel von 30 Tagen.
(4) Ein Bekannter des Inhabers bringt als stiller Gesellschafter 20 000,00 € in das Unternehmen ein.
(5) Für die Abwicklung des Zahlungsverkehrs wird dem Unternehmen von der Bank ein Kontokorrentkredit eingeräumt. Für die Anschaffung eines Lkw werden Rücklagen gebildet.

Kreditarten

Bankkredit	☐
Lieferantenkredit	☐
Kundenkredit	☐

Aufgabe 226

Der Lkw-Unternehmer Karl Wanders will einen neuen Lastzug anschaffen. Welche der unten stehenden Aussagen treffen auf

(1) einen Leasingvertrag,
(2) einen Ratenkredit über 48 Monate,
(3) keine der beiden Finanzierungsarten

zu?

Aussagen

a) Der Lkw-Unternehmer zahlt Überziehungszinsen. ☐

b) Die monatlichen Zahlungen sind in vollem Umfang Aufwand für den Lkw-Unternehmer. ☐

c) Der Vertragspartner des Lkw-Unternehmers muss am Ende der Vertragslaufzeit den Lastzug zurücknehmen, wenn der Lkw-Unternehmer dies wünscht. ☐

d) Der Zinsanteil an den monatlichen Zahlungen wird im Zeitablauf kontinuierlich geringer. ☐

6 Zahlungsverkehr

Aufgabe 227

In der Buchhaltung der Spedition Meyer & Sohn sollen mehrere Zahlungsaufträge erledigt werden. Dabei soll das jeweils sicherste und kostengünstigste Zahlungsverfahren ausgewählt werden.

Ordnen Sie das zutreffende Zahlungsverfahren den folgenden Fallbeispielen a) bis d) zu.

Zahlungsverfahren

(1) Bargeld
(2) Verrechnungsscheck
(3) Einzelüberweisung
(4) Sammelüberweisung
(5) Lastschriftverfahren
(6) Dauerauftrag

Fallbeispiele

a) Die Spedition hat eine Nachzahlung in Höhe von 75,00 € an einen ehemaligen Mitarbeiter zu leisten, der vor Kurzem nach Hamburg umgezogen ist und von dem wir nur die Adresse haben. Er hat ein Konto eröffnet, wir kennen aber weder seine Bankverbindung noch seine Kontonummer. ☐

b) Die monatlichen Gehaltszahlungen sollen mit einem Auftrag den Mitarbeiterinnen und Mitarbeitern auf ihren Konten gutgeschrieben werden. ☐

c) Die monatlichen Speditionsversicherungsprämien sollen von der Versicherung vom Firmenkonto abgebucht werden. ☐

d) Von dem Geschäftskonto bei der Genossenschaftsbank soll ein Betrag von 8 000,00 € zum Ausgleich eines Saldos auf das Geschäftskonto bei der Postbank übertragen werden. ☐

Aufgabe 228

In welchen der unten stehenden Fälle erfolgt die Zahlung durch

(1) Überweisung?

(2) Zahlschein?

(3) Lastschriftverfahren?

(4) Dauerauftrag?

(5) Barscheck?

Fälle

a) Ein Speditionsunternehmen beauftragt seine Bank, zulasten seines Kontos einem Frachtführer den fälligen Rechnungsbetrag gutzuschreiben. ☐

b) Ein Speditionsunternehmen weist seine Bank an, vom Geschäftskonto einen Betrag bar auszuzahlen. ☐

c) Ein Frachtführer zahlt Bargeldeinzüge auf das Bankkonto ein. ☐

d) Die monatlichen Telefonrechnungen werden vom Konto einer Speditionsunternehmung abgebucht. ☐

e) Die monatlichen Telefonrechnungen werden vom Konto einer Speditionsunternehmung abgebucht. ☐

Aufgabe 229

Der Lieferant der Spedition Intersped GmbH für Büroartikel bietet in seinen Allgemeinen Geschäftsbedingungen folgende Zahlungsbedingungen an: „Zahlung innerhalb 60 Tagen ab Rechnungsdatum ohne Abzug oder innerhalb von 10 Tagen unter Abzug von 2 % Skonto“.

Welchen Vorteil bietet das Skontoangebot des Lieferanten der Spedition Intersped?

(1) Die Skontoausnutzung durch die Spedition erhöht unabhängig vom jeweiligen Marktzins deren Ertrag.
(2) Die Skontoausnutzung durch die Spedition verbessert die Rentabilität der Spedition.
(3) Bei einer Skontoausnutzung durch die Spedition erhält der Verkäufer das Geld 60 Tage früher.
(4) Das Skontoangebot entspricht einem Jahreszinssatz von 14,4 %. Ab einem Marktzinssatz in dieser Höhe verbessert sich das Betriebsergebnis.

Aufgabe 230

Die Spedition Bleicher GmbH in Mannheim erhält am 15. Juli 20(0) eine Rechnung über 6 200,00 € für einen PC.

Im Kaufvertrag wurde Folgendes vereinbart: Zahlung bis zum 31. Juli 20(0).

a) Ab welchem Tag ist die Spedition in Zahlungsverzug?
b) Welcher Zinssatz könnte mindestens zur Berechnung von Verzugszinsen zugrunde gelegt werden?
c) Wie hoch sind die Verzugszinsen, wenn bis zum 15. September 20(0) keine Zahlung erfolgt ist?

7 Gesamtwirtschaftliche Prozesse

Kooperation und Konzentration

Aufgabe 231

Dem Spediteur Transsped GmbH bietet sich die Gelegenheit, wichtige Wettbewerber zu günstigen Konditionen zu übernehmen. Diese Unternehmen sollen unter dem Dach der Transsped GmbH zusammengefasst werden, rechtlich jedoch selbstständig bleiben.

Um welchen rechtlichen Zusammenschluss handelt es sich dabei?

(1) Gebietskartell
(2) Konditionenkartell
(3) Preiskartell
(4) Konzern
(5) Fusion

Aufgabe 232

In den unten stehenden Aussagen werden verschiedene Formen der Unternehmensverbindungen/-zusammenschlüsse angesprochen.

Ordnen Sie den Aussagen a) bis e) jeweils eine Form von Unternehmensverbindungen bzw. Unternehmenszusammenschlüssen zu.

Unternehmensverbindungen/-zusammenschlüsse

(1) Kooperation

(2) Kartell

(3) Konzern

Aussagen

a) In einer Arbeitsgemeinschaft bauen mehrere Tiefbauunternehmen gemeinsam einen neuen Autobahnabschnitt. ☐

b) Mehrere Reedereien bilden eine Schifffahrtskonferenz mit einheitlichen Tarifen. ☐

c) Eine Spedition kauft mehrere kleinere Speditionsunternehmen auf. Diese bleiben rechtlich selbstständig, werden jedoch von einer Zentrale geleitet. ☐

d) Ein Lkw-Hersteller erwirbt die Mehrheit am Kapital einiger Zulieferer und unterstellt sie einer einheitlichen Leitung. ☐

e) Mehrere mittelständische Speditionen vereinbaren im Sammelgutverkehr eine regelmäßige Zusammenarbeit als Versand- und Empfangsspediteur. ☐

Aufgabe 233

Die Westfälische Silospedition Kiepenbrook befasst sich hauptsächlich mit dem Transport von Zement in Silofahrzeugen.

Um ihre Marktposition zu verbessern, unternimmt sie wirtschaftliche Aktivitäten im Bereich Kooperation und Unternehmenskonzentration.

Bei welchen der unten genannten wirtschaftlichen Aktivitäten der Westfälische Silospedition Kiepenbrook handelt es sich um eine

(1) horizontale,

(2) vertikale,

(3) diagonale (laterale)

Form der Unternehmenskooperation bzw. Unternehmenskonzentration?

Aktivitäten

Die Westfälische Silospedition Kiepenbrook ...

a) kauft ein Konkurrenzunternehmen, die Silospedition Mayer GmbH. ☐

b) arbeitet mit weiteren Speditionen im „Westfälischen Zementtransport Kontor“ zusammen. ☐

c) beteiligt sich an den Zementwerken Enigerloh. ☐

d) beteiligt sich an einem Landmaschinenhändler, ohne für dieses Unternehmen Transporte zu organisieren. ☐

e) kauft den Baustoffhandel Jos. Schmitt, der seit Jahren Empfänger von Zementlieferungen ist. ☐

f) übernimmt die Mehrheit bei der Sammelgutspedition CX LOG in Dortmund. ☐

Aufgabe 234

Stellen Sie fest, gegen welche Absprache das Kartellamt einschreiten wird.

(1) Drei Brauereien verpflichten sich, nur noch Biersorten mit jeweils gleichem Alkoholgehalt herzustellen.
(2) Drei Wohnungsbauunternehmen verpflichten sich, nur noch Fenster in genormten Größen zu verwenden.
(3) Drei Unternehmen beschließen eine gemeinsame Forschung und Entwicklung für Videokameras.
(4) Drei Kreditinstitute verpflichten sich zur Einführung einheitlicher Vordrucke für Kreditanträge.
(5) Drei Straßenbauunternehmen verpflichten sich, jeweils nur in der ihm vertraglich zugewiesenen Region Bauaufträge auszuführen.

Konjunktur

Aufgabe 235

Die folgende Grafik zeigt einen idealtypischen Konjunkturverlauf.
Ordnen sie die mit 1 bis 9 gekennzeichneten Kurven- und Linienabschnitte den folgenden Begriffen zu:

a) Wachstumstrend ☐
b) Konjunkturzyklus ☐
c) Depression ☐
d) Boom ☐
e) Rezession ☐
f) Maßstab des realen Bruttoinlandsprodukts ☐

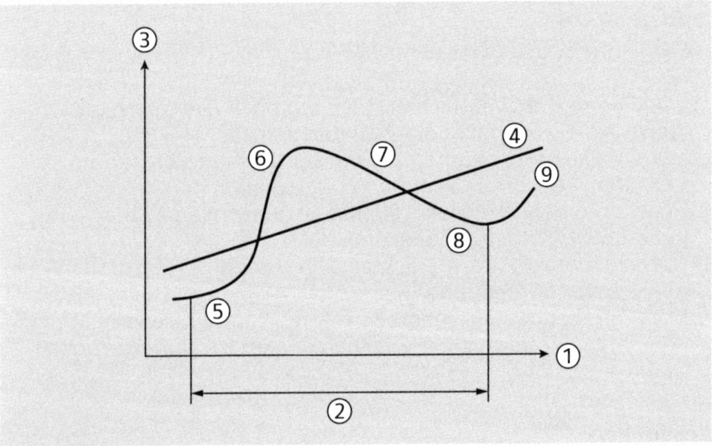

Aufgabe 236

Die folgenden Merkmale beschreiben die Konjunkturphasen, in denen sich eine Volkswirtschaft befindet.

Welcher Sachverhalt deutet auf eine Rezession hin?

(1) Die Steuereinnahmen des Staates steigen.
(2) Das Bruttoinlandsprodukt sinkt.
(3) Die volkswirtschaftliche Nachfrage ist größer als das Angebot.
(4) Die Kapazitätsauslastung und Investitionstätigkeit der Unternehmen steigen.
(5) Der Staat senkt die Höchstsätze für die degressive Abschreibung.

Aufgabe 237

Entscheiden Sie, ob folgende Aussagen richtig oder falsch sind:

Sachverhalt	richtig	falsch
(1) Der Konsum der privaten Haushalte ist im Konjunkturablauf geringeren Schwankungen ausgesetzt als die Investitionen der Unternehmen.	☐	☐

	richtig	falsch
(2) Die Unternehmen stellen parallel zum Konjunkturaufschwung Personal ein und setzen gleichlaufend zum Abschwung Arbeitskräfte frei.	☐	☐
(3) Übersteigt in einer Volkswirtschaft für das laufende Jahr die Investitionssumme den Abschreibungsbetrag, wird ein Konjunkturaufschwung gedrosselt.	☐	☐
(4) Eine höhere Sparquote bedeutet mehr Nachfrageausfall und führt eine Volkswirtschaft in die Rezession.	☐	☐

Aufgabe 238

Ordnen Sie den Arten der Wirtschaftsschwankungen (1) bis (3) die Aussagen a) bis e) zu.

Wirtschaftsschwankungen

(1) saisonale Schwankungen

(2) Wirtschaftswachstum

(3) konjunkturelle Schwankungen

Aussagen

a) Die Produktionskapazitäten der Skifabrikanten sind überlastet. ☐

b) In den Industrieländern zeigt die Entwicklung der Wirtschaft langfristig nach oben. ☐

c) Die ökonomischen Aktivitäten in der gesamten Wirtschaft nehmen ab. ☐

d) Im Frühjahr belebt sich das Autogeschäft. Löhne, Umsätze, Gewinne und Steuern beginnen wieder zu steigen. ☐

e) Über Jahrzehnte betrachtet, steigen in den Industrieländern Produktion und Einkommen stetig an. ☐

Aufgabe 239

Als Frühindikatoren, die Hinweise auf den zukünftigen Konjunkturverlauf geben, eignen sich besonders ...

(1) die Ex- und Importpreise.
(2) die Zahl der Arbeitslosen.
(3) die Auftragseingänge der Industrie.
(4) die Entwicklung der Preisindizes.

Aufgabe 240

Welche der unten stehenden Aussagen betreffen ...

(1) nur die Inflation?

(2) nur die Deflation?

(3) sowohl die Inflation als auch die Deflation?

(4) weder die Inflation noch die Deflation?

Aussagen

a) Geldvermögen verliert an Wert. ☐

b) Der Preisindex der Lebenshaltung bleibt konstant. ☐

c) Die Kaufkraft des Geldes steigt. ☐

d) Sachvermögen haben Vorteile. ☐

e) Das Preisniveau sinkt fortgesetzt. ☐

f) Das Verhältnis von Geld- und Gütervolumen ändert sich. ☐

Wirtschaftspolitik

Aufgabe 241

Welches der folgenden Ziele steht nicht im Gesetz zur Förderung der Stabilität und des Wachstums der Wirtschaft?

(1) stetiges und angemessenes Wirtschaftswachstum
(2) hoher Beschäftigungsstand
(3) Stabilität des Preisniveaus
(4) gerechte Einkommensverteilung
(5) außenwirtschaftliches Gleichgewicht

Aufgabe 242

In den vergangenen Tarifverhandlungen forderten Gewerkschaften häufig eine Verkürzung der Arbeitszeit, damit mehr Menschen Arbeitsplätze angeboten werden können.

Welches Ziel des Gesetzes zur Förderung der Stabilität und des Wachstums der Wirtschaft ist damit unmittelbar angesprochen?

(1) gesamtwirtschaftliches Gleichgewicht
(2) Preisniveaustabilität
(3) hoher Beschäftigungsstand
(4) außenwirtschaftliches Gleichgewicht
(5) stetiges und angemessenes Wirtschaftswachstum

Aufgabe 243

In welchen der unten stehenden Fällen a) bis f) handelt es sich um

(1) friktionelle,
(2) strukturelle,
(3) konjunkturelle,
(4) saisonale

Arbeitslosigkeit?

Fälle

Arbeitslosigkeit durch ...

a) Rationalisierung. ☐
b) Insolvenz eines Unternehmens. ☐
c) winterliche Witterungsbedingungen im Baugewerbe. ☐
d) allgemeinen Produktionsrückgang. ☐
e) geänderte Bedürfnisse der Nachfrager. ☐
f) Produktionsverlagerung ins Ausland. ☐

Aufgabe 244

Ermitteln Sie anhand der unten stehenden Arbeitslosenstatistik die folgenden Zahlen:

a) die Veränderung der Zahl der Arbeitslosen von 20(0) auf 20(3) in Westdeutschland in Prozent (auf eine Stelle nach dem Komma runden)
b) die Zahl der Erwerbspersonen in Ostdeutschland 20(3) in 1 000 Personen (auf volle Tsd. runden)

c) die Zahl der Erwerbspersonen in Gesamtdeutschland 20(3) in 1 000 Personen (auf volle Tsd. runden)
d) die Arbeitslosenquote in Gesamtdeutschland 20(3) in Prozent (auf eine Stelle nach dem Komma runden)

Die Lage auf dem Arbeitsmarkt in Deutschland (Arbeitslose in 1000/Jahresdurchschnitt)			
Jahr	West	Ost	Gesamt
20(0)	2000	897	2897
20(1)	2080	870	2950
20(2)	2075	824	2899
20(3)	2021	774	2795
	Arbeitslosenquote 20(3) 5,7 %[1]	Arbeitslosenquote 20(3) 9,2 %[1]	Arbeitslosenquote 20(3)

[1] in Prozent aller zivilen Erwerbspersonen

Aufgabe 245

Nach dem Stabilitätsgesetz betreibt die Bundesregierung eine „antizyklische Konjunkturpolitik“. Welche der folgenden Maßnahmen gehören zur antizyklischen Einnahmepolitik des Staates?

(1) Die Bundesregierung stoppt aus konjunkturpolitischen Überlegungen die Ausgaben für öffentliche Investitionen.
(2) Die Bundesregierung streicht in einer Hochkonjunktur die Investitionsprämien für Unternehmen.
(3) Zur Überwindung einer Rezession senkt die Bundesregierung die Lohn- und Einkommensteuer um 10 %.
(4) In der Hochkonjunktur setzt der Staat Mittel zur zusätzlichen Tilgung seiner Schulden ein.
(5) Die Bundesregierung beschließt, durch Erhöhung der Agrarsubventionen landwirtschaftliche Klein- und Mittelbetriebe zu stärken.

Aufgabe 246

Welche der unten stehenden Maßnahmen der Bundesregierung sollen in ihrer Zielsetzung

(1) zu einer Konjunkturdämpfung,
(2) zu einer Konjunkturbelebung,

(3) weder zu einer Konjunkturdämpfung noch zu einer Konjunkturbelebung

führen (sonstige Faktoren bleiben unberücksichtigt)?

Maßnahmen

a) Die Lohn- und Einkommensteuer wird gesenkt. ☐

b) Die Abschreibungsmöglichkeiten für Unternehmen werden vermindert. ☐

c) Es werden zusätzliche Ausgaben für den Bau von Verkehrswegen beschlossen. ☐

d) Die Zahlungen an die Vereinten Nationen werden erhöht. ☐

e) Der Umsatzsteuersatz wird angehoben. ☐

f) Das Bundesforschungsministerium gewährt Investitionszulagen. ☐

Aufgabe 247

Welche der unten stehenden Maßnahmen im Rahmen staatlicher Konjunkturpolitik können/sollen zu einer Konjunkturbelebung führen (sonstige Faktoren bleiben unberücksichtigt)?

(1) Die Ökosteuer wird gesenkt.
(2) Abschreibungsmöglichkeiten für Unternehmen werden vermindert.
(3) Es werden zusätzliche Ausgaben für den Bau von Verkehrswegen beschlossen.
(4) Die Zahlungen an die Vereinten Nationen werden erhöht.
(5) Der Umsatzsteuersatz wird angehoben.
(6) Es werden Investitionszulagen gewährt.

Aufgabe 248

Welche der unten stehenden Maßnahmen a) bis e) können unmittelbar dazu führen, die ...

(1) Nachfrage nach Konsumgütern auszudehnen?

(2) Nachfrage nach Konsumgütern einzuschränken?

(3) Investitionsbereitschaft der Wirtschaft zu fördern?

(4) Investitionsbereitschaft der Wirtschaft einzuschränken?

Maßnahmen

a) Erhöhung der Körperschaftsteuer ☐

b) Kürzung der Arbeitslosenhilfe ☐

c) Ausweitung der Abschreibungsmöglichkeiten ☐

d) Erhöhung von Lohnsteuerfreibeträgen ☐

e) Senkung der Gewerbesteuer ☐

8 Situationsbezogene Aufgaben

Unternehmensbeschreibung

Firma Geschäftssitz Registergericht	DTMLog GmbH, Logistics International Franziusstraße 86, 44147 Dortmund Amtsgericht Dortmund HRB 78215
Umsatzsteuer-Identifikationsnummer	DE 123654789
Geschäftsjahr	Januar bis 31. Dezember
Kommunikation	Internet: www.dtmlog.de E-Mail info@dtmlog.de
Bankverbindungen	Postbank Dortmund IBAN: DE91 4401 0046 0026 8492 01 BIC: PBNKDEFFXXX Sparkasse Dortmund IBAN: DE76 4405 0199 0423 1728 01 BIC: DORTDE33XXX
Speditionelle Geschäftsfelder	→ Nationaler und Internationaler Güterverkehr → Logistische Dienstleistungen
Geschäftsbedingungen	Die DTMLog GmbH arbeitet ausschließlich aufgrund der Allgemeinen Deutschen Spediteurbedingungen 2017 (ADSp 2017)
IATA-Agent	IATA-Agenturnummer: 23-4 5782/3412
Niederlassungen	Dortmund, Köln, Frankfurt/Main, Hamburg, Berlin, Rom, Paris, Antwerpen

Beteiligungen	Gesellschafter im Sammelladungsverbund German Cargo-System-Logistik Hannover Kommanditist bei der Kombiverkehr GmbH & Co. KG in Frankfurt/Main
Berechtigungen	→ Erlaubnis für den gewerblichen Güterkraftverkehr (GüKG-Erlaubnis) → CEMT-Genehmigung → Gemeinschaftslizenz (EU-Lizenz) → Bilaterale Genehmigungen
Qualitätsmanagement	Zertifiziert nach DIN EN ISO 9002

Sachverhalt zur Aufgabe 249–250

Die positive wirtschaftliche Entwicklung hat zur Folge, dass die Spedition DTMLog GmbH, Logistics International, besonders im Geschäftsbereich logistische Dienstleistungen erhebliche Umsatzzuwächse zu verzeichnen hat. Da die vorhandenen Kapazitäten nicht ausreichen, soll das Logistikzentrum erweitert werden. Dazu kauft die DTMLog GmbH ein angrenzendes Grundstück von der Stadt Dortmund. Zwischen dem Unternehmen und der Stadt wird ein notariel beurkundeter Kaufvertrag abgeschlossen.

Aufgabe 249

Prüfen Sie, um welche Art von Rechtssubjekten es sich bei den Vertragspartnern im vorliegenden Fall handelt.

	Verkäufer/-in	Käufer/-in
(1)	natürliche, geschäftsfähige Person	natürliche, geschäftsfähige Person
(2)	juristische, rechtsfähige Person	natürliche, geschäftsfähige Person
(3)	natürliche, nicht geschäftsfähige Person	juristische, nicht rechtsfähige Person
(4)	juristische, nicht rechtsfähige Person	juristische, nicht rechtsfähige Person
(5)	juristische, rechtsfähige Person	juristische, rechtsfähige Person

Aufgabe 250

Prüfen Sie, wann die Spedition DTMLog GmbH Eigentümer des Grundstücks wird.

(1) mit der Einigung der Vertragspartner über den Eigentumsübergang und der Bezahlung des Kaufpreises
(2) mit der notariellen Beurkundung des Kaufvertrages
(3) mit der Bezahlung des vereinbarten Kaufpreises
(4) ab dem im Kaufvertrag genannten Datum
(5) mit Auflassung und Eintragung in das Grundbuch

Sachverhalt zur Aufgabe 251–252

Die Mitarbeiter Sören Wanders, Svenja Schulze und Eva Börger beschließen, die Spedition DTMLog GmbH zu verlassen und die ABC-Logistik GmbH zu gründen. Die in diesem Zusammenhang notwendigen Vorgänge sind in der abgebildeten Übersicht dargestellt.

Datum	
12.11.20(0)	Einigung über die Gründung einer GmbH
17.11.20(0)	Beschluss über die Bestellung von Peter Müller als Geschäftsführer der GmbH
28.11.20(0)	Einigung über die Aufteilung der Geschäftsanteile zu gleichen Teilen
05.12.20(0)	Notarielle Beurkundung des Gesellschaftsvertrages
11.12.20(0)	Einzahlung der Einlagen auf das im Gesellschaftervertrag festgelegte Konto
07.01.20(+1)	Eintragung in das Handelsregister durch Verfügung des Registerrichters
24.01.20(+1)	Bekanntmachung im elektronischen Bundesanzeiger

Aufgabe 251

Geben Sie an, ab welchem Zeitpunkt (TT.MM.JJJJ) die GmbH als juristische Person entsteht.

Aufgabe 252

Stellen Sie fest, welche Rechtsfolge mit der erfolgten Gründung verbunden ist.

(1) Die ABC-Logistik GmbH wird vertreten durch den Vorstand.
(2) Die ABC-Logistik GmbH hat selbstständig Rechte und Pflichten.

(3) Die ABC-Logistik GmbH kann sich in einem möglichen Rechtsstreit selbst vertreten.
(4) Die Geschäftsanteile der ABC-Logistik GmbH sind nicht veräußerlich und vererblich.
(5) Die Gesellschafter Wanders, Schulze und Börger haften den Gläubigern der ABC-Logistik GmbH ab dem 24.01.20(+1) auch mit ihrem Privatvermögen.

Sachverhalt zur Aufgabe 253–256

Nach der erfolgreich bestandenen Abschlussprüfung erhalten die Auszubildenden Sascha Degen (20 Jahre) und Dörthe Waldner (18 Jahre) ein Übernahmeangebot in ein unbefristetes Arbeitsverhältnis.

Frau Waldner wird in Zukunft in der Abteilung „Internationale Verkehre" und Herr Degen in der Abteilung „Controlling" arbeiten.

Aufgabe 253

Die Arbeitsverträge mit Herrn Degen und Frau Waldner sollen eine Probezeitregelung enthalten.

Prüfen Sie, ob bzw. worin sich die Regelungen zur Probezeit im Berufsausbildungsvertrag von denen im Arbeitsvertrag unterscheiden.

(1) Die Angabe eines Kündigungsgrundes während der Probezeit kann bei einem Arbeitsverhältnis entfallen. Bei einem Berufsausbildungsverhältnis ist der Kündigungsgrund während der Probezeit anzugeben.
(2) Die arbeitsrechtlichen Regelungen zur Probezeit sind bei einem Berufsausbildungsverhältnis und einem Arbeitsverhältnis genau gleich.
(3) Während bei einem Berufsausbildungsverhältnis eine Probezeit von mindestens einem Monat vorgeschrieben ist, kann ein Arbeitsverhältnis auch ohne Probezeit vereinbart werden.
(4) Die Probezeit während der Berufsausbildung darf höchstens zwei Monate dauern. Für ein Arbeitsverhältnis gilt eine Maximaldauer von sechs Monaten.

Aufgabe 254

Frau Waldner erhält künftig ein sozialversicherungspflichtiges Bruttogehalt von 2 100,00 €. Der allgemeine Beitragssatz ihrer Krankenversicherung beträgt 15,5 % (einschließlich 0,9 % Arbeitnehmer-

Zusatzbeitrag). Ermitteln Sie den Beitrag zur gesetzlichen Krankenversicherung in Euro, den Frau Waldner zu tragen hat.

Aufgabe 255

Stellen Sie fest, welche Regelung nach den gesetzlichen Bestimmungen ***nicht*** *in den Arbeitsvertrag (AV) von Herrn Degen aufgenommen werden darf.*

(1) Im Arbeitsvertrag für Herrn Degen wird eine längere Kündigungsfrist vereinbart als für den Arbeitgeber.
(2) Der Arbeitsvertrag (AV) legt fest, dass die im Rahmen einer Betriebsvereinbarung festgelegten Regelungen auch für den Arbeitsvertrag Geltung finden.
(3) Das Arbeitsverhältnis wird auf zwei Jahre befristetet.
(4) Im Arbeitsvertrag (AV) wird auf die geltende Arbeitszeitregelung hingewiesen.
(5) Im Arbeitsvertrag (AV) werden 35 Arbeitstage Urlaub vereinbart, obwohl im Tarifvertrag nur 28 Arbeitstage festgelegt sind.

Aufgabe 256

Die Spedition DTMLog GmbH plant den Abbau von Personal und erwägt die Kündigung von Mitarbeitern.

Stellen Sie fest, welches Arbeits- bzw. Ausbildungsverhältnis einer Mitarbeiterin/eines Mitarbeiters am frühesten durch eine Kündigung beendet werden kann:

(1) Sven Degenhardt, 19 Jahre, Auszubildender zum Kaufmann für Spedition und Logistikdienstleistung. Herr Degenhardt ist im zweiten Ausbildungsjahr. Der Vertrag läuft über eine dreijährige Ausbildungszeit.
(2) Kai Wanders, 35 Jahre alt, schwerbehindert, Kaufmann für Spedition und Logistikdienstleistung, seit 10 Jahren im Unternehmen
(3) Özden Nihat, 32 Jahre alt, Kaufmann für Spedition und Logistikdienstleistung, seit 5 Jahren im Unternehmen
(4) Charlotte Sänger, 24 Jahre alt, Kauffrau für Spedition und Logistikdienstleistung, seit einem Jahr im Unternehmen, sie ist im 5. Monat schwanger.
(5) Bertram Sieger, 25 Jahre alt, Kaufmann für Spedition und Logistikdienstleistung, seit 5 Jahren im Unternehmen; er wurde vor einem Jahr in den Betriebsrat gewählt.

Sachverhalt zur Aufgabe 257–258

Sie sind Mitarbeiter/-in der Abteilung Einkauf der Spedition DTMLog GmbH. Sie haben die abgebildete Auftragsbestätigung der Elektro Nelskamp GmbH aus 44147 Dortmund erhalten.

Elektro Nelskamp, 44174 Dortmund, Dechenstraße 96

Auftragsbestätigung

Sehr geehrter Herr Kaiser,

wir bestätigen Ihre Bestellung über
10 Laptops vom Typ AH1 zum Nettopreis von 550,00 € pro Stück,
entsprechend unserem Angebot vom 10. November 20(0) zur Lieferung Ende November 20(0).
Die Zahlung erfolgt vereinbarungsgemäß 30 Tage nach der Lieferung netto Kasse oder innerhalb von 10 Tagen mit 2 % Skonto.
Ansonsten gelten die gesetzlichen Bestimmungen.
Freundliche Grüße
Anna Wilms
Anna Wilms

Geschäftsräume: Franziusstraße 86 44147 Dortmund	Sitz der Gesellschaft: Dortmund Amtsgericht Dortmund HRB 5289	Telefon: 44139 24252 E-Mail: nelskamp@online.de Kontoverbindung: CoBa Dortmund DE16 4404 0037 0032 7689 00
Geschäftsführerin: Anna Wilms	USt.-Nr. DE 98765	

Aufgabe 257

Die bestellte Ware wird am 23. November 20(0) im Warenausgang der Elektro Nelskamp GmbH versandfertig auf Paletten verpackt. Am 25. November 20(0) holt im Auftrag der Elektro Nelskamp GmbH das Logistikunternehmen LogSped GmbH mit einem Lkw die Paletten ab und übergibt diese noch am selben Tag an die Spedition DTMLog GmbH in Dortmund. Die Bezahlung der Rechnung erfolgt in einer Summe am 2. Dezember 20(0).

Stellen Sie fest, an welchem Tag (TT.MM.JJJJ) die Spedition DTMLog GmbH Eigentümerin der Laptops wurde.

Aufgabe 258

Die Spedition Intersped GmbH hat die abgebildete Rechnung der Elektro Nelskamp GmbH aus 44147 Dortmund erhalten.

Elektro Nelskamp, 44174 Dortmund, Dechenstraße 96		
Rechnung Nr. 3416 (verkürzt).	Datum:	
Angebot vom 10. November 20(0) zur Lieferung Ende November 20(0).		
POS	Artikelbezeichnung	Preis in €
01	10 Laptops vom Typ AH1 zum Nettopreis von 550,00 € pro Stück,	5500,00
	Nettobetrag.	5500,00
	+ 19 % Ust.	1045,00
	Bruttobetrag	6545,00
Zahlungsziel: 30 Tage nach Rechnungseingang netto Kasse oder innerhalb mit von 10 Tagen mit 2 % Skonto Ansonsten gelten die gesetzlichen Bestimmungen.		

Ermitteln Sie den Betrag in Euro

a) den Zahlungsbetrag bei Zahlungsziel von 30 Tagen

b) den Zahlungsbetrag bei Zahlungsziel von 10 Tagen mit 2 % Skonto

c) den Skontoertrag bei Zahlung innerhalb von 10 Tagen

Sachverhalt zur Aufgabe 259–262

Die Personalreferentin Gabriele Sonders leitet die Personalabteilung der Spedition DTMLog GmbH. Sie werden als Auszubildende in diese Abteilung versetzt.

Aufgabe 259

Zu den Aufgaben von Frau Sonders gehören:
→ Personaleinstellungen
→ Entlassungen
→ Klärung arbeitsrechtlicher Fragen

Für diese Aufgaben hat Frau Sonders die notwendige Artvollmacht erhalten.

Prüfen Sie, für welche der folgenden Handlungen Frau Sonders eine Sondervollmacht benötigt:

(1) Einstufung neuer Mitarbeiterinnen und Mitarbeiter in die Gehaltsgruppen
(2) schriftliche Einladung von Stellenbewerbern zu Vorstellungsgesprächen
(3) Auswertung von Statistiken über den Krankenstand der Mitarbeiterinnen und Mitarbeiter
(4) Erteilung der Handlungsvollmacht an eine Mitarbeiterin
(5) Ausstellung eines qualifizierten Arbeitszeugnisses auf Wunsch eines Mitarbeiters

Aufgabe 260

Bei der DTMLog GmbH steht die nächste Betriebsversammlung an. Frau Sonders beauftragt Sie, sich über die Bedingungen zu informieren, unter denen Betriebsversammlungen abgehalten werden.

Dazu haben Sie die folgenden Auszüge aus dem Betriebsverfassungsgesetz (BetrVG) herausgesucht:

§ 43 Regelmäßige Betriebs- und Abteilungsversammlungen

(1) Der Betriebsrat hat einmal in jedem Kalendervierteljahr eine Betriebsversammlung einzuberufen und in ihr einen Tätigkeitsbericht zu erstatten.

(...)

44 Zeitpunkt und Verdienstausfall

(1) Die in den §§ 14a, 17 und 43 Abs. 1 bezeichneten und die auf Wunsch des Arbeitgebers einberufenen Versammlungen finden während der Arbeitszeit statt, soweit nicht die Eigenart des Betriebs eine andere Regelung zwingend erfordert.

Die Zeit der Teilnahme an diesen Versammlungen einschließlich der zusätzlichen Wegezeiten ist den Arbeitnehmern wie Arbeitszeit zu vergüten. Dies gilt auch dann, wenn die Versammlungen wegen der Eigenart des Betriebs außerhalb der Arbeitszeit stattfinden; Fahrkosten, die den Arbeitnehmern durch die Teilnahme an diesen Versammlungen entstehen, sind vom Arbeitgeber zu erstatten.

Welche der folgenden Aussagen entspricht den §§ 43 und 44 BetrVG:

(1) Teilnahmeberechtigt an der Betriebsversammlung sind alle Arbeitnehmer und Arbeitnehmerinnen mit Ausnahme der leitenden Angestellten und des Arbeitgebers.
(2) Die Betriebsversammlungen finden einmal in jedem Kalendervierteljahr im Anschluss an die regelmäßige Arbeitszeit statt.
(3) Allen Arbeitnehmern/-innen ist die Zeit der Teilnahme an den in jedem Kalendervierteljahr stattfindenden Betriebsversammlungen zu vergüten.
(4) Da die Spedition DTMLog GmbH eine Kapitalgesellschaft ist, müssen Betriebsversammlungen alle 4 Monate vom Betriebsrat einberufen werden.
(5) Zu den alle drei Monate stattfindenden Betriebsversammlungen haben der Arbeitgeber sowie die Prokuristinnen und Prokuristen nur dann Zutritt, wenn die Versammlung dies auf Antrag eines Mitarbeiters/einer Mitarbeiterin mit Mehrheit beschließt.

Aufgabe 261

In der Spedition DTMLog GmbH sind folgende Mitarbeiterinnen und Mitarbeiter beschäftigt:

Mitarbeiter/-innen (MA)	Anzahl	davon:
Kaufmännische MA:	35	35 volljährig
Gewerbliche MA	85	3 minderjährig 82 volljährig
Auszubildende	20	6 minderjährig 12 volljährig unter 25 Jahren 2 volljährig über 25 Jahre

§ 60 Errichtung und Aufgabe

(1) In Betrieben mit in der Regel mindestens fünf Arbeitnehmern, die das 18. Lebensjahr noch nicht vollendet haben jugendliche Arbeitnehmer) oder die zu ihrer Berufsausbildung beschäftigt sind und das 25. Lebensjahr noch nicht vollendet haben, werden Jugend- und Auszubildendenvertretungen gewählt.

(2) Die Jugend- und Auszubildendenvertretung nimmt nach Maßgabe der folgenden Vorschriften die besonderen Belange der in Absatz 1 genannten Arbeitnehmer wahr.

§ 61 Wahlberechtigung und Wählbarkeit

(1) Wahlberechtigt sind alle in§ 60 Abs. 1 genannten Arbeitnehmer des Betriebs.

(2) Wählbar sind alle Arbeitnehmer des Betriebs, die das 25. Lebensjahr noch nicht vollendet haben.

Ermitteln Sie anhand des abgebildeten Gesetzesauszuges die Anzahl der Personen, die bei der Wahl zur Jugend- und Auszubildendenvertretung wahlberechtigt sind.

Aufgabe 262

Die Personalleiterin Frau Sonders hat Ihnen den Auftrag erteilt, einen Plan für die Pausenzeiten der jugendlichen Arbeitnehmerinnen und Arbeitnehmer zu erstellen. Sie legen Frau Sonders den folgenden Plan vor:

	Arbeitsbeginn	Pausenzeiten	Arbeitsende
(1)	08:00 Uhr	12:00 bis 13:00 Uhr	16:00 Uhr
(2)	09:00 Uhr	10:00 bis 10:10 Uhr und 13:00 bis 13:50 Uhr	17:00 Uhr
(3)	07:30 Uhr	12:00 bis 12:30 Uhr und 14:00 bis 14:30 Uhr	15:30 Uhr
(4)	08:00 Uhr	12:30 bis 13:30 Uhr	17:00 Uhr
(5)	08:30 Uhr	10:00 bis 10:15 Uhr und 13:00 bis 13:45 Uhr	17:00 Uhr

§ Jugendarbeitsschutzgesetz (JArbSchG) – Auszug

11 Ruhepausen, Aufenthaltsräume

(1) Jugendlichen müssen im Voraus feststehende Ruhepausen von angemessener Dauer gewährt werden. Die Ruhepausen müssen mindestens betragen

1. 30 Minuten bei einer Arbeitszeit von mehr als viereinhalb bis zu sechs Stunden,
2. 60 Minuten bei einer Arbeitszeit von mehr als sechs Stunden,

Als Ruhepause gilt nur eine Arbeitsunterbrechung von mindestens 15 Minuten.

(2) Die Rahepausen müssen in angemessener zeitlicher Lage gewährt werden, frühestens eine Stunde nach Beginn und spätestens eine Stunde vor Ende der Arbeitszeit. Länger als viereinhalb Stunden hintereinander dürfen Jugendliche nicht ohne Ruhepause beschäftigt werden.

Frau Senger lobt ihren Plan. Sie wendet aber ein, dass eine Regelung nicht dem Jugendarbeitsschutzgesetz (JArbSchG) entspricht.

Stellen Sie fest, welche Arbeitszeit- und Pausenregelung für Jugendliche **nicht** dem Gesetz entspricht.

Sachverhalt zur Aufgabe 263–266

Die Lohn- und Gehaltsabrechnung ist in der Personalabteilung der Spedition DTMLog GmbH ein Ausbildungsschwerpunkt. Sie haben sich als Auszubildende in dieses Sachgebiet eingearbeitet.

Aufgabe 263

Die Ausbilderin Marina Seger hat Sie gebeten, an einer Lohn- und Gehaltsabrechnung mitzuwirken. Frau Seger erläutert Ihnen, dass in der Abrechnung die Versicherungspflichtgrenzen und die Beitragsbemessungsgrenzen eine wichtige Rolle spielen.

Welche der unten stehenden Aussagen trifft in diesem Zusammenhang zu?

(1) Bei der Rentenversicherung ist keine Beitragsbemessungsgrenze zu berücksichtigen.
(2) Bei der Krankenversicherung entspricht die Versicherungspflichtgrenze der Beitragsbemessungsgrenze.

(3) Bei der Pflegeversicherung gelten die gleichen Sätze der Beitragsbemessungsgrenze wie bei der Krankenversicherung.
(4) Bei der Arbeitslosenversicherung gilt keine Beitragsbemessungsgrenze.
(5) Bei der Arbeitslosenversicherung wird höchstens ein Satz von 75 % der Beitragsbemessungsgrenze der Rentenversicherung zugrunde gelegt.

Aufgabe 264

Bei der Bearbeitung der Lohnabrechnungen fällt Ihnen auf, dass Sie über die Leistungen der Berufsgenossenschaft nur wenig wissen. Frau Seger legt Ihnen eine Liste vor und bittet Sie festzustellen, wer von den Beschäftigten eine Leistung von der Berufsgenossenschaft erhält.

(1) Annette Wanders erhält aufgrund langjähriger Betriebszugehörigkeit eine Betriebsrente.
(2) Esther Jager erhält infolge Krankheit eine Erwerbsminderungsrente.
(3) Susanne Niers ist seit mehreren Wochen erkrankt und erhält nun Krankengeld.
(4) Ulli Fiege erhält wegen einer Berufskrankheit einen Umschulungskurs.
(5) Als Folge rückläufiger Umsätze muss Daniel Suga die Arbeitszeit verringern und erhält Kurzarbeitergeld.
(6) Gerd Emmler scheidet bei der Spedition DTMLog GmbH aus und erhält aus Arbeitsmarktgründen eine Umschulungsmaßnahme.

Aufgabe 265

Der Kollege Ansgar Sänger bittet Sie um Hilfe bei der Erstellung seiner Einkommensteuererklärung. Er möchte gerne wissen, welche Ausgaben bei der Einkommensteuerveranlagung steuerlich abgesetzt werden können. Tragen Sie die Kennziffer der entsprechenden Belege in die Lösungskästchen ein.

Er legt Ihnen folgende Belege (1) bis (6) vor:

(1) Quittung für das Abo: „Zeitschrift für Heimwerker“
(2) Bescheinigung der DTMLog GmbH über die einbehaltenen Beiträge zur Sozialversicherung
(3) Kosten für den Steuerberater oder die Steuerberaterin

(4) Spendenquittung für ein anerkanntes kirchliches Hilfswerk
(5) Zinslastschrift der Bank für in Anspruch genommenen Dispositionskredit
(6) Lehrgangsgebühren für berufliche Fortbildung

Welche der Ausgaben der genannten Belege sind bei der Einkommensteuerveranlagung steuerlich abzugsfähige Ausgaben ...

... als Werbungskosten? [ ]

... als Vorsorgeaufwendungen? [ ]

... als Sonderausgaben? [ ]

Aufgabe 266

Der Mitarbeiter der Personalabteilung Andy Weigel hat sein Arbeitsverhältnis fristgerecht gekündigt. Er verlangt von der Spedition DTMLog GmbH ein qualifiziertes Zeugnis.

Frau Seger legt Ihnen eine Liste von Formulierungen für den Entwurf eines Zeugnisses vor.

Prüfen Sie, durch welche zusätzliche Formulierung im Arbeitszeugnis ein einfaches Zeugnis zu einem qualifizierten Zeugnis wird.

(1) „Andy Weigel, geboren am 15. Mai 1995, wohnhaft in Hagen, ist seit dem 1. April 2015 in unserem Unternehmen beschäftigt."
(2) „Er war zunächst in der Organisationsabteilung eingesetzt."
(3) „Er hat als Sachbearbeiter in der Personalabteilung die Mitarbeiterinnen und Mitarbeiter der Anfangsbuchstaben M bis T betreut."
(4) „Zusätzlich übernahm er die Aufgaben der Personalentwicklung."
(5) „Er erledigte die ihm übertragenen Aufgaben stets zu unserer vollsten Zufriedenheit."

Sachverhalt zur Aufgabe 267–272

Am Schwarzen Brett finden Sie folgende Mitteilungen der Geschäftsleitung:

(1) Die DTMLog GmbH beabsichtigt, sich mit der InterSped GmbH zu einem Kartell zusammenzuschließen.

(2) Die Geschäftsleitung der Spedition DTMLog GmbH rechnet kurzfristig und mittelfristig mit einer positiven Entwicklung des Unternehmens und erwägt daher die Einstellung von Mitarbeiterinnen und Mitarbeitern.

Aufgabe 267

Prüfen Sie, in welcher Zeile die Auswirkungen auf die rechtliche und wirtschaftliche Selbstständigkeit der Kartellmitglieder richtig dargestellt sind.

	Rechtliche Selbstständigkeit	Wirtschaftliche Selbstständigkeit
(1)	bleibt erhalten	wird teilweise aufgegeben
(2)	bleibt erhalten	wird vollständig aufgegeben
(3)	wird aufgegeben	bleibt vollständig erhalten
(4)	wird aufgegeben	wird teilweise aufgegeben
(5)	wird aufgegeben	wird vollständig aufgegeben

Aufgabe 268

Klären Sie, welcher Frühindikator die Geschäftsleitung zu der positiven Konjunktureinschätzung veranlasst haben könnte.

(1) Entwicklung der Preise
(2) Entwicklung des Arbeitsmarktes
(3) Entwicklung der Auftragseingänge
(4) Entwicklung der Geldmenge
(5) Entwicklung der Inflation

Aufgabe 269

Ermitteln Sie, ob die Geschäftsleitung mit ihrer Prognose zur Konjunkturentwicklung richtig liegt.

Wirtschaftliche Entwicklung BRD:

Indikatoren	Vorjahr	Aktuelles Jahr	Folgejahr
	Ist-Wert	geschätzt	geschätzt
Wirtschaftswachstum	1,5	2,2	2,7
Inflationsrate	1,4	1,6	1,7
Arbeitslosenquote	5,7	5,2	5,0

a) Mit welchem Begriff wird die Konjunkturentwicklung in der BRD im aktuellen Jahr am besten beschrieben:
(1) Tiefstand/Depression
(2) Aufschwung/Expansion
(3) Höchststand/Boom
(4) Stillstand/Stagnation
(5) Abschwung/Rezession

b) Liegt die Spedition DTMLog GmbH mit ihrer Einschätzung der Konjunkturentwicklung richtig?
(1) ja
(2) nein

Aufgabe 270

Die Preise für Transportleistungen unterliegen marktbedingt häufig Schwankungen. Dabei sind die Preisänderungen aber nicht immer marktkonform.

Stellen Sie fest, in welchem Fall eine Preisänderung aufgrund einer Situation erfolgt, die nicht marktkonform ist.

(1) Preiserhöhung aufgrund erhöhter Preise für Treibstoffe
(2) Preiserhöhung aufgrund der gestiegenen allgemeinen Nachfrage
(3) Preissenkung aufgrund eines staatlich festgelegten Höchstpreises
(4) Preissenkung aufgrund sinkender allgemeiner Nachfrage
(5) Preissenkung aufgrund der Preissenkung der Mitanbieter am Markt

Aufgabe 271

Stellen Sie fest, welcher der folgenden Sachverhalte direkt zu einer Erhöhung des Bruttoinlandsprodukts in der Bundesrepublik Deutschland führt, wenn alle anderen Einflussfaktoren unverändert bleiben.

(1) Die Zahl der Arbeitslosen steigt im Inland 2,6 % gegenüber dem Vorjahr.
(2) Die Renovierung von privatem Wohnraum erfolgt gegenüber dem Vorjahr vermehrt durch Eigenleistung der Haushalte und weniger durch gewerbliche Unternehmen (Handwerker).
(3) Die inländischen Speditionsbetriebe produzieren Logistikleistungen im Wert von 1,5 Millionen Euro mehr als im Vorjahr.
Die Zahl der Deutschen, die ihren Urlaub im Ausland verbringen ist gegenüber dem letzten Jahr um 5 % gestiegen.

C

KAUFMÄNNISCHE STEUERUNG UND KONTROLLE

1 Steuerung und Kontrolle der Geschäftsprozesse

Die folgende Grafik dient der Orientierung im System der Finanzbuchhaltung. Weitere Erläuterungen entfallen, weil in den Abschlussprüfungen auf diese Thematik nicht ausdrücklich eingegangen wird.

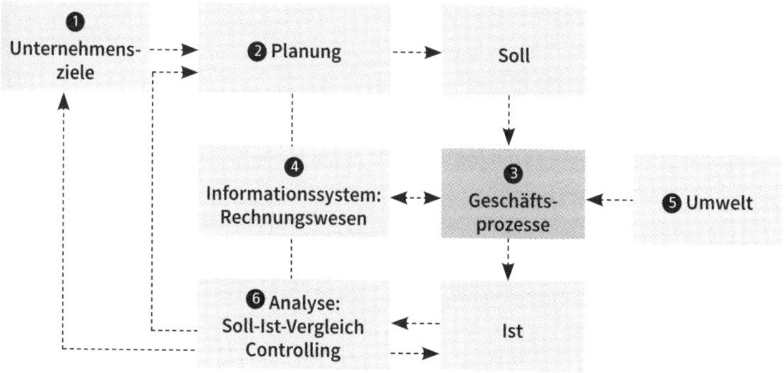

2 Inventur, Inventar und Bilanz

Aufgabe 272

Untersuchen Sie folgende Aussagen über die Bilanz im Hinblick darauf, ob sie richtig oder falsch sind.

	richtig	falsch
(1) Die Bilanz wird jeweils zu Beginn des Geschäftsjahres aufgestellt.	☐	☐
(2) Die Bilanz ist eine Gegenüberstellung von Vermögen und Schulden.	☐	☐

(3) Der Geschäftswagen eines Unternehmens gehört zum Anlagevermögen. ☐ ☐

(4) Derjenige, der die Bilanz erstellt hat, muss sie auch unterschreiben. ☐ ☐

(5) Die Bilanz ist das verkürzte Inventar eines Unternehmens. ☐ ☐

Aufgabe 273

Eine Spedition hat zum 31.12.20(0) folgende Bilanzpositionen:

Bilanzpositionen	Betrag in €
Bank (Vermögen)	105 000,00
Darlehen	885 000,00
Eigenkapital	1 305 000,00
Forderungen a. LL.	372 000,00
Fuhrpark	1 719 000,00
Betriebs- und Geschäftsausstattung	600 000,00
Kasse	3 000,00
Verbindlichkeiten a. LL.	528 000,00
Vorräte	6 000,00
Umsatzsteuerzahllast	87 000,00

a) Wie hoch ist jeweils das Anlage-, Umlauf- und das Gesamtvermögen dieses Unternehmens?
b) Bestimmen Sie die Höhe des kurzfristigen bzw. des langfristigen Fremdkapitals.

Aufgabe 274

Wie lauten die fehlenden Begriffe?

a) Anlagevermögen + ______________ = Gesamtvermögen
b) Eigenkapital + Fremdkapital = ______________
c) Gesamtkapital – Eigenkapital = ______________
d) Gesamtkapital – Eigenkapital – langfristiges Fremdkapital = ______________
e) Gesamtvermögen – Fremdkapital = ______________

f) Anlagevermögen + Umlaufvermögen = Eigenkapital + kurzfristiges Fremdkapital + ________________

g) Gesamtvermögen – Eigenkapital = ________________

Aufgabe 275

Die Bilanz der Spedition Sanders, Nordhorn, weist die folgenden Vermögens- und Kapitalposten aus:

Bilanzpositionen	**Betrag in €**
Fuhrpark	980 000,00
Verbindlichkeiten a. LL.	130 000,00
Umsatzsteuer	6 000,00
Bankguthaben	20 000,00
Betriebsausstattung	75 000,00
Hypothekenschulden	500 000,00
Gebäude	550 000,00
Forderungen a. LL.	150 000,00
Treibstoffvorräte	15 000,00
Darlehensschulden	95 000,00
Eigenkapital	?

Ermitteln Sie:

a) das Eigenkapital des Unternehmens
b) den Anteil des Fremdkapitals am Gesamtkapital in Prozent
c) den Anteil des Anlagevermögens am Gesamtvermögen in Prozent

Aufgabe 276

Das Privatkonto der Gerd Berger Spedition e. K. weist am Jahresende folgende Werte in Euro auf:

Soll	**Privat** / **Haben**
96 000,00	112 000,00

Das Vermögen betrug am Ende des Geschäftsjahres 5 000 000,00 €, das Fremdkapital 1 660 000,00 €.

Laut Gewinn- und Verlustkonto wurden in diesem Jahr 1 172 000,00 € Erträge erwirtschaftet, denen 712 000,00 € Aufwendungen gegenüberstanden.

Wie viele Tausend Euro (T€) ...

a) betrug das Eigenkapital zum Ende dieses Geschäftsjahres?
b) betrug der Reingewinn des Unternehmens?
c) betrug das Eigenkapital zum Beginn des Geschäftsjahres?
d) hätte das neue Eigenkapital betragen, wenn es keine Privatentnahmen gegeben hätte?

Aufgabe 277

Am 31. Dezember 20(0) weist das Inventar der ALLSPED GmbH ein Vermögen von 570 000,00 € und Schulden von 240 000,00 € aus.

Stellen Sie fest, wie viel Euro der Gewinn bzw. der Verlust im Jahr 20(0) beträgt, wenn das Eigenkapital am 1. Januar desselben Jahres 300 000,00 € betrug.

Aufgabe 278

Ermitteln Sie aus den unten stehenden Vermögens- und Kapitalposten der Spedition INTERSPED GmbH

a) das Eigenkapital des Unternehmens,
b) den Anteil des Fremdkapitals am Gesamtkapital in Prozent,
c) den Anteil des Anlagevermögens am Gesamtvermögen in Prozent.

Bilanzwerte	**Betrag in €**
Fuhrpark	1 200 000,00
Verbindlichkeiten a. LL.	80 000,00
Umsatzsteuer	7 000,00
Bankguthaben	120 000,00
Geschäftsausstattung	75 000,00
Treibstoffvorräte	5 000,00
Darlehensschulden	195 000,00
Forderungen a. LL.	150 000,00
Hypothekenschulden	500 000,00
Gebäude	750 000,00
Eigenkapital	?

Aufgabe 279

Die Bilanz der TransSped GmbH weist die unten stehenden Werte auf. Berechnen Sie anhand der Tabelle unten die folgenden Werte:

a) das Umlaufvermögen in Euro
b) den Anteil des Umlaufvermögens am Gesamtvermögen in Prozent
c) die kurzfristigen Schulden in Euro
d) das Eigenkapital in Euro
e) die Liquidität 2. Grades in Prozent (auf zwei Stellen nach dem Komma runden)

Bilanzwerte	**Betrag in €**
Fuhrpark	550 000,00
Verbindlichkeiten a. LL.	123 000,00
Umsatzsteuer	7 000,00
Bankguthaben	84 000,00
Geschäftsausstattung	184 000,00
Treibstoffvorräte	8 000,00
Darlehensschulden	870 000,00
Forderungen a. LL.	124 000,00
Kasse	5 000,00
Gebäude	650 000,00
Eigenkapital	?

Aufgabe 280

Stellen Sie fest, welche Inventurart in den nachfolgend beschriebenen Fällen jeweils gewählt wurde.

a) Die TransLog GmbH führt ein Lager für eine Baumarktkette. Sie hat als Bilanzstichtag den 31.08. eines jeden Jahres gewählt. An diesem Tag führt sie auch jeweils die Inventur für das Jahr durch, weil in den umsatzschwächeren Sommermonaten die Materialbestände besonders niedrig sind.
b) Die TransLog GmbH führt ein Lager für eine Baumarktkette. In dem Lager werden alle Warenbewegungen per Computer erfasst. Der Leiter des Rechnungswesens kann zu jeder Minute den exakten Stand der Warenvorräte nennen. Die Inventur wird

nach Warengruppen getrennt über das Jahr verteilt, damit die Beeinträchtigung des Geschäftsablaufes möglichst gering bleibt. Bilanzstichtag ist jeweils der 31.12. des Jahres.

c) Die TransLog GmbH führt ein Lager für eine Baumarktkette. Die Inventur erfolgt am 31.01., obwohl der Bilanzstichtag jeweils auf den 31.12. festgelegt ist. Man wählt dieses Verfahren, weil die Warenbestände im Januar (nach dem Weihnachtsgeschäft) besonders niedrig sind.

3 Organisation der Finanzbuchhaltung

Die folgende Grafik zeigt den Zusammenhang der Erfassung von Geschäftsvorgängen im Grund- und Hauptbuch Buchungen im Grund- und Hauptbuch sind nicht Gegenstand der schriftlichen Prüfungen der IHK.

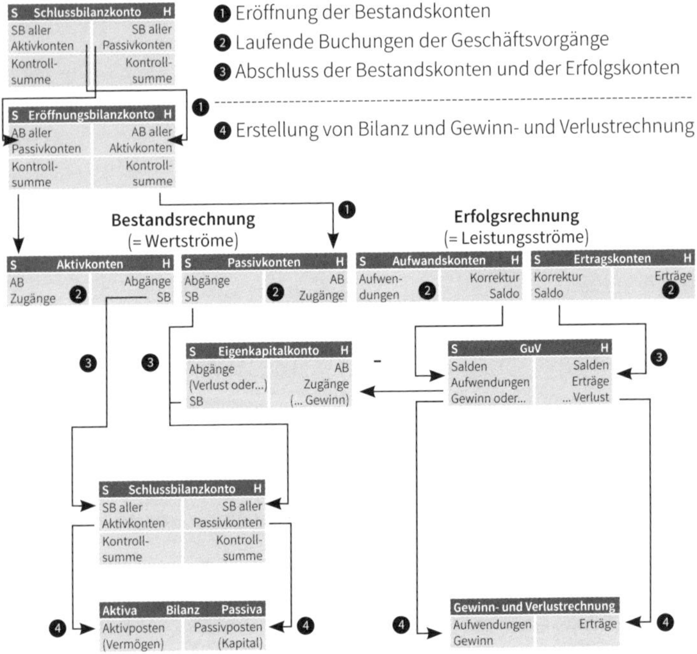

4 Das System der Umsatzbesteuerung

Die Erfassung der Vorsteuern aus Eingangsrechnungen und der Umsatzsteuer aus Ausgangsrechnungen werden in den Abschlussprüfungen nicht gesondert thematisiert. Die folgende Abbildung erläutert den Sachverhalt der Versteuerung im Überblick.

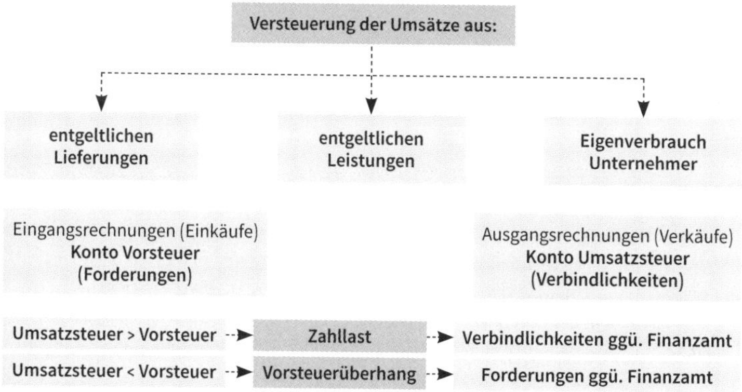

5 Jahresabschluss der Unternehmen

Bewertung des Anlage- und Umlaufvermögensvermögens

Aufgabe 281

Die Spedition DTMLog GmbH verkauft einen Pkw gegen Rechnung:

Rechnung Nr. 1212/DD		
Menge	Bezeichnung	Gesamtpreis in €
1	Pkw Diesel blaumetallic	2 000,00
	19 % Umsatzsteuer	380,00
	Rechnungsbetrag	2 380,00

Das Bestandsverzeichnis weist den Wert des Anlagegutes zum 31.12. des Vorjahres 20(–1) mit 1 200,00 € aus. Die Abschreibung für das Jahr 20(0) bis zum Verkaufsdatum beträgt 700,00 €.

Ermitteln Sie mit dem folgenden Rechenschema, ob der Pkw mit einem Aufwand oder Ertrag verkauft wurde.

Wert des Anlagegutes	
– AfA für Restlaufzeit bis Verkaufsdatum	
= Buchwert zum Zeitpunkt des Verkaufs	
– Verkaufserlös (netto)	
= Aufwand/Ertrag	

Aufgabe 282

Die Spedition DTMLog GmbH hat sechs gleichartige Schreibtische für 6 138,72 € (Überweisungsbetrag) eingekauft.

a) Berechnen Sie den Listenpreis für einen Schreibtisch mithilfe des unten stehenden Eingangsrechnung (Muster) und des Rechenschemas. Dem Fachgeschäft wurden 10 % Rabatt und bei Zahlung innerhalb von 10 Tagen 2 % Skonto gewährt.

b) Berechnen Sie den Anschaffungswert (Bezugspreis).

Muster Eingangsrechnung:

Rechnung			
Stück	Bezeichnung	Einzelpreis	Gesamtpreis
6	Schreibtisch		
	– Rabatt		
	Nettobetrag		
	+ 19 % Umsatzsteuer		
	Rechnungsbetrag		
	– Skonto		
	Überweisungsbetrag		

Rechenschema			
Listeneinkaufspreis			
– 10 % Rabatt			
= Nettopreis			
+ 19 % Umsatzsteuer			
= Rechnungsbetrag			
– 2 % Skonto	6138,72 €		
= Überweisungsbetrag			

Anschaffungswert			
Listeneinkaufspreis			
– Rabatt			
= Zieleinkaufspreis			
– Skonto			
= Anschaffungswert		: 6	

Aufgabe 283

Bei welchen der folgenden Sachverhalte wählt ein Unternehmen die lineare Abschreibungsmethode?

(1) Gegenwärtig und in den nächsten Jahren werden anhaltende Verluste erwartet.
(2) Steuerliche Vergünstigungen sollen schnellstmöglich in Anspruch genommen werden.
(3) Die Abschreibung soll die Erfolgsrechnung im Laufe der Jahre mit gleichen Beträgen beeinflussen.
(4) Bei einem bestimmten Anlagegut ist die Gefahr der Überalterung besonders groß.
(5) Die Abschreibungsbeträge sollen in den ersten Jahren möglichst hoch sein.

Aufgabe 284

Für den Fuhrpark des Frachtführers ALLTRANS liegen folgende Daten vor:

Anschaffungswert (ohne Reifen)	110 000,00 €
bilanzielle Abschreibung	27 500,00 €
Wiederbeschaffungswert	140 000,00 €
kalkulatorische Abschreibung (Zinswert)	16 2/3 %
kalkulatorischer Restwert (ohne Reifen)	20 000,00 €

Ermitteln Sie...

a) den Abschreibungsbetrag, der sich auf die Gewinn und Verlustrechnung auswirkt.
b) den der Kalkulation zugrunde liegenden Abschreibungsbetrag.
c) die für die bilanzielle Abschreibung unterstellte Nutzungsdauer in Jahren.

Aufgabe 285

In der Spedition DTMLog GmbH soll für die Kalkulation der Fahrzeugkosten die Abschreibung in der richtigen Höhe ermittelt werden.

Folgende Angaben liegen vor:

Die bilanziellen Abschreibungen für die Fahrzeuge betragen bei 8-jähriger Nutzungsdauer 1 200 000,00 € pro Jahr.

Die kalkulatorischen Abschreibungen belaufen sich auf 1 800 000,00 € pro Jahr.

Welche Auswirkung hat dies auf die Kosten- und Leistungsrechnung bzw. auf die Buchführung?

(1) In der Geschäftsbuchführung entstehen Aufwendungen in Höhe von 1 600 000,00 €.
(2) Die bilanziellen Abschreibungen sind in der Kosten- und Leistungsrechnung grundsätzlich gleich anzusetzen.
(3) Die steuerlichen Abschreibungssätze sind lediglich Richtsätze für die Unternehmensbuchführung, weil davon beliebig abgewichen werden darf.

(4) Die kalkulatorischen Abschreibungen sinken automatisch, wenn der Staat die AfA-Sätze für die bilanziellen Abschreibungen senkt.

(5) Es werden in der Kalkulation 1 800 000,00 € berücksichtigt, da kalkulatorisch auch schneller als bilanziell abgeschrieben werden darf.

Aufgabe 286

Für die Fahrzeugkostenkalkulation der Spedition DTMLog GmbH sollen die jährlichen leistungsabhängigen Kosten eines Lkw berechnet werden. Das Fahrzeug ist 200 Tage des Jahres im Einsatz und fährt in dieser Zeit 160 000 km. Die geschätzte Nutzungsdauer beträgt 5 Jahre.

Die Kosten setzen sich wie folgt zusammen:
- Kaufpreis einschließlich der Reifen 90 000,00 € netto
- Kraftstoffverbrauch 24 Liter Diesel/100 km, Nettopreis 1,77 € je Liter
- Schmierstoffe werden mit 3 % von den Treibstoffkosten berechnet.
- Die 6 Reifen haben einen Wert von je 200,00 €, Laufleistung 50 000 km.
- sonstige kilometerabhängige Kosten: 1 000,00 € pro Jahr

a) Berechnen Sie die Abschreibung für Abnutzung pro Jahr für das Fahrzeug, wenn dafür der halbe Kaufpreis ohne Bereifung angesetzt wird.
b) Ermitteln Sie die Kosten für den Kraftstoffverbrauch pro Jahr.

Aufgabe 287

Für die Berechnung von Abschreibungen eines Lkw sind folgende Angaben zu berücksichtigen:

- Anschaffungswert: 130 000,00 €
- Wiederbeschaffungswert: 150 000,00 €

Der Lkw wird bilanziell mit 20 % linear bis 20(+3) abgeschrieben. Kalkulatorisch wird ein Abschreibungssatz von 15 % angesetzt.

a) Berechnen Sie die kalkulatorische Abschreibung für einen Lkw.
b) Berechnen Sie den Buchwert zu Beginn des 3. Nutzungsjahres in Euro.
c) Bestimmen Sie, mit welcher Abschreibungsmethode kalkulatorisch abgeschrieben wird.

Aufgabe 288

Bei einem Lkw mit einem Anschaffungspreis in Höhe von 240000,00 € wird eine betriebsgewöhnliche Gesamtleistung von 800000 km angenommen.

Folgende Jahresleistungen (lt. Kilometerzähler) werden mit dem Lkw erbracht:

Jahr	Kilometer	AfA/€
1	150 000	
2	200 000	
3	210 000	
4	100 000	
5	140 000	

Berechnen Sie die AfA:

a) pro Leistungseinheit
b) für das Jahr 3

Aufgabe 289

Ein Sattelzug hat Anschaffungskosten in Höhe von 180000,00 €. Er soll innerhalb von acht Jahren abgeschrieben werden.

a) Wie viel Prozent beträgt der lineare Abschreibungssatz?
b) Berechnen Sie den Leistungssatz, wenn die Gesamtleistung des Lkw auf 500 000 km geschätzt wird.
c) Wie hoch ist der Abschreibungsbetrag im Jahr 20(0), wenn der Lkw in diesem Jahr 96 000 km fährt?

Auswertung des Jahresabschlusses

Aufgabe 290

Die Spedition ALLSPED GmbH hat die Geschäftsbereiche: nationale Spedition, internationale Spedition und Lagerlogistik.

Für den Monat April werden folgende Zahlen ausgewiesen:

	Geschäftsbereiche		
	Nationale Spedition	Internation. Spedition	Lager - logistik
	Betrag in €	Betrag in €	Betrag in €
Speditionserlöse	800 000,00	320 000,00	240 000,00
Auftragsgebundene Speditionskosten	480 000,00	240 000,00	190 000,00
Es fallen nachstehende Betriebskosten in € an:			
Personalkosten			90 000,00
Abschreibung			110 000,00
Raumkosten			28 000,00
Verwaltungskosten			24 000,00
Betriebliche Abgaben			28 000,00

Ermitteln Sie den Rohgewinn und den Reingewinn der Spedition ALLSPED GmbH für den Monat April.

Aufgabe 291

Die Bilanz der Spedition DTMLog GmbH weist im Jahr 20(0) folgende Bilanzwerte aus:

Aktiva	Betrag in €
Anlagevermögen:	
Sachanlagen	10 000 000,00
Finanzanlagen	1 600 000,00
Umlaufvermögen	
Vorräte	1 120 000,00
Forderungen a. LL.	2 240 000,00
flüssige Mittel	960 000,00
Summe	**15 920 000,00**

Passiva	Betrag in €
Eigenkapital	9552000,00
Fremdkapital	
langfristig	4800 000
kurzfristig	1568000,00
Summe	**1552000,00**

Berechnen Sie folgende Kennzahlen der Kapital- und Vermögensstruktur in Prozent (Werte auf eine Stelle nach dem Komma runden):

a) Anlageintensität
b) Deckung des Anlagevermögens durch das Eigenkapital
c) Eigenkapitalquote
d) Fremdkapitalquote
e) Liquidität 2. Grades

Aufgabe 292

Die Bilanz und die Gewinn- und Verlustrechnung der Spedition INTERSPED GmbH weist im Jahr 20(0) folgende Werte aus:

Bilanz 20(0)	
Aktiva	**Betrag in €**
Anlagevermögen:	
Grundstücke und Gebäude	640000,00
Fuhrpark	1020000,00
Geschäftsausstattung	80000,00
Umlaufvermögen	
Vorräte	20000,00
Forderungen a. LL.	1960000,00
Kasse, Bank	240000,00
Summe	**3960000,00**

Bilanz 20(0)	
Passiva	**Betrag in €**
Eigenkapital	1 280 000,00
Fremdkapital	
langfristig	960 000,00
kurzfristig	1 720 000,00
Summe	**3 960 000,00**

Gewinn- und Verlustrechnung 20(0)	
Soll	**Betrag in €**
Löhne und Gehälter	440 000,00
Sozialkosten	96 000,00
Stoff- und Energieverbrauch	64 000,00
Kfz-Kosten	272 000,00
sonstige Kosten	32 000,00
Abschreibungen	940 000,00
Speditionkosten	15 360 000,00
Zinsaufwendungen	64 000,00
Gewinn	108 000,00
Summe	**17 376 000,00**
Haben	
Speditionserlöse	17 200 000,00
sonstige Erträge	80 000,00
Zinserträge	96 000,00
Summe	**17 376 000,00**

Berechnen Sie:

a) die Anlagendeckung (Investierung) durch Eigenkapital plus langfristiges Fremdkapital
b) die Liquidität 1. Grades
c) die Fremdkapitalquote (Verschuldungsgrad)
d) die Umsatzrentabilität
e) die Eigenkapitalrentabilität

Aufgabe 293

Welche der unten stehenden Aussagen a) bis g) treffen auf die folgenden Begriffe (1) bis (7) zu?

(1) Anlagequote/Anlageintensität

(2) Forderungsquote/Forderungsintensität

(3) Eigenkapitalquote

(4) Anlagendeckung durch langfristiges Kapital

(5) Barliquidität

(6) Cashflow

(7) Verschuldungsgrad

Tragen Sie die Ziffern bei der jeweils zutreffenden Antwort in das Kästchen ein.

Aussagen

a) Gibt das Verhältnis von Fremdkapital und Eigenkapital an.	☐
b) Die Mindestdeckung sollte 100 % betragen.	☐
c) Gibt den Anteil der kurzfristigen Verbindlichkeiten an den Bank- und Kassenbeständen an.	☐
d) Ist ein Hinweis auf den Umfang der Außenstände.	☐
e) Der Jahresüberschuss wird um Abschreibungen und Rückstellungen korrigiert.	☐
f) Lässt Rückschlüsse auf den Grad der finanziellen Unabhängigkeit und Kreditwürdigkeit zu.	☐
g) Ist sie/er hoch, liegt eine langfristige Kapitalbindung vor, die hohe Fixkosten verursacht.	☐

Aufgabe 294

Im Jahresabschluss sind folgende Daten der Spedition ALLSPED GmbH ermittelt worden.

Jahresüberschuss	260 000 €
Abschreibungen	56 000 €
Zinsaufwendungen	160 000 €
Zinserträge	24 000 €
Speditionserlöse	5 600 000 €
Im Jahresdurchschnitt betrugen:	
das Eigenkapital	3 200 000 €
das Fremdkapital	2 000 000 €

Berechnen Sie:
a) die Gesamtkapitalrentabilität in Prozent
b) den Cashflow in T€

Aufgabe 295

Der Inhaber der Spedition Walther KG möchte den Erfolg des eigenen Unternehmens mit dem Konkurrenzunternehmen Spedition ALLSPED GmbH vergleichen, das als mittelgroßes Unternehmen zur Veröffentlichung der Bilanz und der Gewinn- und Verlustrechnung verpflichtet ist. Dazu sollen zunächst die Kennzahlen der Rentabilität ermittelt werden:

Zahlen aus den Jahresabschlüssen:		Walther KG in €	ALLSPED GmbH in €
Eigenkapital		650 000,00	1 950 000,00
Fremdkapital		750 000,00	2 250 000,00
Gesamtkapital		1 400 000,00	4 200 000,00
Jahresgewinn		80 000,00	180 000,00
Umsatz		2 600 000,00	7 800 000,00
Fremdkapitalzinsen		75 000,00	225 000,00

a) Berechnen Sie die Eigenkapitalrentabilität der:
   → Walther KG
   → ALLSPED GmbH

b) Berechnen Sie die Gesamtkapitalrentabilität der Walther KG und vergleichen Sie diese mit der Gesamtkapitalrentabilität der Spedition ALLSPED GmbH.
   (1) Die Walther KG hat ihr Kapital rentabler eingesetzt.
   (2) Die ALLSPED GmbH hat rentabler gearbeitet.

c) Grundsätzlich werden im Controlling zwei Bereiche unterschieden: das operative und das strategische Controlling.
   Welche Tätigkeit(en) gehört(en) zum strategischen Controlling?
   (1) Durchführung von Rentabilitätsberechnungen
   (2) Durchführung einer kurzfristigen Erfolgsrechnung
   (3) Überarbeitung des Unternehmensleitbildes
   (4) Beschränkung der Liquidität 1. Grades auf 3 % bis 6 %
   (5) Analyse der Bilanz (Finanzierung, Anlagedeckung, Rentabilität usw.)

Aufgabe 296

Kreuzen Sie an, welche Aufgabe das Controlling in einem Unternehmen hat.

(1) Planung – Durchführung von Schulungen – Analysen
(2) Steuerung – Marktbeobachtung – Akquisition
(3) Planung – Überwachung – Vertrieb
(4) Steuerung – Qualitätsmanagement – Marktanalyse
(5) Planung – Kontrolle – Steuerung

Aufgabe 297

Die Spedition DTMLog GmbH ermittelt den Cashflow.

a) Welche der nachstehenden Aussagen sind in diesem Zusammenhang zutreffend?
   (1) Der Cashflow ist eine Kennzahl, die Auskunft über die Selbstfinanzierungskraft gibt.
   (2) Der Cashflow gibt an, wie viel Prozent der Umsatzerlöse als Gewinn verbleiben.

(3) Bei hohem Cashflow muss zur Finanzierung wenig Fremdkapital aufgenommen werden.
(4) Der Cashflow errechnet sich als Differenz zwischen Gewinn und Ausgaben.
(5) Der Cashflow bindet Kapital und verursacht erhebliche Kosten.
(6) Der Cashflow ist der Jahresüberschuss, berichtigt um Abschreibungen und neu gebildete Rückstellungen.

b) Das Speditionsunternehmen ermittelt folgende Werte:
→ Umsatzerlöse: 6 400 000,00 €
→ Jahresüberschuss: 125 000,00 €
→ Abschreibungen: 192 000,00 €
→ Rückstellungen: keine
Wie viel Prozent beträgt der Cashflow in Bezug auf die Umsatzerlöse?

6 Kosten- und Leistungsrechnung

Abgrenzung

Aufgabe 298

Im Rahmen des Quartalsabschlusses (1. Quartal) bzw. der Abgrenzungsrechnung der Spedition INTERSPED GmbH sind folgende Abschlussarbeiten durchzuführen:

a) Berechnen Sie die bilanzielle Abschreibung.
Die Spedition INTERSPED GmbH fährt im Selbsteintritt mit ihrem eigenen Lkw.

Anschaffungswert:	brutto 71 400,00 €
Nutzungsdauer lt. AfA-Tabelle:	6 Jahre

Die anteilige Abschreibung des übrigen Anlagevermögens beträgt im ersten Vierteljahr für

BGA:	2 750,00 €
Gebäude:	1 000,00 €

a1) Berechnen Sie den jährlichen Abschreibungsbetrag für die bilanzielle Abschreibung.
a2) Nehmen Sie die Eintragung der gesamten bilanziellen Abschreibungen für das 1. Quartal 20(0) auf der unten stehenden Abgrenzungsrechnung vor.

b) Führen Sie die Abgrenzungsrechnung durch (Hinweis: Die Betriebskosten wurden schon in die KLR übertragen.).
Für die Eintragung der kalkulatorischen Korrekturen müssen noch folgende Daten berücksichtigt werden:
- → Der Wiederbeschaffungswert des Lkw liegt um 15 % über dem Anschaffungswert.
- → Die kalkulatorischen Zinsen für das Jahr 20(0) betragen 128 000,00 €.
- → Die kalkulatorische Abschreibung der Anlagegüter außer Fuhrpark wird mit 4 500,00 € für das erste Vierteljahr angesetzt.
- → Für die kalkulatorische Abschreibung des Lkw (Fuhrpark) stehen folgende Daten zur Verfügung:

Abschreibungsart: Leistungsabschreibung

Gesamtlaufleistung des Lkw	400 000 km
Laufleistung im 1. Vierteljahr 20(0)	25 000 km
Preis der Bereifung	3 000,00 €
Restwert	6 000,00 €

Abgrenzungsrechnung Spedition INTERSPED Zeitraum: 1. Quartal 20(0)								
Geschäftsbuchführung			Abgrenzungsbereich				Kosten-und Leistungsrechnung	
Unternehmensergebnis			Unternehmensbezogene Abgrenzung		Kostenrechnerische Korrekturen		Betriebsergebnis	
Konto	Aufwendungen	Erträge	Neutraler Aufwand	Neutraler Ertrag	Betrieblicher Aufwand	Verrechnete Kosten	Kosten	Leistungen
2000	37 000							
2200	24 175							
2470								
2600		1 283						
2700		6 300						
4100	118 707						118 707	
4200	17 345						17 345	
4300	23 250						23 250	
4400	3 570						3 570	
4500	4 050						4 050	
4600	16 000						16 000	
4810	0						0	
4830	0						0	
7000	352 000						352 000	
8000		587 000						587 000

Aufgabe 299

Prüfen Sie die folgenden Aussagen auf ihren Wahrheitsgehalt. Kreuzen Sie an:

	richtig	falsch
(1) Kalkulatorische Zinsen werden vom betriebsnotwendigen Kapital berechnet.	☐	☐
(2) Die Zinsaufwendungen des Kontos 2200 enthalten auch Zinsen für das Eigenkapital.	☐	☐
(3) Der Zinssatz für die Berechnung der kalkulatorischen Zinsen orientiert sich am aktuellen Kapitalmarktzins.	☐	☐
(4) Kalkulatorische Zinsen enthalten auch Zinsen für das Eigenkapital.	☐	☐

Aufgabe 300

Welche der folgenden Begriffe aus der Kosten- und Leistungsrechnung (1) bis (8) treffen auf die unten stehenden Beschreibungen zu?

(1) neutrale Aufwendungen
(2) Grundkosten
(3) Zusatzkosten
(4) variable Einsatzkosten
(5) Kilometersätze
(6) Umschlagsätze
(7) langfristige Preisuntergrenze
(8) kurzfristige Preisuntergrenze

Tragen Sie die Ziffern der entsprechenden Begriffe in die unten stehenden Kästchen ein.

Beschreibungen

a) Es sind Kosten, die leistungsabhängig von den gefahrenen km sind. ☐
b) Diese Werte werden in gleicher Höhe in die Kosten- und Leistungsrechnung übernommen. ☐
c) Die fixen Kosten sind nicht oder nur zum Teil gedeckt. ☐
d) Diese Werte werden nicht in die Kosten- und Leistungsrechnung übernommen. ☐
e) Diese Werte ermitteln sich aus Einlagerungskosten, Auslagerungskosten und Umschlagsgerätekosten. ☐

f) Diese Werte ergeben sich durch die Division der variablen Kosten durch die Jahreskilometerleistung. ☐

g) Die Nettoverkaufserlöse decken die fixen und die variablen Kosten. ☐

h) Es sind Kosten, denen kein Aufwand gegenübersteht. ☐

Aufgabe 301

Aufwendungen und Erträge aus der Geschäftsbuchführung müssen für die Kosten- und Leistungsrechnung teilweise mit anderen Werten angesetzt werden.

Welche der unten stehenden Aufwendungen sind in diesem Zusammenhang ...

(1) keine Kosten?

(2) Grundkosten?

(3) Anderskosten?

(4) Zusatzkosten?

Tragen Sie die Ziffer bei der jeweils zutreffenden Antwort in das Kästchen ein.

Beschreibungen

a) Personalkosten ☐

b) tatsächlich gezahlte Bankzinsen ☐

c) kalkulatorische Miete ☐

d) auftragsgebundene Speditionskosten ☐

e) kalkulatorischer Unternehmerlohn ☐

f) Kfz-Versicherungsprämie ☐

g) kalkulatorische Abschreibungen ☐

Aufgabe 302

Bei der Kalkulation der Kosten für eine Einsatzstunde eines Gabelstaplers sind folgende Daten zu berücksichtigen:

Anschaffungskosten	96 768,00 €
kalkulatorische Nutzungsdauer	6 Jahre

kalkulatorische Zinsen 10 % auf die Hälfte des Kapitals	10 % auf die Hälfte des Kapitals
jährliche Aufwendungen für:	
Wartung/Reparaturen	9 % der Anschaffungskosten
Energie	12000,00 €
Sonstiges	960,00 €
Einsatzstunden	2880 Std.

Ermitteln Sie in Euro:

a) die jährliche kalkulatorische lineare Abschreibung
b) die jährlichen kalkulatorischen Zinsen
c) die jährlichen Gesamtkosten
d) die Kosten je Einsatzstunde (auf zwei Stellen nach dem Komma runden)

Aufgabe 303

Welche der nachstehenden Begriffe aus der Kostenrechnung treffen auf die unten stehenden Beschreibungen zu?

Begriffe

(1) betriebsfremde Aufwendungen

(2) Kostenträgerstückrechnung

(3) Betriebsabrechnungsbogen

(4) variable Kosten

(5) periodenfremde Erträge

(6) fixe Kosten

(7) Deckungsbeitragsrechnung

(8) Vollkostenrechnung

(9) Gemeinkosten

Tragen Sie die Ziffern der jeweils zutreffenden Begriffe in das jeweils zutreffende Kästchen ein.

Beschreibungen

a) Es werden die Kosten für einen Verkaufsauftrag ermittelt. ☐

b) Die im vergangenen Jahr zu viel bezahlte Kfz-Versicherung wird zurückerstattet. ☐

c) Die anfallenden Kosten sind leistungsunabhängig bzw. zeitabhängig. ☐

d) Es handelt sich um Kostenarten, die häufig in einem bestimmten Verhältnis auf Hauptkostenstellen verteilt werden. ☐

e) Es besteht kein Zusammenhang mit der betrieblichen Leistungserstellung. ☐

f) In dieser Rechnung werden von den Erlösen zunächst die variablen Kosten abgezogen. ☐

g) Die Gemeinkosten werden damit anteilig und verursachungsgerecht auf die Kostenstellen verteilt. ☐

Aufgabe 304

Die Finanzbuchhaltung der Spedition DTMLog GmbH zeigt das unten stehende GuV-Konto für das abgelaufene Geschäftsjahr 20(0):

Spedition DTMLog GmbH: Gewinn und Verlustrechnung 20(0)					
Aufwand in €			Ertrag in €		
200	Außerord. Aufwendungen	24 000,00	250	Außerord. Erträge	40 000,00
210	periodenf. Aufwendungen	147 000,00	260	Periodenf. Erträge	8 000,00
220	Zinsaufwendungen	180 000,00	800	Speditionserlöse	2 638 000,00
247	Abschreibungen	400 000,00			
401	Löhne	290 000,00			
410	Gehälter	220 000,00			

(Fortsetzung der GuV auf der nächsten Seite)

Spedition DTMLog GmbH: Gewinn und Verlustrechnung 20(0)				
Aufwand in €			Ertrag in €	
420	Fahrzeugkosten	280 000,00		
430	Raumkosten	20 000,00		
440	Verwaltungskosten	110 000,00		
450	Versicherungen, Beiträge	26 000,00		
460	sonst. Unternehmenskosten	24 000,00		
700	Speditionskosten	596 000,00		
	Gewinn	**369 000,00**		
		2 686 000,00		2 686 000,00

a) Berechnen Sie auf der Grundlage der folgenden Angaben die kalkulatorischen Kosten und tragen Sie die Ergebnisse in der unten stehenden Tabelle ein:
- --> Das betriebsnotwendige Kapital beträgt 3 200 000,00 €; der kalkulatorische Zinssatz beträgt 10 %.
- --> Der kalkulatorische Unternehmerlohn beträgt 440 000,00 €.
- --> Die Betriebsgebäude sind Bestandteil des Privatvermögens von Josef Sommerfeld und werden dem Unternehmen unentgeltlich zur Verfügung gestellt. Die betrieblich genutzten Räume haben eine Fläche von 890 m. Die ortsüblich vergleichbare Miete beträgt 11,10 €/m im Monat.
- --> Der Anschaffungswert des Anlagevermögens (ohne Grundstücke) beträgt: 2 000 000,00 €.
- --> bilanzieller AfA-Satz: 20 %
- --> Der Wiederbeschaffungswert des Anlagevermögens (ohne Grundstücke) beträgt: 2 600 000,00 €.
- --> Kalkulatorischer AfA-Satz: 12 %

Kalkulatorische Kosten		Betrag in €
480	kalk. Unternehmerlohn	
481	kalk. Mieten	
482	kalk. Zinsen	

483	kalk. Abschreibungen	
Summe der kalkulatorischen Kosten		

b) Berechnen Sie das neutrale Ergebnis (Werte siehe GuV oben) und tragen Sie das Ergebnis in die unten stehende Tabelle ein:

Neutrales Ergebnis		Betrag in €
250	a.o. Ertrag	
260	periodenfremder Ertrag	
Summe		
200	a.o. Aufwand	
210	periodenfremder Aufwand	
Summe		
neutrales Ergebnis		

c) Berechnen Sie das Betriebsergebnis:

01	Unternehmensergebnis (GuV)	
02	neutrales Ergebnis (NE)	
03	Ergebnis der Abgrenzung: kalkulatorische Kosten – betrieblicher Aufwand (Konten 220; 247) = Summe Abgrenzung	
04	NE – Abgrenzung	
05	= Betriebsergebnis	

Aufgabe 305

Bestimmen Sie, welche der folgenden Aussagen richtig oder falsch sind.

Kreuzen Sie an	**richtig**	**falsch**
1) Ziel der kalkulatorischen Abschreibung ist die Nutzung höchstmöglicher Steuervorteile.	☐	☐
2) Nur betriebsnotwendige Güter werden kalkulatorisch abgeschrieben.	☐	☐

Kreuzen Sie an	richtig	falsch
(3) Kalkulatorisch wird entsprechend der betrieblichen Nutzungsdauer abgeschrieben, unabhängig davon, wie lange das Anlagegut steuerlich abgeschrieben werden darf.	☐	☐
(4) Um eine gleichmäßige Kostenbelastung für die Preiskalkulation zu sichern, wird kalkulatorisch in der Regel linear abgeschrieben.	☐	☐
(5) Kalkulatorische Abschreibungen werden in der Kontenklasse 2 erfasst.	☐	☐

Aufgabe 306

Welche der folgenden Aufwendungen aus der Geschäftsbuchführung können Sie nicht bzw. nicht in gleicher Höhe in die Kosten- und Leistungsrechnung übernehmen?

(1) bilanzielle Abschreibungen auf Gebäude 80 000,00 €

(2) Brutto-Löhne für Umschlagspersonal 22 800,00 €

(3) Zinsaufwendungen 15 700,00 €

(4) Lkw-Totalschaden durch Unfall 40 000,00 €

(5) Leasing-Rate für EDV-Anlage 5 200,00 €

(6) auftragsgebundene Speditionskosten 135 100,00 €

(7) Industrie- und Handelskammer-Beitrag 1 300,00 €

Aufgabe 307

Die Geschäftsbuchführung der Spedition INTERSPED GmbH ermittelt die unten stehenden Werte für die Übernahme in die Kosten- und Leistungsrechnung:

Aufwandsart	Betrag in €
betriebsfremde Aufwendungen	2 000,00
Zinsaufwendungen	46 000,00
bilanzmäßige Abschreibungen	82 000,00

Löhne und Lohnnebenkosten	184 000,00
Gehälter und Gehaltsnebenkosten	208 000,00
Treibstoffkosten	52 000,00
Reparaturkosten	18 000,00
Leasinggebühren für DV-Anlage	34 000,00
Kommunikationskosten	8 000,00
Versicherungen, Gebühren und Beiträge	36 000,00
kalkulatorische Abschreibungen	72 000,00
kalkulatorische Zinsen	62 000,00
Speditionskosten nationale Spedition	218 000,00
Speditionskosten internationale Spedition	154 000,00

Berechnen Sie:

a) die Summe der Aufwendungen, die aus der Buchführung in gleicher Höhe als Grundkosten in die Kosten- und Leistungsrechnung übernommen werden können

b) die Summe der Aufwendungen, die als neutral abgegrenzt werden müssen

c) die Summe der Kosten, die den Kostenträgern direkt zugerechnet werden können

d) die Summe der Kosten, die in einem Betriebsabrechnungsbogen (BAB) mithilfe von Verteilungsschlüsseln möglichst verursachungsgerecht den Kostenstellen zugerechnet werden

Aufgabe 308

Welche der unten stehenden Aussagen (a) bis f) treffen

(1) nur auf die Gewinn- und Verlustrechnung,

(2) nur auf die Kosten- und Leistungsrechnung,

(3) sowohl auf die Gewinn- und Verlustrechnung als auch auf die Kosten- und Leistungsrechnung

zu?

Tragen Sie die Ziffer vor der jeweils zutreffenden Antwort in die unten stehenden Kästchen ein.

Aussagen

a) Die Angaben sind auf einen Zeitraum bezogen. ☐

b) Es sind auch neutrale Aufwendungen und Erträge enthalten. ☐

c) Es sind nur betriebliche Aufwendungen und Erträge enthalten. ☐

d) Sie bildet die Grundlage der Besteuerung. ☐

e) Es werden nur die Daten der Kontenklassen 4, 7 und 8 erfasst. ☐

f) Sie beinhaltet auch eine Kostenstellenrechnung. ☐

Aufgabe 309

Die Spedition ALLSPED GmbH will den Betrag ermitteln, mit dem Sie die kalkulatorischen Wagnisse ansetzen möchte. Dazu liegt ihr die folgende Tabelle vor:

Jahr	Haftungsversicherung (Selbstbeteiligung) in €	Speditionserlöse (Nettoumsatz) in €
20(–5)	57 660,00	3 720 000,00
20(–4)	72 420,00	4 260 000,00
20(–3)	84 840,00	4 040 000,00
20(–2)	70 720,00	4 420 000,00
20(–1)	81 900,00	4 680 000,00
20(0)	geschätzt	4 900 000,00

Berechnen Sie:

a) den Wagniszuschlag in Prozent für das Jahr 20(0) aufgrund der in den vorangegangenen 5 Jahren eingetretenen Selbstbeteiligungsbeträge

b) in welcher Höhe im Jahr 20(0) kalkulatorische Wagnisse in der Kosten- und Leistungsrechnung angesetzt werden

Aufgabe 310

Die Spedition ALLSPED GmbH kauft einen neuen Lkw.

Anschaffungswert (netto)	90 000,00 €
Wiederbeschaffungswert (geschätzt) einschließlich Reifen in Höhe von 3 800,00 €	106.000,00 €

Verkaufserlös (geschätzt) am Ende der Nutzungsdauer	8 000,00 €
Nutzungsdauer (geschätzt)	6 Jahre
durchschnittliches fahrzeuggebundenes Umlaufvermögen	7 000,00 €
kalkulatorischer Zinssatz	5,5 %

Berechnen Sie:

a) den Betrag der kalkulatorischen Abschreibungen pro Jahr
b) das durchschnittlich durch den Lkw gebundene Kapital (Anlagevermögen [Lkw] und Umlaufvermögen)
c) die kalkulatorischen Zinsen pro Jahr

Vollkostenrechnung

Aufgabe 311

Es sollen die Gemeinkosten in Höhe von 30 000,00 € auf drei Fahrzeuge verteilt werden. Die drei Fahrzeuge erzielen folgende Umsätze:

Fahrzeug	Umsätze in €
A	240 000,00
B	440 000,00
C	320 000,00

Die Gemeinkosten sollen im Verhältnis der Umsätze verteilt werden. In welcher Höhe fallen Gemeinkosten für das Fahrzeug B an?

Aufgabe 312

Ermitteln Sie aus dem unten abgedruckten BAB der Spedition ALL-SPED GmbH und den nachstehenden Angaben für den Monat März:

a) die Gesamtkosten der Hauptkostenstelle Sea/Air
b) die Kosten je Auftrag in der Abteilung Spedition in Euro, wenn hier 6 250 Aufträge im Abrechnungszeitraum abgewickelt wurden

Betriebsabrechnungsbogen der Spedition ALLSPED GmbH für den Monat März 20(0)

Kostenarten	Betrag in €	Verteilungs-schlüssel	Hilfskostenstellen		Hauptkostenstellen		
			Allg. Verwaltung	Werkstatt	Spedition	Logistik	Sea/Air
Summe Gemeinkosten in €	2883000		644000	206400	648000	874800	509800
Umlage Allg. Verwaltung		6 : 4 : 2 : 4					
Summe							
Umlage Werkstatt		5 : 5 : 2					
Kosten je Hauptkostenstelle							
Einzelkosten der Abteilung					245000	1240000	480000
Gesamtkosten							

Aufgabe 313

Ordnen Sie zu, indem Sie drei der Kennziffern der Kostenarten (1-7) in die Kästchen vor den Verteilerbasen/Verteilerschlüsseln eintragen.

Kostenarten:			
1.	Löhne/Gehälter	5.	Abschreibungen
2.	Mieten	6.	Betriebshaftpflichtversicherung
3.	Gewerbesteuer	7.	Lohnnebenkosten
4.	Treibstoffkosten		

	Verteilerbasen/Verteilerschlüssel
a)	nach der Fläche je Abteilung
b)	nach erfasstem Verbrauch
c)	nach Wertverlust

Aufgabe 314

Nach der Aufstellung des Betriebsabrechnungsbogens können die Ergebnisse ausgewertet werden, indem man betriebswirtschaftliche Kennzahlen berechnet.

Welche Kennzahl kann mithilfe des Betriebsabrechnungsbogens berechnet werden?

1) die Gesamtkapitalrentabilität
2) die Liquidität 2. und 3. Grades
3) die Umsatzrentabilität
4) den Break-Even-Point
5) die Cashflow-Umsatzverdienstrate

Aufgabe 315

Bearbeiten Sie den unten abgedruckten BAB (verkürzt) der Spedition Schnell GmbH:

a) Führen Sie die ausstehenden Berechnungen durch.

Umlage Kantine	1 : 4 : 2 : 1
Umlage Werkstatt	5 : 3 : 0

b) Berechnen Sie außerdem den Gemeinkostenzuschlag und den Gewinnzuschlag für die Abteilung Internationale Spedition.

Betriebsabrechnungsbogen der Spedition Schnell GmbH, 2. Quartal 20(0)

Kostenarten	Hilfskostenstellen		Hauptkostenstellen		
	Kantine	Werkstatt	Nationale Spedition	Internationale Spedition	Lager
Summe	168 000	211 000	1 339 000	1 047 000	284 000
Umlage 1					
Summe					
Umlage 2					
Gemeinkosten					
Einzelkosten			533 000	412 000	79 000
Abt. Kosten					
Abt. Erlöse			2 274 000	1 780 000	412 000
Abt. Ergebnis					

Aufgabe 316

Ermitteln Sie für das Jahr 20(0) aufgrund der Daten des unten stehenden (verkürzten) BAB der Spedition Daniels e. K. die Ergebnisse der Abteilungen (Hauptkostenstellen):

a) das Ergebnis der Abteilung Luftfrachtspedition (LFS)

b) die Umsatzrentabilität der Abteilung Luftfrachtspedition (auf eine Stelle nach dem Komma runden)

BAB der Spedition Daniels e. K. für das Jahr 20(0)						
Gemeinkosten	Betrag in €	Verwaltung in €	Werkstatt in €	LFS in €	SGS in €	LOG in €
Gemeinkosten/ KST	678 350,00	137 350,00	58 500,00	131 300,00	213 450,00	137 750,00
Umlage Verwaltung						
Summe						
Umlage Werkstatt						
Gemeinkosten/ HKST						
Einzelkosten				20 100,00	142 000,00	76 000,00
Abt. Kosten						
Abt. Erlöse				305 000,00	576 000,00	240 000,00
Abt. Ergebnis						
Umlage:						
Umlage Verwaltung		1 : 1 : 2 : 1				
Umlage Werkstatt			2 : 5 : 3			

Aufgabe 317

Die Spedition ALLSPED erstellt den Betriebsabrechnungsbogen (BAB) für den Monat März 20(0).

In diesem Zusammenhang müssen die kalkulatorischen Kosten ermittelt werden.

Berechnen Sie mit den folgenden Angaben

a) die kalkulatorischen Zinsen März 20(0),
b) die kalkulatorischen Abschreibungen März 20(0),
c) die Verteilung der kalkulatorischen Kosten auf die Kostenstellen der Spedition ALLSPED für den Monat März 20(0).

Angaben	
betriebsnotwendiges Kapital	7 000 000,00 €
durchschnittlicher Zinssatz	9 % p. a
Anschaffungskosten des Anlagevermögens	8 400 000,00 €
Wiederbeschaffungskosten des Anlagevermögens	9 600 000,00 €
Abschreibungssatz	20 %

Auszug BAB

Gemeinkosten		Betrag	Verwaltung	Werkstatt	LFS	SGS	LOG
482	kalk. Zinsen	a)					
483	kalk. AfA	b)					

Verteilungsschlüssel

482	kalk. Zinsen		4	2	6	2	1
483	kalk. AfA		6	2	3	5	4

Aufgabe 318

Ermitteln Sie aus dem unten stehenden Betriebsabrechnungsbogen (Auszug) der Spedition ALLSPED GmbH:

a) den Anteil der Personalkosten in Höhe von 465 000,00 € an den Gemeinkosten im 1. Quartal in Prozent (auf eine Stelle nach dem Komma runden)

b) die Umsatzrentabilität der Abteilung Internationale Spedition (auf eine Stelle nach dem Komma runden)

c) den Wiederbeschaffungswert des Anlagevermögens in Tausend Euro (T€), wenn bei der kalkulatorischen Abschreibung in Höhe von 200 000,00 € ein Abschreibungssatz von 16 % vom Wiederbeschaffungswert des Anlagevermögens unterstellt wurde

d) die Selbstkosten für einen Auftrag der Abteilung Logistiklager in Euro, wenn hier die Einzelkosten eines Auftrags 120,00 € betragen (auf zwei Stellen nach dem Komma runden)

BAB der Spedition ALLSPED GmbH 1. Quartal 20(0) (Auszug)			
	Nationale Spedition in €	Internationale Spedition in €	Logistiklager in €
Gemeinkosten je HKSt	995 625,00	1 141 925,00	745 450,00
+ Einzelkosten	245 000,00	1 240 000,00	480 000,00
= Abteilungskosten	1 240 625,00	2 381 925,00	1 225 450,00
Abteilungserlöse	1 350 000,00	3 000 000,00	1 200 000,00
Abteilungsergebnis	109 375,00	618 075,00	−25 450,00

Aufgabe 319

Der Abteilungsleiter für Lkw-Verkehre erstellt aus den unten stehenden Daten einen abteilungsbezogenen BAB, um das Abteilungsergebnis für den Lkw-Verkehr zu errechnen:

Berechnen Sie, welchen Gewinn die Abteilung Lkw-Verkehr erwirtschaftet hat.

Kostenarten	Betrag in €	Verteilung	Lkw-Verkehr	Paket-Verkehr
Löhne	160 000,00	1 : 1		
Fuhrparkosten	120 000,00	1 : 3		
Betriebskosten	90 000,00	2 : 1		
kalkulatorische Kosten	80 000,00	1 : 3		
Summe Gemeinkosten				
+ Einzelkosten				
Gesamtkosten				
Erlöse				
Ergebnis				

Sachverhalt zur Aufgabe 321–343

Die Abteilungs-Einzelkosten betragen für die Lkw-Verkehre 170 000,00 € und für den Paket-Verkehr 76 000,00 €. Die Abteilungserlöse für Lkw-Verkehre belaufen sich auf 400 000,00 € und für den Paket-Verkehr auf 420 000,00 €.

Aufgabe 320

Für die Kostenträgerrechnung sollen Sie die Grundkosten berücksichtigen. Welche Kosten zählen zu den Grundkosten?

(1) bilanzielle Abschreibungen

(2) Kraftstoffverbrauch der Fahrzeuge

(3) kalkulatorische Zinsen

(4) kalkulatorische Abschreibungen

Aufgabe 321

Der/Die Disponent/-in des Fuhrparks der Spedition ALLSPED GmbH will die Fahrzeugkosten einem Leistungskilometer zuordnen.

Mit welchem Teilbereich der Kostenrechnung ist das möglich?

(1) mit der Kostenstellenrechnung

(2) mit der Kostenträgerrechnung

(3) mit der Betriebsergebnisrechnung

(4) mit der Gewinn- und Verlustrechnung

(5) mit der Deckungsbeitragsrechnung

Teilkostenrechnung (Deckungsbeitragsrechnung)

Aufgabe 322

Die Spedition Grimmer ermittelt in der Kosten- und Leistungsrechnung des Monats April 20(0) folgende Beträge:

	Nahverkehr	Internationale Spedition
Anzahl der Aufträge	2 000	150
Nettopreis je Auftrag	31,00 €	700,00 €

	Nahverkehr	Internationale Spedition
durchschnittliche variable Kosten je Auftrag	26,00 €	550,00 €
fixe Kosten je Abteilung	24 000,00 €	27 900,00 €

Ermitteln Sie in Euro:

a) die kurzfristige Preisuntergrenze für den Nahverkehr je Auftrag
b) die langfristige Preisuntergrenze für die Abteilung Internationale Spedition je Auftrag
c) das Betriebsergebnis (Periodenergebnis)

Aufgabe 323

Für eine Lkw-Ladung von 5 t und einer Entfernung von 100 km wurde ein Frachtsatz von 1,70 €/100 kg vereinbart.

Damit sind die variablen Kosten, die sich aus 0,75 € je km errechnen, und 40 % der fixen Kosten gedeckt.

Ermitteln Sie:

a) die Netto-Frachteinnahme
b) die variablen Kosten
c) die fixen Kosten

Aufgabe 324

Von 10 200,00 € Gesamtkosten einer speditionellen Leistung sind 25 % variable Kosten. Der Deckungsbeitrag beträgt 6 120,00 €.

Ermitteln Sie:

a) die variablen Kosten in Euro
b) die gesamten fixen Kosten in Euro
c) den Deckungsbeitrag in Prozent (von den Gesamtkosten)
d) die Höhe der Umsatzerlöse
e) das Ergebnis

Aufgabe 325

Ein Lkw der Spedition DTMLog GmbH wurde im letzten Jahr für 185 Transporte eingesetzt. Der Nettopreis (ohne Umsatzsteuer) je Auftrag betrug durchschnittlich 660,00 €. Die variablen Kosten betrugen insgesamt 31 820,00 €, die fixen Kosten insgesamt 79 056,00 €.

Berechnen Sie:

a) die variablen Kosten je Auftrag
b) den Deckungsbeitrag je Auftrag
c) die Anzahl der Aufträge, die benötigt werden, um die fixen Kosten voll abdecken zu können
d) den Jahresgewinn bei 185 Aufträgen
   d1) in Euro
   d2) in Prozent des Umsatzes (auf eine Stelle nach dem Komma runden)

Aufgabe 326

Die Spedition DTMLog GmbH ermittelt folgende Durchschnittswerte für den nationalen Güterkraftverkehr im Monat April:

- → Anzahl der Aufträge: 300
- → Nettopreis je Auftrag: 1 800,00 €
- → variable Kosten je Auftrag: 600,00 €
- → fixe Kosten der Abteilung: 198 000,00 €

Ermitteln Sie:

a) das Abteilungsergebnis für den Monat April
b) die maximal mögliche Preisreduzierung je Auftrag, wenn die Selbstkosten als Preisuntergrenze gewahrt werden sollen,
   b1) in Euro
   b2) in Prozent (auf eine Stelle nach dem Komma runden)

Aufgabe 327

Für einen Lkw sind folgende Werte für einen Abrechnungszeitraum ermittelt worden:

- → durchschnittliche Erlöse je Tour 400,00 €
- → durchschnittliche variable Kosten je Tour 300,00 €
- → fixe Kosten 9 000,00 €

Bei wie viel Touren erreicht das Fahrzeug den Break-Even-Point?

Aufgabe 328

Die Spedition DTMLog GmbH erzielte im abgelaufenen Geschäftsjahr in der Fernverkehrsrelation Wuppertal-Augsburg einen Nettoerlös von 1200,00 € je Fahrt.

Die variablen Einsatzkosten je Fahrt betrugen 900,00 €. Im Abrechnungszeitraum fielen insgesamt 27 000,00 € Fixkosten an.

Ermitteln Sie die Anzahl der Fahrten am Break-Even-Point (BEP).

Aufgabe 329

Die Spedition DTMLog GmbH hat für den Monat Juni folgende Werte ermittelt.

	Abteilungen		
	Nahverkehr	Fernverkehr	Internationaler Verkehr
Durchschnittlicher Nettoverkaufserlös (€ je Auftrag)	87,50	1218,00	1881,00
durchschnittliche variable Kosten (€ je Auftrag)	104,40	381,00	720,00
Anzahl der Aufträge	1890	474	630

Die fixen Kosten betrugen im Juni 480 000,00 €.

a) Ermitteln Sie für den Monat Juni:
   a1) den gesamten Deckungsbeitrag
   a2) das Ergebnis (Gewinn oder Verlust)
   Bei Schließung der Abteilung Nahverkehr würden die fixen Kosten um 60 000,00 € sinken.

b) Ermitteln Sie das Ergebnis für den Monat Juni ohne die Abteilung Nahverkehr.

Aufgabe 330

Das Speditionsunternehmen DTMLog GmbH ermittelt für den Monat Dezember unten stehende Durchschnittswerte.

	Abteilungen		
	Nahverkehr	Fernverkehr	Internationaler Verkehr
Anzahl der Aufträge	1 200	180	90

	Werte in €		
Nettopreis je Auftrag	75,00	1 350,00	1 800,00
variable Kosten je Auftrag	46,50	900,00	1 575,00
fixe Kosten je Abteilung	24 000,00	36 000,00	9 000,00

Berechnen Sie:

a) die langfristige Preisuntergrenze je Auftrag (Selbstkosten) für die Abteilung Nahverkehr
b) den gesamten Deckungsbeitrag aller Abteilungen
c) das Betriebsergebnis

Aufgabe 331

Die jährlichen fixen Kosten für ein Fahrzeug im Fernverkehr der Spedition DTMLog GmbH betragen 154 125,00 €, die variablen Kosten 1,02 € pro km. Das Fahrzeug wird an 240 Tagen im Jahr eingesetzt.

Als Mitarbeiter/-in der Abteilung Fernverkehr erhalten Sie am 18.03.20(0) ein Auftragsangebot im Fernverkehr für einen Transport über 228 km. Der Kunde ist bereit, 600,00 € zu zahlen. Das Fahrzeug kann bei Ablehnung des Auftrags an diesem Tag nicht eingesetzt werden.

Ermitteln Sie:

a) den Verlust bei Ablehnung eines Auftrages
b) den Deckungsbeitrag bei Annahme des Auftrags
c) Ergebnis bei Annahme des Auftrags

Aufgabe 332

Die Spedition DTMLog GmbH erzielt bei einer Frachttonne (t) durchschnittlich 600,00 € Netto-Speditionserlöse. Je Abrechnungsperiode werden durchschnittlich 900 t umgeschlagen:

Die variablen Kosten betragen im Abrechnungszeitraum 90 000,00 €, die fixen Kosten 180 000,00 €.

Ermitteln Sie:

a) die variablen Kosten je t in Euro
b) die Gesamtkosten bei 900 t in Euro

c) den Break-Even-Point in t
d) das Betriebsergebnis bei 900 t in Euro

Aufgabe 333

In der Fahrzeugkalkulation der Spedition DTMLog GmbH werden fixe und variable Kosten getrennt.

Welche der Kosten werden den fixen Kosten zugeordnet?

(1) Schmierstoffkosten für die Lkw

(2) kilometerabhängige Straßenbenutzungsgebühren

(3) Dieselkraftstoffkosten für die Lkws

(4) Verbrauchskosten für Gas, Wasser und Strom

(5) Grundgebühren für Gas, Wasser und Strom

Aufgabe 334

Die folgende Abbildung zeigt die grafischen Elemente A, B und C zur Erläuterung der Break-Even-Analyse.

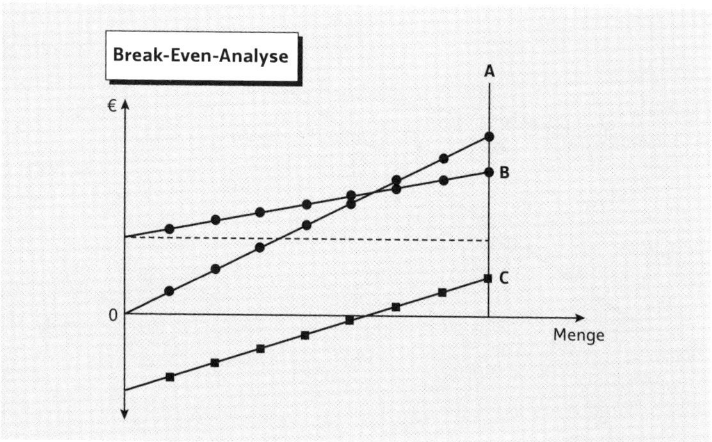

Ordnen Sie zu, indem Sie die Kennziffern von 3 der insgesamt 6 grafischen Elemente in die Kästchen neben den Buchstaben eintragen.

Grafische Elemente		Buchstaben	
(1)	Erlöskurve	A	
(2)	Gesamtkostenkurve	B	
(3)	fixe Kostenkurve	C	
(4)	Ergebniskurve		
(5)	Break-Even-Point		
(6)	Kapazitätsgrenze		

Aufgabe 335

Ihnen liegt die abgebildete Grafik vor. Ab welchem Punkt arbeitet die Spedition kostendeckend (Break-Even-Point)?

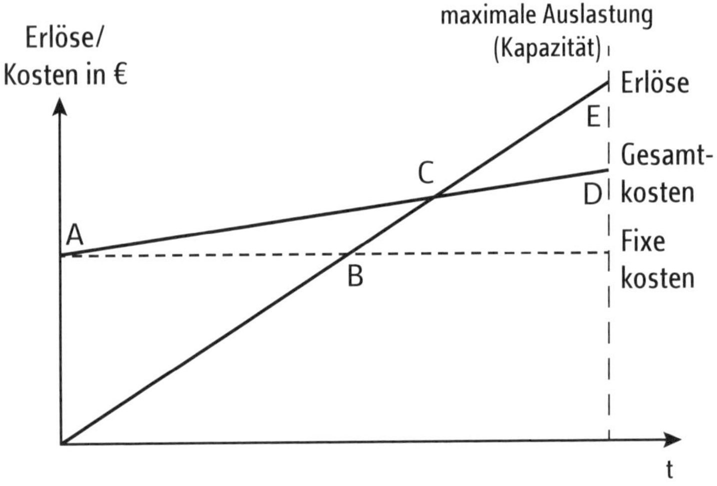

(1) ab Punkt A
(2) ab Punkt B
(3) ab Punkt C
(4) ab Punkt D
(5) ab Punkt E

Aufgabe 336

Welche der folgenden Kosten verändern sich in Abhängigkeit vom Beschäftigungsgrad?

(1) Garagenmiete

(2) Kfz-Steuer

(3) Treibstoffkosten

(4) Abschreibung auf Lagergebäude

(5) Gehalt für Werkstattmeister

Aufgabe 337

Im Rahmen der Break-Even-Analyse ermittelt die Controllingabteilung der Spedition DTMLog GmbH für das Umschlagslager den Break-Even-Point (Gewinnschwellenmenge) für das 1. Quartal 20(0).

Folgende Daten liegen für das 1. Quartal vor:

variable Kosten pro Tonne	110,00 €
fixe Kosten	104 500,00 €
Umschlag	700 t
Umschlagskapazität	800 t
Nettospeditionserlös pro Tonne	300,00 €

		Hier Lösung eintragen
a)	Berechnen Sie den Break-Even-Point (Gewinnschwellenmenge) in t.	t
b)	Wie hoch ist der Beschäftigungsgrad am Break-Even-Point in Prozent?	%

Aufgabe 338

Das Profitcenter Fernverkehr der Spedition DTMLog GmbH erwirtschaftete im Monat Mai 20(0) folgende Deckungsbeiträge:

6. Woche	43 950,00 €
7. Woche	41 100,00 €
8. Woche	42 450,00 €

Die Controllingabteilung der Spedition DTMLog GmbH ermittelte für das Profitcenter Fernverkehr Vorgabekosten (fixe Kosten) für den Monat Mai in Höhe von 163050,00 €.

a) Bestimmen Sie den Break-Even-Point des Profitcenters Fernverkehr im Monat Mai.
b) Berechnen Sie den Umsatz, der noch bis zum Monatsende Mai erzielt werden muss, um den Break-Even-Point zu erreichen.
c) Klären Sie, ob der Break-Even-Point erreicht wird, wenn von einem Auftragseingang von 67 Aufträgen und einem Durchschnittswert von 780,00 € pro Auftrag ausgegangen wird.
d) Berechnen Sie den Gewinn bzw. Verlust des Profitcenters Fernverkehr im Monat Mai. Tragen Sie vor dem Betrag ein G für einen Gewinn bzw. V für einen Verlust ein.

Aufgabe 339

Die Spedition DTMLog GmbH wickelte im Monat Juni 120 Aufträge im Güterfernverkehr ab. Der durchschnittliche Nettoverkaufserlös betrug 300,00 € je Auftrag. Die kilometerabhängigen Kosten lagen bei durchschnittlich 80,00 € je Auftrag. Die im Abrechnungszeitraum angefallenen Fixkosten beliefen sich auf insgesamt 22 000,00 €.

Ermitteln Sie:

a) den Deckungsbeitrag in Euro bei 120 Aufträgen
b) die Anzahl der Aufträge, bei der der Break-Even-Point erreicht wird
c) den Verlust je Auftrag in Euro, wenn zukünftig ein Rückgang auf 80 Aufträge zu befürchten ist

Aufgabe 340

Die Spedition DTMLog GmbH ermittelt folgende Durchschnittswerte für den nationalen Güterkraftverkehr im Monat November:

- → Anzahl der Aufträge: 300
- → Nettopreis je Auftrag: 1 800,00 €
- → variable Kosten je Auftrag: 600,00 €
- → fixe Kosten der Abteilung: 198 000,00 €

Ermitteln Sie:

a) das Abteilungsergebnis für den Monat November
b) die maximal mögliche Preisreduzierung je Auftrag, wenn die Selbstkosten als Preisuntergrenze gewahrt werden sollen
   b1) in Euro
   b2) in Prozent (auf eine Stelle nach dem Komma runden)

Aufgabe 341

Die Spedition DTMLog GmbH hat in ihren Leistungsbereichen Nah/Fern/International nachstehende Durchschnittswerte für den Monat Januar erhoben:

Leistungsbereiche:	**Nah**	**Fern**	**International**
Nettoverkaufserlös je Auftrag (€)	44,50	712,00	1 022,00
variable Kosten je Auftrag (€)	49,50	364,00	524,00
Anzahl der monatlichen Aufträge (Januar)	1 184	404	308
Die fixen Kosten der Spedition betrugen im Januar 330 000,00 €.			

a) Ermitteln Sie den Deckungsbeitrag der gesamten Leistungsbereichen im Januar.
b) Ermitteln Sie den Deckungsbeitrag der einzelnen Bereiche für den Monat Januar.
c) Ermitteln Sie das Ergebnis (Periodengewinn/Periodenverlust) für den Monat Januar.
d) Die Geschäftsleitung möchte von Ihnen wissen, wie sich bei Schließung eines Geschäftsbereichs des Nahbereichs das Monatsergebnis verändert.

Die Fixkosten würden durch die Schließung des Nahbereichs um 11 000,00 € sinken.

Aufgabe 342

Die Spedition DTMLog GmbH ermittelt in der Kosten- und Leistungsrechnung nachstehende Beträge:

	(1)	(2)	(3)	
	Sammelgut in €	Fernverkehr in €	Seefracht in €	Gesamt in €
Umsatzerlöse (netto)	1 886 491,00	1 705 895,00	484 588,00	4 076 974,00
– Speditionskosten	1 328 708,00	1 123 434,00	302 310,00	2 754 452,00
= Rohergebnis (DB1)	557 783,00	582 461,00	182 278,00	1 322 522,00
– variable Gemeinkosten	107 274,00	126 210,00	43 232,00	276 716,00
= Deckungsbeitrag (DB2)	450 509,00	456 251,00	139 046,00	1 045 806,00

Die Kapazitätsgrenze der DTMLog ist noch nicht erreicht, sodass in allen Speditonsbereichen weitere Aufträge durchgeführt werden könnten. Ermitteln Sie, welche Speditionsbereiche besonders gefördert werden sollten.

Legen Sie dazu eine Rangfolge fest.

(1) Ziffernfolge absolut: ☐ ☐ ☐

(2) Ziffernfolge relativ: ☐ ☐ ☐

D

LÖSUNGEN

Teil A Speditionelle und logistische Geschäftsprozesse – LÖSUNGEN

1 Speditionsrecht und Spediteursammelgut

Aufg. 1

Mit der Übernahmequittung bestätigt der Spediteur im Zweifel nur die Anzahl und Art der Packstücke, nicht jedoch deren Inhalt, Wert, Gewicht oder anders angegebene Menge (ADSp 2017 Zf. 8.1).

Aufg. 2

- Verkehrsvertrag: Speditionsgeschäft
- Versender kein Verbraucher
- Hinweispflicht wegen Haftungsbeschränkung erfüllt
- Ausnahmeregelungen liegen nicht vor.

Die Voraussetzungen für die ADSp-Geltung sind erfüllt.

Aufg. 3

Abrechnung

SENDUNG	1
ANZ	2
FPAL 400	2
FPAL 200	
GIBO	
MASSE	
VOLUMEN (m³)	0,000
PALMINDESTGEW	800
VOLUMENGEW	0,0
WIRKLGEW	624,0
FRACHTPFLGEW	800,0
MAL MESSEND	
SPERRIG	JA
ENTF	647

NN	6.300,00
AVIS	1
FIX	
AUFMESSEN	
LAGER	
RECHNUNG	
VERFÜG	
ABLNW	1
FLACH	2
GIBO	0
GEFAHRGUT	
MARGE	

HHE	364,80
PAL	5,20
NN	126,00
AVIS	5,10
FIX	0,00
AUFMESSEN	0,00
LAGER	0,00
RECHNUNG	0,00
VERFÜG	0,00
ABLNW	6,10
GEFAHR	0,00
SUMME	507,20
UST	96,37
BRUTTO	603,57

Aufg. 4

Garantieverkehr: Haftungsbeschränkung HGB/ADSp entfällt, Haftung nach BGB (Schuld des Spediteurs, Höhe unbegrenzt)

Aufg. 5

Nachnahme: Ablieferung nur Zug-um-Zug. Der Empfänger muss den Nachnahmebetrag entrichten, bevor er die Sendung ausgeliefert bekommt. Die Nachnahme ist in bar oder per electronic cash zu zahlen. Eine Zahlung per Scheck ist nicht zulässig.

Aufg. 6

a) Versichert wird gegen Gefahren des Transports und der Zwischenlagerung weltweit von Haus zu Haus.
Versicherungsnehmer = Spediteur
Versicherer = Versicherungsgesellschaft
Versender = Versicherter, Begünstigter, Prämienzahler

b) Warengruppe B
Deutschland: 1,85 Promille, 18 900,00 €,
Versicherungssteuer 19 %
34,97 € + 6,64 € Versicherungssteuer = 41,61 €

Aufg. 7

a) Die Versicherung ersetzt den Wert (18 900,00 €/ 12) = 1 575,00 €.

b) Regress

2 EFP	je 6 Stück	12 Geräte	je 52 kg	
WERT				1 575,00 €
Höchstgrenze	52 kg	8,33	1,1337	491,07 €

Aufg. 8

a) A45, A3 und A7 (kürzeste Strecke)

b) A45: Siegen, Gießen, Frankfurt, A3: Aschaffenburg, Würzburg, A7: Ulm, Memmingen

c) Begegnungsverkehr: Der Hauptlauf-Lkw fährt die halbe Strecke und wechselt dann die Wechselbrücken mit dem Hauptlauf-Lkw des Empfangsspediteurs und fährt wieder zurück zum Versandspediteur.
Der Fahrer oder die Fahrerin ist am Ende der Tour wieder im Heimatort, das Fahrzeug kann am nächsten Tag verwendet werden.

Aufg. 9

Pos.	Anz.	Art	Inhalt	Gewicht	Versender	Empfänger	SF	Frankatur
8	4	EFP	Ersatzteile	390	Karmann Elektro Hochstraße 12 45661 Recklinghausen	Siebert KFZ Schanzenstr. 67 25746 Heide	1	Frei Haus

Aufg. 10

10 EFP	SF 1	2,00	
08 EFP	SF 0	3,20	
02 EWP (60 × 106 × 100 cm)	SF 0	0,60	
08 EWP (45 × 60 × 80 cm)	SF 1	0,45	
02 INP (100 × 120 × 100 cm)	SF 0	1,00	7,25

Aufg. 11

Bei der Position 2 handelt es sich um Gefahrgut (Natrium-hypochlorit – UN 1791). Nach Ziff. 3.2 ADSp ist schriftlich darauf hinzuweisen und alle erforderlichen Angaben mitzuteilen.

Aufg. 12

a) Lenkzeit: 442 km/68 km/h = 6:30 h

22:30 h + 06:30 Std. (LZ) + 00:45 Std. (LZU) = 05:45 h

b) Autobahnen A1 und A7; Münster, Osnabrück, Bremen, Hamburg

Aufg. 13

a) Die Erlaubnis gilt für zehn Jahre. Nach Ablauf dieser Frist wird sie wieder für 10 Jahre erteilt.

b) Das Unternehmen muss

- eine tatsächliche und dauerhafte Niederlassung in der EU haben,
- zuverlässig sein,
- finanzielle Leistungsfähigkeit und
- die fachliche Eignung besitzen sowie
- einen Verkehrsleiter benennen.

Aufg. 14

Schnittstelle: Nach Übernahme und vor Ablieferung des Gutes durch den Spediteur jede Übergabe des Gutes von einer Rechtsperson auf eine andere, jede Umladung von einem Fahrzeug auf ein anderes, jede (Zwischen-) Lagerung. Hier findet ein Rechtspersonenwechsel statt.

Der Spediteur muss die Packstücke auf

- Vollzähligkeit,
- Identität,
- äußerlich erkennbare Schäden und
- Unversehrtheit von Labeln, Plomben und Verschlüsse prüfen sowie Unregelmäßigkeiten dokumentieren.

Aufg. 15

a) Höchstgrenzen: Wert/Güterschaden (4 910,00 €), 8,33 SZR je kg brutto (5 666,23 €), 1,25 Mio. € je Schadenfall, 2,5 Mio. € je Schadenereignis). Minimum: 4 910,00 € ist der Schadenersatz. Der Produktionsausfall ist ein Güterfolgeschaden und wird nicht ersetzt.

b) Die Sendung geht „frei Haus". Der Auftraggeber ist der Schadenersatzberechtigte.

c) Die Haftungsversicherung ersetzt DTMLog den Schaden von 5 666,23 € abzüglich der Selbstbeteiligung und geht beim Empfangsspediteur in Regress. DTMLog geht mit der Selbstbeteiligung beim Empfangsspediteur in Regress, der ebenfalls eine Haftungsversicherung abgeschlossen hat. Die Selbstbeteiligung muss der Empfangsspediteur tragen.

Aufg. 16

aa) Innenverpackung max. 1 l (hier: 10 l), Außenverpackung 30 l (hier 210 l). Keine begrenzte Menge je Packstück

ab) Freigestellte Menge je Packstück (E2 = 30 g/500 g) ist überschritten.

ac) Beförderungskategorie 2, maximale Menge 333 kg je Fahrzeug. Es liegt keine geringe Menge je Fahrzeug vor.

b) Die Packstücke mit dem Gefahrgut werden mit dem Gefahrzettel 8 (ätzende Stoffe) und der UN-Nummer versehen. Das Fahrzeug wird (hinten und vorne) mit einer neutralen orangen Warntafel gekennzeichnet.

Aufg. 17

ANZ	ART	SF	INHALT	L	B	H	LM	GEWICHT
10	EFP	SF1	Maschinenteile				2,00	2.800,00
4	IP	SF1	Druckmaschinen	100	120	80	2,00	1.800,00
12	EFP	SF1	Stahlteile				2,40	2.600,00
2	Kisten	SF0	Instrumente	180	120	110	1,80	1.400,00
6	KRT	SF0	Schaltschränke	115	70	200	2,10	2.200,00
4	EFP	SF0	Farben (UN 1263)				1,60	1.320,00
							11,90	12.120,00

Die Sendungen können auf einen Sattelzug geladen werden.

Aufg. 18

Offenburg, Karlsruhe, Mannheim, Frankfurt, Eisenach, Erfurt, Jena, Chemnitz

Aufg. 19

a) bis d)

DTMLog GmbH logistics international				Versandspediteur DTMLog Bertoldstraße 44 79111 Freiburg	Empfangsspediteur Biehler Spedition GmbH Nickerner Weg 8 01257 Dresden		Frachtführer Seegmüller GmbH, Belchenstraße 45, 70114 Freiburg		
	Empfänger	Haus-Haus-km	Nach-lauf-km	Ge-wicht	Frankatur	Steuer-pflichtig In €	Nicht steuer-pflichtig in €	Ver-teil-kosten In €	Sons-tiges In €
1	MSD Altkaditz 7 01139 Dresden	675	27	2.800	frei Haus ABLN, AVIS			15,90	11,20
2	Krause Büro Schachtweg 37 01705 Freital	664	14	1.800	unfrei ABLN, AVIS MARGE −14 %	491,85		15,60	11,20
3	Schmidt Stahlhandel Paracelsusstraße 10 09114 Chemnitz	581	82	2.600	frei Haus AVIS			17,70	5,10
4	Musik-Zielau Wallstraße 5 01067 Dresden	616	9	1.400	frei Haus ABLN, AVIS		2000,00	15,30	51,20
5	Nora Anlagentechnik Königstraße 5 01796 Pirna	644	11	2.200	frei Haus			15,60	
6	Liskau Baumarkt Wilhelmschacht 34 04552 Borna	716	139	1.320	unfrei ABLN, AVIS GG	618,30		19,20	11,20
	SUMME				SUM	1110,15	2000,00	99,30	89,90
					UST	210,93		89,90	↵
					SUM	1321,08		469,70	EuV
						2.000,00	↵	658,90	SUM
					GES	3321,08		125,19	UST
								784,09	GES

Aufg. 20

a) Lagereingang Versandspediteur: Zwischenlagerung
Lagerausgang Versandspediteur: Rechtspersonenwechsel
Lagereingang Empfangsspediteur: Rechtspersonenwechsel, Zwischenlagerung
Lagerausgang Versandspediteur: Rechtspersonenwechsel

b) Der Spediteur hat das Gut an Schnittstellen auf Vollzähligkeit und Identität sowie äußerlich erkennbare Schäden und Unversehrtheit von Label, Plomben und Verschlüssen zu überprüfen und Unregelmäßigkeiten zu dokumentieren.

2 Güterkraftverkehr

Aufg. 21

- → Vertragsart: Frachtvertrag
- → Beteiligte: DTMLog = Absender
  Charles Bernard = Frachtführer
- → Rechtsgrundlage: HGB-Frachtrecht

Aufg. 22	→ Unter Kabotageverkehr in der EU versteht man einen Binnenverkehr, der von einem im EU-Ausland ansässigen Frachtführer in einem anderen EU-Staat durchgeführt wird. Der Frachtführer ist in Belgien ansässig, der Transport findet in Deutschland statt. → Der Frachtführer benötigt für diesen Transport eine EU-Lizenz.
Aufg. 23	(siehe Tabelle unten) Die Sendungen können auf einen Sattelzug verladen werden.
Aufg. 24	Beladung: Absender (DTMLog: Übertragung der Pflicht auf ELGE und Rheinchemie) Entladung: Verantwortlich Absender (DTMLog, Übertragung auf Empfänger) Beförderungssichere Beladung: Absender. So verladen, dass das Gut durch übliche Transportgefahren nicht beschädigt werden kann (Stauen und Ladungssicherung). Betriebssichere Verladung: Frachtführer; Fahrzeug muss nach der Beladung verkehrssicher bleiben (Gewicht, Achsgewichte, nicht einseitig beladen)
Aufg. 25	Üblich: Frachtbrief, aber kein Frachtbriefzwang. Ein einfaches Beförderungspapier nach GüKG (mit Angaben zum Gut, Be- und Entladeort und Auftraggeber) ist auch zulässig. Ausstellung des HGB-Frachtbriefes auf Wunsch des Frachtführers. Form: 3 Originale, vom Absender zu unterschreiben Quittung des Fahrers: Bestätigt, dass Anzahl, Zeichen und Nummern und äußere Beschaffenheit des Gutes mit den Frachtbriefangaben übereinstimmen. Bei Abweichungen ist ein Vorbehalt einzutragen.
Aufg. 26	585 km: 65 km/h = 9 Stunden Lenkzeit; plus 45 Minuten Lenkzeitunterbrechung = 9 Stunden 45 Minuten Fahrzeit. Spätester Liefertermin 17:00 Uhr; 17:00 Uhr – 9:45 Stunden = 7:15 Uhr späteste Abfahrt
Aufg. 27	a) A3, A9 b) A3, A5, A8 c) A3, A7, A8

Tabelle zu Aufg. 23:

01	30 EWP : 2 = 15 Stellplätze; (3 EWP nebeneinander)	0,7 LM × 5	3,50	3,580 t
02	24 EWP = 24 Stellplätze (4 EWP nebeneinander)	0,7 LM × 6	4,20	4,335 t
03	14 EFP = 14 Stellplätze	0,4 LM × 14	5,60	6,720 t
			13,30	14,635 t

Aufg. 28

1. Erlöse

30 EWP Waschmaschinen	je 119 kg	je 24,00 €	720,00 €
24 EWP Gefrierschränke	je 180 kg	je 28,00 €	672,00 €
14 EFP Reiniger	5,6/6 LM	je 45,00 €	270,00 €
			1 662,00 €

2. Kosten

Grundfracht	810,00 €
Zuschlag für 3 zusätzliche Be- und Entladestellen	270,00 €
Zuschlag Gefahrgut	60,00 €
Maut (18,7 Ct./km, 554 km)	103,60 €
	1 243,60 €
Rohgewinn	418,40 €

Aufg. 29

Die CMR gilt. Es ist ein grenzüberschreitender gewerblicher Straßengütertransport, Deutschland und die Schweiz sind Vertragsstaaten der CMR. Es ist kein Post-, Leichen- oder Umzugstransport.

Aufg. 30

12	EFP	0,4	4,8 LM
6	KRT	3 × 2,1	6,3 LM
48	KRT	8 × 0,3	2,4 LM
			13,5 LM

Aufg. 31

FRACHT	160,00 €/LM	13,5 LM	2 160,00 €
Maut	19,8 Ct.	475 km	94,05 €
LSVA	3,1 Rp	40 t × 237 km Kurs: 1,0341	284,19 €
			2 538,24 €

Aufg. 32

Lenkzeit	723 km	60 km/h	12,05 h	
LZU 45 Min			0,75 h	
TRZ			11,00 h	
Grenze			1,00 h	
Zeit gesamt			24,80 h	24:48:00 h
Abfahrt				20.12.. 08:00
Ankunft				21.12.. 08:48

Aufg. 33

Wert				6 400,00 €
kg-Grenze	8,33	540 kg	1,1337	5 099,61 €
Deckungslücke				1 300,39 €

Aufg. 34

Lieferwerteintragung: Schadenersatz für Güterschäden bis zum eingetragenen Lieferwert über die 8,33 SZR/kg hinaus

Eintragung eines Lieferinteresses: Haftung für Güterschäden, Güterfolgeschäden und reine Vermögensschäden über die CMR-Höchstgrenzen hinaus bis zum eingetragenen Lieferinteresse

Aufg. 35

a) Kennzeichnung: UN-Nummer (UN 1306)
Bezettelung: Gefahrzettel 8 (ätzende Stoffe)

b) Innenverpackung max. 5 l (hier 25 kg/4 = 6,25 kg = 5,625 l)
Außenverpackung Karton max. 30 kg (hier 25 kg)
keine begrenzte Menge je Packstück
sonst: LQ-Label, keine Fahrzeugkennzeichnung

c) Beförderungskategorie 3,
höchstzulässige Menge 1.000 l
Menge 48 × 4 × 5,625 l = 1.080 l, daher keine geringe Menge je Fahrzeug

d) Neutrale Warntafel hinten und vorne am Lkw

e) ADR-Schein

f)
- → UN-Nummer (Buchstaben „UN" vorangestellt): 1306
- → offizielle Benennung des Gutes (Stoffname) laut ADR: HOLZSCHUTZMITTEL, FLÜSSIG
- → Nummern der Gefahrzettelmuster oder Gefahrklasse: 8
- → Verpackungsgruppe: III
- → Anzahl und Beschreibung der Packstücke
- → Volumen, Brutto- oder Nettomasse: 1.152 kg
- → Name und Anschrift von Absender
- → Name und Anschrift von Empfänger
- → Tunnelbeschränkungscode: (D/E)

Aufg. 36

Vertrag	Beteiligte		Rechtsgrundlage
Speditions-vertrag	Versender FRACHEM	Spediteur DTMLog	HGB/ADSp
Speditions-vertrag	Versender Medgros	Spediteur DTMLog	HGB/ADSp
Frachtvertrag	Absender DTMLog	Frachtführer Roman-Trans	CMR

Aufg. 37

Sowohl der Transport nach Schweden als auch nach Norwegen können mit der EU-Lizenz durchgeführt werden, die für Transporte in EU- und EFTA-Staaten gültig ist.

Aufg. 38

Benötigte Lademeter:

10 IBC	je 120 cm × 100 cm:	10 × 0,5	5,00 LM
15 IBC	je 80 cm × 80 cm:	5 × 0,8	4,00 LM
11 EFP		11 × 0,4	4,40 LM
			13,40 LM

Ladelänge Sattelzug = 13,60 m > 13,40 Lademeter

Aufg. 39

UN-Nr.	Innen-verpackung	max. Innen-verpackung	Außen-verpackung	max. Außen-verpackung
UN 1950	100 ml	120 ml	25 kg	30 kg
UN 1219	15 ml	1 l	5,33 kg	30 kg

Das Gefahrgut kann als Limited Quantity befördert werden, da sowohl die Innen- als auch die Außenverpackung unter den Höchstgrenzen bleiben.

Aufg. 40

Dangerous goods have to be reported at least 24 hrs. before departure. → Gefährliche Güter müssen mindestens 24 Stunden vor der Abfahrt angemeldet werden.

Aufg. 41

A3, A7, A1

Aufg. 42

684 km : 72 km/h	=	9,5 Stunden	LZ
+ 2 x 45 Minuten	=	1,5 Stunden	LZU
Gesamtzeit		11,0 Stunden	
Abfahrt Fähre am Mittwoch:		22:00 Uhr	
Eintreffen Fährhafen (Gefahrgut):		20:00 Uhr	
Gesamtzeit		11,0 Stunden	
= späteste Abfahrtszeit in Nürnberg:		09:00 Uhr	

Aufg. 43

Ankunft der Fähre in Trelleborg: Donnerstag, 07:30 Uhr
Weiterfahrt ab Trelleborg: Donnerstag, 08:00 Uhr
Fahrzeit Trelleborg-Göteborg:
315 km : 70 km/h = 4,5 Stunden
Ankunft in Göteborg: Donnerstag, 12:30 Uhr
Weiterfahrt ab Göteborg: Donnerstag, 13:30 Uhr
Fahrzeit Göteborg–Oslo:
270 km : 60 km/h = 4,5 Stunden;
Ankunft in Oslo: Donnerstag, 18:00 Uhr

Der Fixtermin am Freitag in Oslo kann eingehalten werden.

Aufg. 44

Frachtkosten			1 185,00 €
Fährkosten		6 443,00 SEK	610,13 €
Zuschlag Gefahrgut (2 x)	275,00 SEK	550,00 SEK	52,08 €
Maut	19,80 Ct	662 km	131,08 €
Gesamt			1 978,29 €

Aufg. 45

Deutschland, Tschechien, Österreich, Ungarn, Serbien, Bulgarien, Türkei

Aufg. 46

Deutschland, Tschechien, Österreich, Bulgarien = EU-Lizenz
Serbien, Türkei = bilaterale Genehmigung
Alternativ: CEMT-Genehmigung für alle Staaten

EU-Lizenz	Ausstellung	untere Verkehrsbehörde am Geschäftssitz des Lkw-Unternehmers
	Voraussetzungen	Der Unternehmer muss a) eine tatsächliche und dauerhafte Niederlassung in der EU haben, b) zuverlässig sein, c) eine angemessene finanzielle Leistungsfähigkeit besitzen, d) die geforderte fachliche Eignung besitzen, e) einen Verkehrsleiter benennen.
bilaterale Genehmigung	Ausstellung	Regierung der Oberpfalz in Regensburg (Balkanstaaten und Türkei)
	Voraussetzungen	EU-Lizenz
CEMT-Genehmigung	Ausstellung	BAG
	Voraussetzungen	EU-Lizenz

Aufg. 47

4 Verschläge	2,4 LDM
40 EFP	8,0 LDM (40/2×0,4)
Summe	10,4 LDM

Aufg. 48

2592 km	64 km/h	40:30 h	LZ
4	00:45	03:00 h	LZU
4	11:00	44:00 h	TRZ
		87:30 h	

18.08.20 18:00 + 87:30 h = 22.08.20 09:30

Aufg. 49

CMR-Frachtbrief

a) ⇢ Beweis des Frachtvertragsabschlusses
⇢ Übernahmequittung
⇢ Begleitdokument
⇢ Verfügungspapier
⇢ Ablieferungsnachweis

b)

1 Absender (Name, Anschrift, Land)	INTERNATIONALER FRACHTBRIEF
DTMLog GmbH Magazinstraße 22 01099 Dresden	1a Diese Beförderung unterliegt trotz einer gegenteiligen Abmachung den Bestimmungen des Übereinkommens über den Beförderungsvertrag im internationalen Straßengüterverkehr (CMR).
2 Empfänger (Name, Anschrift, Land) TCS Makina Ltd. Otakonak OSB Mah. 500 Sk No:17 42050 Konya, Türkei	16 Frachtführer (Name, Anschrift, Land) SachsenTrans GmbH Seilerweg 5 04158 Leipzig
3 Auslieferungsort des Gutes Ort: Ortakonak OSB Mah. 500 Sk No:17 42050 Konya Land: Türkei	17 Nachfolgende Frachtführer (Name, Anschrift, Land)
4 Ort und Tag der Übernahme des Gutes Ort: Annaberger Str. 206, 09125 Chemnitz Land: Deutschland Datum: 18.08.20(0), 18:00 h	18 Vorbehalte und Bemerkungen des Frachtführers
5 Beigefügte Dokumente	

6 Zeichen und Nummern	7 Anzahl	8 Art der Verpackung	9 Bezeichnung des Gutes	11 Bruttogewicht in kg
9150/1-4	4	Verschlag	Elektroschränke 120 × 120 × 210	2.720,0
9151/1-40	40	EFP	Maschinenteile	9.600,0
				12.320,0

13 Weisungen des Absenders (Zoll- und sonstige amtliche Behandlung des Gutes)

15 Frachtzahlungsanweisungen	19 Besondere Vereinbarungen
Frei Konya (CIP Konya)	

21 Ausgefertigt in Dresden	am 18.8.20(0)	22 Gut empfangen am
22 Unterschrift und Stempel des Absenders	23 Unterschrift und Stempel des Frachtführers	24 Unterschrift und Stempel des Empfängers

Aufg. 50

a) Türkei: ATR. Der Präferenznachweis ermöglicht Zollfreiheit bzw. -minderung bei der Einfuhr in die Türkei

b) Zweistufiges Ausfuhrverfahren, da der Warenwert über 3000,00 € liegt

c) Zweistufiges Ausfuhrverfahren:

1. Stufe: Eröffnung des Ausfuhrverfahrens bei der Ausfuhrzollstelle
2. Stufe: Fortsetzung des Ausfuhrverfahrens bei der Ausgangszollstelle
   Ausgangsvermerk:
   - → Der Ausgangsvermerk beendet das Ausfuhrverfahren.
   - → Der Ausgangsvermerk dient als Nachweis für die Umsatzsteuerbefreiung für Exportgüter.

Aufg. 51

		USD: 1,1550	SZR: 1,1337	
Wert	150640,00 USD	30128,00 USD		26.084,85 €
Maximal	9600	1920	8,33	18.131,94 €

3 Luftfracht (mit Incoterms und Zoll)

Aufg. 52

Der Frachtvertrag wird zwischen der WEMA AG in Bochum (Shipper) und der FlyCargo AG (Carrier) abgeschlossen. Die Spedition AirTrans ist IATA-Agent und schließt den Frachtvertrag als Beauftragter der Fluggesellschaft ab.

Aufg. 53

ANZ	GEW	L	B	H	VOL	VOLG
1	74,5	64	96	100	614.400	
3	75,0	40	55	60	396.000	
4	149,5				1.010.400	168,400
Frachtpflichtiges Gewicht					168,5	
Q	100	2,30			387,55 €	
Q	200	2,07			414,00 €	
					387,55 €	Fracht
Deklaration	Wert	9.800,00 €			10,00 €	AWA
	Haftung	3.728,74 €			11,96 €	CHA
	Deckungslücke	6.071,26 €			119,60 €	MYC
1,1337	Valuation Charge	45,53 €			37,38 €	SCC
					44,10 €	Insurance
Versicherung	Wert	9.800,00 €			610,59 €	Total
	Prämiensatz	4,50				
	Insurance Premium	44,10 €				

Aufg. 54

(1) WEMA AG Maschinenfabrik, Scharnhorststraße 71, 44787 Bochum

(2) Bhilosa Industries, 75, Free Press Bldg. Nariman Point, Mumbai – 400 021 INDIA

(3) AirTrans Speditions GmbH, Krahnenburgstraße 71, 40472 Düsseldorf

(4) NVD (Wertdeklaration ist teurer (45,53 €) als die Luftfrachtversicherung

(5) 9.800,00 €

(6) SPX/KC, AirTrans, LBA-Registration No. DE.RAC.0210

(7) 149,5

	(8) 168,5 (9) 2,56 (hier IATA-TACT, nicht Haustarif (10) 431,36 (11) 431,36 DAP = Prepaid (12) leer (13) AWA 10,00 € CHA 11,96 € MYC 119,60 € SCC 37,38 € INC 44,10 €
Aufg. 55	a) Die Verpackungsvorschrift aus Punkt 2.1.1 der TACT-Rules (Holzverpackung) ist hier zutreffend. Der Exporteur sollte vorsichtshalber eine Erklärung, dass die Verpackung frei von Rinde, Schadorganismen oder Insekten ist, beifügen. b) Gefordert sind: → englische Sprache → Ort und Datum der Ausstellung → Absenderangaben → Angabe des Herkunftslandes → Packstückanzahl → Mengenangaben → Warenbeschreibung → Zeichen
Aufg. 56	a) Zweistufiges Ausfuhrverfahren, da Warenwert über 3000,00 € Ausfuhrzollstelle: am Geschäftssitz des Exporteurs Ausgangszollstelle: am Flughafen Frankfurt b) Kontrollnummer: MRN-Master Reference Number c) Kriegswaffen, Dual-use-Güter, nicht zugelassene Arzneimittel, exotische Tiere oder Erzeugnisse daraus, gefährliche Stoffe und Abfälle etc.
Aufg. 57	a) Der Verkauf der Sendung erfolgt nach dem Incoterm „DAP MUM Terminal 12-7“. Delivered at Place ... (named place of destination) Geliefert benannter Ort ... (benannter Bestimmungsort) b) Kosten- und Gefahrenübergang am benannten Bestimmungsort (Flughafen MUM Terminal 12-7).

Aufg. 58	Chennai (6), Neu-Delhi (4), Abu Dhabi (1), Hanoi (11) und Singapur (10)
Aufg. 59	a) Speditionsvertrag: Wahlmann (Versender/Auftraggeber) und AirTrans (Spediteur) b) Speditionsvertrag: AirTrans (Versender/Auftraggeber) und der AFQ Hong Kong (Spediteur) sowie c) Frachtvertrag: AFQ Hong Kong (Shipper) und FlyCargo (Carrier)
Aufg. 60	a) FCA: Free Carrier ... (named place), frei Frachtführer ... (benannter Ort) b) Kosten- und Gefahrenübergang ist bei Übergabe der Ware an den Frachtführer am benannten Ort. c) Kosten- und Gefahrenübergang befinden sich am gleichen Ort (an einem Punkt).

Aufg. 61

ANZ	GEW		L	B	H	VOL	VOLG	VOLGR
65	377,0		30	40	32	2.496.000	416,0	416,0
frachtpflichtiges Gewicht						416,0	sperrig	
Q	300	39,00 €				16.224,00 HKD		
Q	500	36,00 €				18.000,00 HKD		
						16.224,00 HKD	Fracht	
						2.657,89 HKD	MYC	7,05 HKD
						1.093,30 HKD	SCC	2,90 HKD
						19.975,15 HKD	Total	

Rechnung		
	HKD	EUR
Kurs	8,2906	
Speditionskosten Hong Kong	1.990,00	240,03
Luftfracht	19.975,15	2.409,37
Speditionskosten AirTrans		440,00
Nachlauf		310,00
Summe		3.399,40

Aufg. 62	Antidumpingzölle werden erhoben, wenn der Exportpreis niedriger ist als der vergleichbare inländische Preis im Herkunftsland. Antidumpingzölle dienen dem Schutz der Hersteller in der EU.

Aufg. 63

		USD	HKD	EUR
Kurs		1,055	8,2906	
Kaufpreis FCA		10.834,85		10270,00
Speditionskosten Hong Kong			1.990,00	240,03
Luftfracht			19.975.15	
	81,0 %		16.179,87	1951,59
ZOLLWERT				12461,62
Zoll	12,0 %			1495,39
Antidumpingzoll	18,3 %			2280.48
Luftfracht in der EU	19 %			457,78
EUSt.-Wert				16695,27
EUSt.	19,0 %			3172,10

Aufg. 64

Gewählt wird der Flug LH8459 am Dienstag, den 03.08.20(0). Die Zeitverschiebung beträgt HK UTC +8 nach FRA MESZ UTC +2 insgesamt 6 Stunden.

Abflug		03.08.20(0) 15:05
Flugzeit	14:20	
Zeitdifferenz	–06:00	03.08.20(0) 23:25

Aufg. 65

POS	ANZ	L	B	H	GEWICHT	VOL	VOLKG
1	3	45	45	55	120,0	334.125	
2	2	95	75	65	210,0	926.250	
3	4	48	64	48	60,0	589.824	
4	1	85	73	175	145,0	1.085.875	
					535,0	2.936.074	489,5

Volumengewicht		489,5	Kurs USD	1,155
Wirkliches Gewicht		535,0		
Frachtpflichtiges Gewicht		535,0		
Q	500	5,65 EUR		3022,75 EUR
Q	800	4,20 EUR		3360,00 EUR
				3022,75 EUR
	Rabatt	10 %	302,28 EUR	2720,47 EUR
		AWA		10,00 EUR
		CHA		30,00 EUR

		MYC		428,00 EUR
		SCC		133,75 EUR
	(37.900 × 110% × 3,8‰)	INC	158,42 USD	137,16 EUR
		Summe		3.459,38 EUR
	Vorlauf			185,00 EUR
	Nachlauf		210.00 USD	181.82 EUR
	Ausfuhr			72,00 EUR
				3.898,20 EUR

Aufg. 66

FLUG	TAGE	ABFLUG	DAUER	ZEITDIFF	ANKUNFT	
LA8085	12***6*	26.05.22 06:35	12:25	05:00	26.05.22 14:00	
BA316/LA4212	1234567	23.05.22 10:40	18:40	05:00	24.05.22 00:20	
LH8266	*23*5**	23.05.22 11:45	13:10	05:00	23.05.22 19:55	✓
QR4734/IB223	1***5**	25.05.22 14:20	19:10	05:00	26.05.22 04:30	
LH506	1*3*5**	23.05.22 21:55	11:50	05:00	24.05.22 04:45	

Aufg. 67

Die Verbindungen sind Flüge, bei denen das Gut in Lissabon und Madrid auf ein anderes Flugzeug umgeladen wird.

Aufg. 68

a) Information: Alle Packstücke sind mit der AWB-Nummer und dem Herkunftsland zu markieren.

b) 4 weitere Anforderungen, z. B.

- Die Warenbeschreibung auf dem AWB muss mit der Handelsrechnung übereinstimmen.
- Die Dokumente müssen in englischer oder portugiesischer Sprache ausgestellt sein.
- Es müssen vier Exemplare der Handelsrechnung vorliegen.
- Zwei Kopien der Handelsrechnung sind separat an den Empfänger zu schicken.

Aufg. 69

CIP Carriage and insurance paid to ... (named place of destination)

Frachtfrei versichert ... (benannter Bestimmungsort) Versicherung: volle Deckung (Klausel A, all risk). Die Versicherung muss den Kaufpreis zuzüglich 10 % (d. h. 110 %) decken.

Aufg. 70

Versandfertigmachung der Luftfrachtsendung („ready for carriage"):

- Begleitpapiere ausstellen (Luftfrachtbrief, Cargo Manifest)
- weitere Begleitpapiere (Ausfuhranmeldung, Ursprungszeugnis, Handelsrechnung) auf Vollständigkeit prüfen
- luftfrachtgerechte Verpackung, Maße und Gewicht prüfen

- Einhaltung der Gefahrgutvorschriften (DGR)
- Bekleben der Packstücke mit Etiketten des Carriers (belabeln), die Anzahl, Bestimmungsflughafen und Frachtbriefnummern enthalten
- auf Wunsch versichern

Aufg. 71

Notify bedeutet, dass eine natürliche oder juristische Person bei Ankunft der Ware im Bestimmungsland über diesen Sachverhalt benachrichtigt werden soll.

Aufg. 72

Der Hersteller ist nicht vom LBA registriert (unknown shipper = unbekannter Versender) und übergibt somit eine unsichere Luftfrachtsendung an einen Spediteur mit dem Status „Reglementierter Beauftragter". Der Spediteur hat die Sendung den vorgeschriebenen Sicherheitskontrollen zu unterziehen. Dadurch wird die Sendung zu einer „sicheren" Sendung. Der zusätzliche Aufwand erhöht allerdings den Zeitaufwand und führt zu zusätzlichen Kosten.

SPX, AirTrans, LBA-Registration No. DE.RAC.0210

Aufg. 73

a) Es muss ein zweistufiges Ausfuhrverfahren durchgeführt werden, da der Wert über 3000,00 € beträgt.

b) Anmeldung bei der Ausfuhrzollstelle am Geschäftssitz des Ausführers, Ausgangszollstelle am Flughafen Frankfurt

c)
- Anmeldung zur Ausfuhr bei der Ausfuhrzollstelle
- Prüfung auf Verbote und Beschränkungen
- Übermittlung und Ausdruck des Ausfuhrbegleitdokumentes
- Transport zur Ausgangszollstelle
- Gestellung und Prüfung bei der Ausgangszollstelle
- Übermittlung der Ausgangsbestätigung an das Ausgangszollamt und danach an den Ausführer
- Übertragung der Statistikdaten an das Statistische Bundesamt

Aufg. 74

Gewichtshaftung	210	22	1,1337	5237,69 €
Wert		17.100,00 USD	1,1550	14805,19 €
Schadenersatz				5237,69 €

Aufg. 75

Flughafen (Stadt)	Kennziffer
Maastricht	1
Prag	4
Zürich	3
Kopenhagen	6
Brüssel	9
Warschau	2

Aufg. 76

ANZ	GEW	GEWICHT	L	B	H	V cm³	VolKG	VolKG(RUND)
1	480,0		255	175	80	3.570.000	595,000	595,0
frachtpflichtiges Gewicht						595,0	sperrig	
Q	500	1,73				1 029,35 €	●	
Q	800	1,55				1 240,00 €		
					Fracht	1 029,35 €		
						10,00 €	AWA	
						30,00 €	CHA	
						384,00 €	MYC	
						120,00 €	SCC	
					Summe	1 573,35 €		

Aufg. 77

LD9	1377,5	/B	1220,0		1.840,00 €	1.104,00 €	60 %
		/C	157,5	2,14	337,05 €	202,23 €	
		MYK	1377,5	0,80		1 102,00 €	
		SCC	1377,5	0,25		344,38 €	
					Aufwand	2752,61 €	

Aufg. 78

Erträge				
POS	VOLUMEN (cm²)	LUFTFRACHT	NEBENGEBÜHREN	GESAMT
1	1.768.000	546,00	177,24 €	723,24 €
2	52.000	141,40	91,50 €	232,90 €
3	1.357.200	430,35	224,14 €	654,49 €
4	393.600	171,70	107,25 €	278,95 €
5	3.570.000	1 029,35	544,00 €	1 573,35 €
6	710.400	326,80	204,36 €	531,16 €
7	360.000	300,20	188,54 €	488,74 €
8	287.100	151,50	96,75 €	248,25 €
Summe	8.498.300			4.731,08 €

Aufwand	2752,61	
Erträge	4.731,08	
Rohgewinn	1.978,47	

Aufg. 79

Master-AWB

1 Shipper	AirTrans, Düsseldorf	10	157,5
2 Consignee	AIR CARGO GLOBAL Elizabeth, NJ 07201	11	2,14
3 Handling	Cargo-Manifest attached	12	337,05
4	1.377,5	13	215,0
5	U	14	X
6	1220,0	15	CONSOLIDATED CARGO AS PER ATTACHED MANIFEST
7	1.840,00	16	2.177,05
8	1.840,00	17	–
9	E	18	MYC 1 102,00 € SCC 344,38 €

Aufg. 80

House-AWB

Shipper	AgroTech, Solingen
Consignee	Myers & Son. Ltd., Irvington, NJ 07111
Carrier	AirTrans, Düsseldorf
Sendung	Gross-Weight 480,0, Chargeable Weight 595,0, Total as agreed
	gearbox parts, DIMS: 1/255x175x80 cm, 3,57 cbm
Total prepaid	As agreed

Aufg. 81

Cargo-Manifest: Die Ladeliste ist ein Anhang zum Master-AWB. Das Cargo-Manifest enthält eine Auflistung aller Sendungen mit folgenden Angaben:

- H-AWB-Nr.
- DEP
- DEST
- PCS
- WEIGHT (KG)
- NATURE OF GOODS
- SHIPPER
- CONSIGNEE
- FREIGHT (CC/PP)

	Im (Cargo-Manifest) wird ebenfalls festgehalten, wie die einzelnen Sendungen zu behandeln sind (Frankaturen, Benachrichtigungen usw.). Der Empfangsspediteur erhält – wie beim Bordero – zusätzlich eine Auflistung aller Einzelsendungen. Hier kann das Cargo-Manifest verwendet werden.
Aufg. 82	12:05 + 8:30 – 6:00 = 14:35 STD Scheduled Time of Departure = planmäßige Abflugzeit
Aufg. 83	a) Kontrolle auf Verbote und Beschränkungen, Erfassung durch das Statistische Bundesamt für die Ausfuhrstatistik, Nachweis der Ausfuhr für Umsatzsteuerzwecke b) Zweistufiges Ausfuhrverfahren, da der Warenwert über 3000,00 €, Ausfuhrzollamt in Solingen, Ausgangszollamt in Düsseldorf c) Ausfuhrbegleitdokument (ABD), Kontrollnummer ist die MRN (Master Refence Number).

4 Seefracht (mit Akkreditiven, Incoterms, Zoll)

Aufg. 84	a) SLAC: (Shipper's Load, Stow, Weight and Count = Laden, Stauen sowie Angaben zu Gewicht und Anzahl liegen in der Verantwortung des Befrachters.) b) FREIGHT PREPAID: Fracht vorausbezahlt (Incoterm CIF: Shipper bezahlt die Seefracht.) c) MOVEMENT FCL/FCL: (Full Container Load): Der Absender packt den Container und erst beim Empfänger wird er entladen (Entladen = Stripping). Es wird auch der Ausdruck CY/CY (CY = Container Yard, Container-Depot) verwendet. d) FOR DELIVERY OF GOODS APPLY TO: Für die Auslieferung wenden Sie sich bitte an; Angabe des ausliefernden Spediteurs.
Aufg. 85	• CIF = Cost, Insurance and Freight ... Named Port of Destination; Kosten, Versicherung, Fracht ... benannter Bestimmungshafen • Gefahrenübergang: Die Gefahr geht nach der Lieferung in das Schiff im Verschiffungshafen auf den Käufer über. • Kostenübergang: Der Käufer trägt die Kosten, die nach Ankunft des Schiffes im Bestimmungshafen entstehen.

Aufg. 86

a) Englische Versicherungsbedingungen (Institute Cargo Clauses)

b) Klausel C: Mindestdeckung, eingeschränkte Deckung bestimmter Gefahren einschließlich „imaginärer Gewinn" von 10 % des Kaufpreises Gefahrenliste der ICC nach Klausel C

1 Feuer und Explosion

2 Stranden, Aufgrundlaufen, Kentern

3 Überschlagen und Entgleisen von Landtransportmitteln

4 Kollision oder Berühren des Transportmittels mit anderen Gegenständen, ausgenommen Wasser

5 Entladen von Gütern in einem Nothafen

6 Aufopferung und Seewurf im Havarie-Grosse-Fall

7 Beiträge zur großen Haverei und Bergungskosten

c) 124 000,00 € + 12 400,00 € = 136 400,00 €

Aufg. 87

a) Zweistufiges Ausfuhrverfahren, da Warenwert über 3.000,00 €

b) Ausfuhrzollstelle: am Geschäftssitz des Exporteurs
Ausgangszollstelle: am Flughafen Frankfurt

c) Kriegswaffen, Dual-use-Güter, nicht zugelassene Arzneimittel, exotische Tiere oder Erzeugnisse daraus, gefährliche Stoffe und Abfälle etc.

Aufg. 88

		USD	€
Containerfracht		2.150,00	1.861,47
BAF		835,00	722,94
CAF	17,70 %	380,55	329,48
THC Hamburg			124,00
ISPS Hamburg			15,00
Ausfuhrabfertigung			56,00
B/L-Gebühr			18,75
Summe			3.127,64

Aufg. 89

Heimann (Spediteur) – Texman (Versender) – Speditionsvertrag

Texman (Shipper) – Ocean Cargo (Carrier) – Seefrachtvertrag

DTMLog (Spediteur) – Jacobi (Auftraggeber) – Speditionsvertrag (Importabfertigung)

Heimann (Auftraggeber) – DTMLog (Spediteur) (Organisation Nachlauf)

Nahverkehrsunternehmer (Frachtführer) – DTMLog (Absender) – Frachtvertrag

Aufg. 90

a) An-Bord-Konnossement

b) Namenskonnossement

c) reines Konnossement (Clean-B/L)

Aufg. 91

Wird der Reederei eines der ausgestellten Original-Bills of Lading im Bestimmungshafen vorgelegt und die Ware ausgehändigt, so verlieren die übrigen Originale den Auslieferungsanspruch gegenüber der Reederei (sogenannte kassatorische Klausel).

Aufg. 92

FCL = full container load

Erklärung: Ein Container wird im Haus-Haus-Verkehr abgewickelt, das heißt, er wird von einem Absender zu einem Empfänger befördert. Der Vor- und Nachlauf und der Seetransport finden containerisiert statt.

Aufg. 93

a) DAP Delivered at Place ... (named place of destination) Geliefert am Ort ... (benannter Bestimmungsort)

b) Kosten- und Gefahrenübergang ist auf dem ankommenden Beförderungsmittel unentladen am benannten Bestimmungsort (unverzollt).

Aufg. 94

a), b), c)

KURS	1,155		
Rechnungspreis	82 720,00 USD	71 61905 EUR	
THC Hamburg		-175,00 EUR	
Speditionskosten (Abfertiqung) Hamburg		-125,00 EUR	
Nachlauf Hamburg-Elmshorn		-240,00 EUR	
CIF Hamburg/Zollwert		71 07905 EUR	
Zoll		6 823,59 EUR	9,60 %
EUSt-Wert		77 902,64 EUR	
EUSt		14 801,50 EUR	19,00 %
Gesamtpreis incl. Abgaben		92 704,14 EUR	
Speditionskosten (Verzollung) Hamburg		185,00 EUR	
Bezugskosten		92 889,14 EUR	

Aufg. 95

Bezugskosten FOB

KURS	1,155		
Seefracht (Grundfracht)	1 360,00 USD		
BAF	643,00 USD		
CAF	116,96 USD		8.60%
Seefracht (Summe)	2 119,96 USD	1 835,46 EUR	
Rechnungspreis	78 500,00 USD	67 965,37 EUR	
Seefracht		1 835,46 EUR	
CFR-Wert		69 800,83 EUR	
Seeversicherung		195 44 EUR	2.80 ‰
CIF Hamburg / Zollwert		69 996,27 EUR	
Zoll		6 719,64 EUR	9.60%
EUSt-Wert		76 715,92 EUR	
EUSt		14 576,02 EUR	19.00%
Gesamtpreis incl. Abgaben		91 291,94 EUR	
THC Hamburg		175,00 EUR	
Speditionskosten (Abfertigung) Hamburg		125,00 EUR	
Nachlauf Hamburg-Elmshorn		240,00 EUR	
Speditionskosten (Verzollung) Hamburg		185,00 EUR	
Bezugskosten		92 016,94 EUR	

Aufg. 96

a) Südchinesisches Meer, Golf von Thailand, Malakka-Straße, Golf von Bengalen, Arabische See, Bab el Mandeb, Rotes Meer, Suez-Kanal, Mittelmeer, Straße von Gibraltar, Atlantik, Ärmelkanal, Nordsee

b) Hong Kong (China), Vung Tau (Vietnam), Laem Chabang (Thailand), Singapur (Singapur), Colombo (Sri Lanka), Jeddah (Saudi-Arabien), Rotterdam (Niederlande), Hamburg (Deutschland)

Aufg. 97

a)

FULL SET	Number of Original Bills of Lading: 3/THREE
CLEAN	keine Vorbehalte bezüglich Menge oder äußere Beschaffenheit des Gutes
SHIPPED ON BOARD	SHIPPED ON BOARD DATE SEP/18/20(0)
MARINE BILLS OF LADING	B/L ausgestellt von der Reederei TRANSWORLD
TO ORDER OF THE APPLICANT	Consignee. ADITEK DESIGN & PRINTING or to his order

MARKED FREIGHT PREPAID	13: FREIGHT PREPAID
NOTIFY	DELTA CUSTOMS BROKERS, Montréal

Die Bedingungen sind erfüllt.

b) 44E GERMAN/DUTCH/BELGIAN SEAPORT
Port of Loading: BREMERHAVEN
Deutschland: Hamburg
Niederlande: Rotterdam
Belgien: Antwerpen

Aufg. 98

a) Es wird eine Versicherung nach den Versicherungsbedingungen DTV GUETER 2000/2011 ALL RISK unter Einschluss der Streik- und Kriegsklausel verlangt. Der Deckungsumfang ist „Volle Deckung". Es werden 110 % des CIF-Wertes versichert.

b) Im Incoterm CIF wird die Versicherung nach den Klauseln C der Institute Cargo Clauses (LMA/IUA) verlangt. Diese sehen nur einen eingeschränkten Deckungsumfang auf die ausdrücklich genannten Schadensereignisse, wie z. B. Große Haverei, Feuer, Strandung, Transportmittelunfall, Seebeben usw., vor. Streik- und Kriegsklauseln werden nicht verlangt, die Versicherungssumme muss aber auch bei 110 % des CIF-Wertes liegen.

c) Es wird eine Versicherungspolice bzw. ein Versicherungszertifikat verlangt. Das Papier muss begebbar (negotiable form) sein, also Wertpapiercharakter haben.

Aufg. 99

a)

Applicant	Importeur	50	ADITEK, MONTRÉAL/CANADA
Beneficiary	Exporteur	59*	DELASSE, KOELN/GERMANY
Applicant Bank	Import-bank	51	CANADIAN IMPERIAL BANK OF COMMERCE, TORONTO/CANADA
Available With ... By ...	Exportbank	41*	SEB AG, KOELN/GERMANY
Shipper	Versand-spediteur	B/L	DTMLOG LOGISTICS GMBH HAMBURG/GERMANY
Notify	Empfangs-spediteur	B/L	DELTA CUSTOMS BROKERS MONTRÉAL/CANADA
Carrier	Verfrachter	B/L	TRANSWORLD SHIPPING, BREMERHAVEN

b) Ablauf der Akkreditivabwicklung

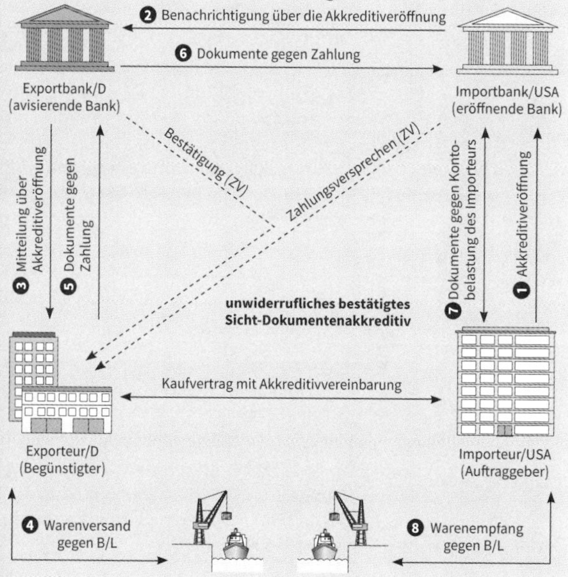

Aufg. 100

LCL/LCL	MTQ 12,367	KGM 6.370,00	USD 1,1550
		CIF	
		USD	€
Fracht	95,00	1.174,87	
BAF	45,00	556,52	
CAF	4 %	46,99	
Summe		1.778,37	1 539,72
ISPS		4	3,00
THC BRV			175,00
Vorlauf			270,00
Versicherung	228.300,00		
2,4 ‰ (110 %)	251.130,00	602,71	521,83
Spediteurprovision			125,00
Kosten			2634,55

CAF = Zuschlag für Währungsschwankungen
BAF = Zuschlag für Treibstoff
ISPS = Gebühr für Schiffs- und Hafensicherheit
THC = Umschlagskosten

Aufg. 101

LCL = Less Container Load. Die Sendung wird im Versandhafen containerisiert und zusammen mit anderen Sendungen in einen Sammelcontainer verladen. Im Empfangshafen wird der Container entladen und die Sendung uncontainerisiert zum Empfänger verbracht.

Aufg. 102

Haftung			SZR	CAD	€
Schaden				9.200,00	6333,91
Gewicht	3.185,00	2,00	6.370,00		7221,67
Packstück		666,67			666,67
					6333,91

Aufg. 103

Nordsee, Ärmelkanal, Irische See, Atlantik, St.-Lorenz-Seeschifffahrtsweg

Aufg. 104

LCL/LCL-Movement bedeutet, dass die Sendung in Rotterdam in einen Container zusammen mit anderen Sendungen geladen wird. In Sydney wird der Container entladen und die Sendung auf dem Landweg in den Bestimmungsort gebracht.

Die Sendung umfasst 4,05 m³ und 1,92 Lademeter im Container und wiegt nur 1.533,6 kg. Ein Container wäre nicht ausgelastet.

Aufg. 105

a) SAID TO CONTAIN	Unbekannt-Klausel. Der Verfrachter übernimmt keine Verantwortung für den Inhalt der Packstücke.
b) CONSIGNED TO ORDER OF PRINGLES LTD.	Berechtigt aus dem FBL ist das Unternehmen Pringels. Das FBL ist ein Orderpapier.
c) FREIGHT COLLECT	Die Frachtzahlung erfolgt durch den Empfänger.
d) SHIPPED ON BOARD	Es handelt sich um ein An-Bord-Konnossement, die Ware ist an Bord des Schiffes geladen.
e) NEGOTIABLE FIATA MULTIMODAL TRANSPORT BILL OF LADING	Das FBL ist ein multimodales Transportkonnossement, das von einem Spediteur (FIATA) ausgestellt wurde.

Aufg. 106

Seekonnossement (Ocean-B/L) ...	Sie werden über den gesamten Container und nicht für die einzelne Sendung im Container ausgestellt.
Sea-Waybill/ Express-B/L	Seefrachtbriefe sind nicht begebbar und daher für die Abwicklung des Akkreditivs nicht geeignet.
FBL	Sie werden über eine Einzelsendung ausgestellt und sind Orderpapiere.

Aufg. 107

Der Spediteur (DTMLog in Düsseldorf) stellt das FBL aus und übergibt es dem Versender (Clausner, Ratingen). Clausner erhält im Rahmen der Akkreditivabwicklung den Kaufpreis von der Exportbank und übergibt das FBL an die Bank. Über die Exportbank wird das FBL an die Importbank und von dort an den Importeur weitergeleitet. Der Importeur erhält die Ware vom Empfangsspediteur gegen Rückgabe des FBL.

Aufg. 108

a) DAP Delivered at Place ... (named place of destination) Geliefert am Ort ... (benannter Bestimmungsort)

b) Kosten- und Gefahrenübergang auf dem ankommenden Beförderungsmittel unentladen am benannten Bestimmungsort (unverzollt)

c) Bei DAP hat der Verkäufer keine Versicherungspflicht. Im FBL steht: „Cargo Insurance through the undersigned not covered".

Aufg. 109

DTMLog in Düsseldorf wird durch die Ausstellung des FBL zum MTO (Multimodal Transport Operator) und damit zum Hauptfrachtführer. Er haftet gegenüber dem Absender für alle Beteiligten in der Transportkette. Bei einem bekannten Schadensort haftet der Spediteur nach Teilstreckenrecht und geht bei Schadensverursacher in Regress.

Bei unbekanntem Schadensort haftet der Spediteur nach den „Standard Conditions".

Der Spediteur übernimmt eine Grundhaftung in Höhe von 666,67 SZR pro Packstück oder Verpackungseinheit bzw. 2 SZR pro Kilogramm Bruttogewicht (höherer Betrag) für verloren gegangenes oder beschädigtes Gut; wenn ein multimodaler Transport keinen See- oder Binnenschifftransport umfasst, in Höhe von 8,33 SZR pro Kilogramm Bruttogewicht.

Aufg. 110

			USD	AUD	€
			1,1550	1,5120	
Vorlauf					290,00 €
Seefracht	4,05504 FRT		535,27 USD		
CAF	9,00 %		48,17 USD		
BAF	12,00 USD		48,66 USD		
Fracht			632,10 USD		547,27 €
Verladen Rotterdam	28,00 €	1,5336 t			42,94 €
FBL-Spesen					15,00 €
ISPS-Zuschlag					3,00 €
Entladen Sydney	42,00 AUD	1,5336 t		64,41 AUD	42,60 €
					940,81 €

Aufg. 111

Nordsee, Ärmelkanal, Atlantik, Straße von Gibraltar, Mittelmeer, Suez-Kanal, Rotes Meer, Bab el Mandeb, Arabische See, Golf von Bengalen, Malakkastraße, Javasee, Bandasee, Pazifik

Aufg. 112

Werden Güter, deren Ursprung außerhalb der EU liegt, zwischen zwei Zollstellen der EU versendet, ist ein Zollversandverfahren notwendig. Hier muss das „Externe Unionsversandverfahren (T1)“ durchgeführt werden.

Voraussetzung für die Teilnahme am Versandverfahren ist die Stellung einer Sicherheit in Höhe der erwarteten Einfuhrabgaben.

Ablaufschritte des Verfahrens:

(1) Gestellung
(2) Versandanmeldung NCTS (New Computerized Transit System)
(3) Zollbeschau
(4) Nämlichkeitssicherung
(5) Wiedergestellungsfrist
(6) Druck des Versandbegleitdokumentes
(7) Transport zur Empfangszollstelle
(8) Wiedergestellung bei der Bestimmungsstelle Zollamt Berlin oder Entladung bei zugelassenem Empfänger (mit Ankunftsanzeige und Freigabe)
(9) Erledigung der T1

Aufg. 113

a) Überlassung zum zollrechtlich freien Verkehr

b) 1 Anmelder: Rohloff, Bielefeld
Vertreter: Allsped, Bielefeld (direkte Vertretung)

2 Warennummer (mit Begründung): 0901 11 00 0

09	KAFFEE, TEE, MATE UND GEWÜRZE
0901	Kaffee, auch geröstet oder entkoffeiniert; Kaffeeschalen und Kaffeehäutchen; Kaffeemittel mit beliebigem Kaffeegehalt
0901 11	Kaffee, nicht geröstet
0901 11 00 0	Kaffee, nicht entkoffeiniert

3 FOB DAR ES SALAAM, TANZANIA
FOB Free on Board ... (named port of shipment)
Frei an Bord ... (benannter Verschiffungshafen)

4 USD 32.181,00

c) Abgaben können in bar beglichen oder auf ein Aufschubkonto beim Zoll aufgeschoben werden. Die Abgaben müssen nach einem Monat ausgeglichen werden.

d) Präferenzpapier: Es gilt das REX-System. Registrierte Exporteure erklären auf der Rechnung den Warenursprung und erhalten so die Zollpräferenz.

Der Importeur kann nach Vorlage der Selbsterklärung die Zollermäßigung (2,6 % statt 7,5 %) erhalten.

e)

Summarische Eingangsmeldung	Der Beförderer hat eine summarische Eingangsmeldung (ESumA) bei der ersten Einganszollstelle abzugeben. Das muss erfolgen, bevor die Ware ankommt (bei Containern z. B. 24 Stunden vor dem Verladen im Abgangshafen). Bei Ankunft ist eine Ankunftsmeldung abzugeben.
Gestellung	Mitteilung an das Zollamt, dass die Waren in das Zollgebiet verbracht wurden und sich bei der Zollstelle befinden
Zollanmeldung	Bestimmung des Zollverfahrens unter Beifügung der notwendigen Unterlagen → Einheitspapier/elektronische Zollanmeldung → Zollwertanmeldung (D.V.1) → Handelsrechnung mit Selbsterklärung des registrieten Exporteurs

Zollbeschau auf Wunsch der Zollstelle	Prüfung der Menge und Beschaffenheit der angemeldeten Waren ⇢ Darlegungspflicht des Zollbeteiligten ⇢ Recht auf Probeentnahmen (Duldungspflicht des Zollbeteiligten) ⇢ Über die Zollbeschau wird ein Zollbefund erlasst.
Abgabenberechnung	a) Zollwert und Einfuhrumsatzsteuerwert b) Berechnung von ⇢ Zoll ⇢ EUSt. ⇢ Verbrauchsabgaben c) Zollbescheid
Zahlung der Zollschuld	⇢ Barzahlung der Zollschuld ⇢ Überweisung, Scheck oder Abbuchung (Zahlungseingang ist entscheidend) ⇢ auf Antrag laufender Zahlungsaufschub gegen Sicherheit (Bürgschaft); Aufschub für eigene („E") oder fremde („F") Abgabeschulden
Freigabe des Zollgutes	Nach Begleichung oder Aufschub der Zollschuld wird das Gut zum freien Verkehr zugelassen.

Aufg. 114

			USD	Betrag in €
			1,1550	
FOB Rechnungspreis			32.181,00 USD	27862,34 €
Seefracht	842,00 USD	2	1.684,00 USD	
BAF	172,00 USD	2	344,00 USD	
CAF	8 %		134,72 USD	
FRACHT			2.162,72 USD	1872,48 €
CFR-Wert			34.343,72 USD	
Versicherung	2 ‰		68,69 USD	59,47 €
ZOLLWERT				29794,29 €
Zoll	2,60 %			774,65 €
THC Antwerpen				165,00 €
Speditionskosten Zoll Antwerpen				130,00 €
Nachlauf Antwerpen-Bielefeld				368,00 €
EUSt.-Wert				31231,94 €

			USD	Betrag in €
EUSt.	7 %			2 186,24 €
Frachtanteil Deutschland	60 %			–220,80 €
Statistischer Wert				30 236,49 €

Aufg. 115

Dokumenteninkasso „D/P“: documents against payment (Dokumente gegen Zahlung). Die Dokumente werden dem Importeur von der Bank des Importeurs vorgelegt. Nachdem der Importeur die Dokumente (gegen Bezahlung des Kaufpreises) eingelöst hat, kann er die Sendung von der Reederei erhalten.

5 Bahn

Aufg. 116

Vertrag	Beteiligte	HR-Bezeichnung	Rechtsgrundlagen
Speditionsvertrag	DTMLog	Spediteur	ADSp
	Richling	Versender	
Frachtvertrag	DTMLog	Absender	CIM
	DB Cargo	Frachtführer	

Aufg. 117

a) DAP Debrecen: Kosten- und Gefahrenübergang Bahnhof Debrecen

b) CIP Bahnhof Debrecen Incoterms 2020
CPT Bahnhof Debrecen Incoterms 2020

c) CIP und CPT stellen den Verkäufer besser. Der Gefahrenübergang für CIP/CPT liegt bei der Übergabe der Sendung an den 1. Frachtführer. Bei CPT Bahnhof Debrecen muss der Käufer zusätzlich die Kosten einer Transportversicherung tragen.

Aufg. 118

a) DTMLog wird durch die Fixkostenvereinbarung zum vertraglichen Frachtführer und haftet gegenüber dem Versender nach CIM.

b) Gesamtgewicht: 6.105 m × 90 kg = 509.500 kg
Höchstgrenze = 509.500 × 17 × 1,1337
= 10 771 623,81 €
Der Wert (850 000,00 €) liegt weit unter der Höchsthaftung, daher ist eine Versicherung nicht notwendig.

Aufg. 119

a) 3 Gründe:
- → Ladelänge: 19 m (Rohrlänge: 18,5 m)
- → Der Wagen ist speziell für den Transport von Röhren ausgelegt.
- → Die Ladungssicherung wird durch 8 Rungen erleichtert.
- → Die Ladungssicherung ist durch eine Person zu erledigen.

b) 1 Rohr = 18,5 m lang, 1 m = 90 kg schwer, 22 Rohre pro Wagen = 36.630 kg pro Wagen. Für den Transport genügt auf der Gesamtstrecke die Streckenklasse A, bei der die Wagen mit bis zu 37,5 t im s-Verkehr (bis 100 km/h) beladen werden dürfen.

Aufg. 120

a)

von	nach	Entfernung in km	Raten pro t in €	Ladungs-gewicht in t	Preis pro Wagen in €
Dillingen (Saar)	Simbach (Inn)	615	86,66	36,7	3180,42
Simbach (Inn)	Nickelsdorf (Gr) Hegyeshalom	384	32,39	36,7	1185,41
Hegye-shalom	Debrecen	400	34,54	36,7	1267,62
				Summe	5633,45

b) 5633,45 € – 4788,50 € = 844,95 € = 15,00 %

c) 5633,45 € × 0,9 = 5070,11 € = 5071,00 €

d) Rohgewinn
Wagenanzahl = 6105 m/18,5 m/22 Rohre = 15 Wagen

Erlöse	76065,00 €
Aufwand	71827,50 €
Rohgewinn	4237,50 €

Aufg. 121

a) Convention Internationale Concemant le Transport des Marchandises par Chemins de Fer (CIM), deutsch: Einheitliche Rechtsvorschriften für den Vertrag über die internationale Eisenbahnbeförderung von Gütern. Rechtsgrundlage für den internationalen Eisenbahngüterverkehr

b) DTMLog GmbH ist der Vertragspartner von DB Cargo und damit der Absender.

c) Das harmonisierte Güterverzeichnis (franz.: Nomenclature harmonisée des marchandises NHM) ist ein System des Internationalen Eisenbahnverbandes zur einheitlichen Klassifizierung von Gütern im Eisenbahngüterverkehr. Sie ist an die Zolltarifnummern angelehnt.

d) Mit der Wertdeklaration kann die Haftung der Bahn über die Haftungshöchstgrenze erhöht werden. Da der Wert unter der Höchsthaftung liegt, ist eine Wertdeklaration nicht notwendig.

Aufg. 122

WB1	8	115 × 90 × 135	3,6	LM	710	5680
	17		3,4	LM	335	5695
			7,0	LM		11375
WB2	10	115 × 90 × 135	4,5	LM	710	7100
	13		2,6	LM	335	4355
			7,1	LM		11455

Nach Gewicht und Lademeter lässt sich die Sendung in zwei Wechselbrücken verladen.

Aufg. 123

a) → keine Lkw-Maut im Eisenbahn-Hauptlauf
→ Fahrpersonal nur für den Vor- und Nachlauf
→ höhere Maximalgewichte im Vor- und Nachlauf zulässig (44 t).
→ verlängerte Lebensdauer des Fuhrparks
→ geringeres Transportrisiko

b) → Die TRANSKOMBI GMBH organisiert den Umschlag der Wechselbrücken Lkw/Bahn – Bahn/Lkw an den Umschlagsterminals.
→ Die TRANSKOMBI GMBH organisiert den Schienentransport vom Versandumschlagsterminal bis zum Empfangsumschlagsterminal und beauftragt das Bahnunternehmen.

Aufg. 124

a) bei reinem Lkw-Verkehr

Vertrag	Beteiligte	HR-Bezeichnung	Rechtsgrundlagen
Speditionsvertrag	DTMLog	Spediteur	ADSp
	WEMA	Versender	
Frachtvertrag	WEMA	Absender	CMR
	DTMLog	Frachtführer	

b) bei Durchführung im Kombiverkehr

Vertrag	Beteiligte	HR-Bezeichnung	Rechtsgrundlagen
Speditionsvertrag	DTMLog	Spediteur	ADSp
	WEMA	Versender	
Speditionsvertrag	TRANSKOMBI	Spediteur	ADSp
	DTMLog	Versender	
Frachtvertrag	TRANSKOMBI	Absender	CIM
	Bahnunternehmen	Frachtführer	

Aufg. 125

a) Zum Umschlag an den Terminals werden große Portalkrane sowie flexibel einsetzbare Reachstacker eingesetzt.

b) ⇢ Kranbarkeit (Greifkanten)
⇢ klappbarer Unterfahrschutz
⇢ Profilnummer nach Anforderung der Strecke

Aufg. 126

a) Lkw

890 km, 60 km/h =		14:50	Lenkzeit
		1:30	LZU
		11:00	TRZ
	14.05.22 14:00	27:20	15.05.22 17:20

b) Kombiverkehr

Verbindung	Zeit	Laufzeit	
Köln-Eifeltor Ubf	13:30	A	Di 15.05.
Milano Smistamento	07:50	D	Fr 18.05.

Ankunft Milano Freitag, 18.5., um 7:50 h
Nachlauf 50 Minuten, Ankunft Novara 8:40 h

Aufg. 127

Lkw	Kosten	890 km	1,40 €/km	1 246,00 €
	AVK	15 %		186,90 €
	Selbstkosten			1 432,90 €
	Gewinn	8 %		114,63 €
	Nettoangebotsbetrag			1 547,53 €
Bahn	Vorlauf			120,00 €
	Hauptlauf			620,00 €
	Nachlauf			220,00 €
	Kosten			960,00 €
	AVK	15 %		144,00 €
	Selbstkosten			1 104,00 €
	Gewinn	8 %		88,32 €
	Nettoangebotsbetrag			1 192,32 €

Aufg. 128 Haftung

			Kurs		Schadenersatz
Wert				324.100,00 €	
CMR	22830 kg	8,33 SZR	1,1337	215.600,15 €	215.600,15 €
CIM	22830 kg	17,00 SZR	1,1337	440.000,31 €	324.100,00 €

6 Binnenschifffahrt

Aufg. 129

a) Betriebsform, in der das Binnenschiff rund um die Uhr fährt und die Mannschaft im Schichtdienst eingesetzt ist.

b)

Fahrzeit	1260 km	12 km/h	105 h
Ladezeit			24 h
Löschzeit			15 h
Gesamt			144 h
			6 Tage

Ankunft Ladestelle: 31.08. um 6:00 Uhr, Lade- und Transportzeit 129 Stunden, Ankunft in Györ am 05.09. um 15:00 Uhr.

c)

Wasserstraße	von	bis	Land
Saar	Völklingen	Trier	DE
Mosel	Trier	Koblenz	DE
Rhein	Koblenz	Mainz	DE
Main	Mainz	Bamberg	DE
Main-Donau-Kanal	Bamberg	Kelheim	DE
Donau	Kelheim	Passau	DE
Donau	Passau	Bratislava	AU
Donau	Bratislava	Györ	SK/HR

Aufg. 130

a) DPU Delivered at Place Unloaded ... (named place of destination) Geliefert benannter Ort entladen (benannter Bestimmungsort)

b) Kosten- und Gefahrenübergang ist am Ort der Lieferung am benannten Hafen oder am benannten Bestimmungsort (entladen/unverzollt).

Aufg. 131

	Unternehmen	Rechtsstellung	Aufgabe
1	SAAR SHIP e.G.	vertraglicher Frachtführer	Transportdurchführung
2	WERNER SCHULTE	ausführender Frachtführer	Transportdurchführung

	Unternehmen	Rechtsstellung	Aufgabe
3	VSW EISENWERKE	Auftraggeber/ Versender	Verladung
4	STEEL MATERIALS	Empfänger	Annahme der Sendung
5	CARGO LOG	Meldeadresse	Kontrolle der Löschung
6	DTMLog GMBH	Spediteur/Absender	Besorgung der Versendung

Aufg. 132

a) Namens- oder Rektaladeschein, da keine Orderklausel. Übertragung durch Zession möglich.
Ladeschein ist ein Wertpapier. Die Person, die den Ladeschein besitzt, kann über die Ware verfügen und die Rückgabe fordern. Der Frachtbrief begleitet das Gut und spielt für die Herausgabe des Gutes keine Rolle.

b)
- → ADN: Internationale Gefahrgutvorschriften in der Binnenschifffahrt.
- → CMNI: Budapester Übereinkommen über den Vertrag über die Güterbeförderung in der Binnenschifffahrt
- → IVTB: Internationale Verlade- und Transportbedingungen (IVTB) in der Binnenschifffahrt (AGB)

Aufg. 133

Schiffsfracht	Sendungsgewicht	1248	8,27 €	10.321,64 €
Gasölzuschlag	Nutzlast	1288	1,25 €	1.610,00 €
Summe				11.931,64 €
ISPS	pauschal			50,00 €
Hafengeld	Nutzlast	1288	0,20 €	257,60 €
Entladung in Györ	Stunde	15	72,50 €	1.087,50 €
Summe				13.326,74 €
AVK und Gewinn		16 %		2.132,28 €
Gesamtpreis				15.459,02 €

Aufg. 134

a) Haftungsprinzip: Verschuldenshaftung mit umgekehrter Beweislast Güterschäden: maximal 666,67 SZR je Packung bzw. Ladungseinheit bzw. 2 SZR je kg, je nachdem, welcher Betrag höher ist

b) Es gelten folgende Reklamationsfristen:
- → bei äußerlich erkennbaren Schäden: sofort bei Ablieferung
- → bei nicht erkennbaren (= verdeckten) Schäden: 7 Tage nach Ablieferung

→ bei Lieferfristüberschreitung: 21 Tage nach Ablieferung

Im vorliegenden Schadensfall liegt ein offener Schaden vor, Schadensanzeige sofort.

c)

	Wert	Gewicht (kg)	
430 Bund	1 019 100,00 €	1 248 000	
je Bund	2 370,00 €	2 902	
35 Tafeln	8 295,00 €	10 158	
Schaden			8 295,00 €
Gewichtsgrenze	2 SZR (1,1337)	20 316	23 032,57 €
Schadenersatz			8 295,00 €

Aufg. 135

a) 690 km/10 km/h = 69 Stunden
Abfahrt 23.08.21 18:00 – Ankunft 26.08.21 15:00
Montag Donnerstag

b) 26.08.21 15:00 + 6 h = 26.08.21 21:00
Liefertermin kann eingehalten werden.

Aufg. 136

	Unternehmen	Rechtsstellung	Aufgabe
1	Mühlhans & Co.	Versender	HGB/ADSp
2	Maas-Rijn-Groep N.V.	Frachtführer	CMNI
3	CONTRUCK	Frachtführer	HGB

Aufg. 137

a) Externes Unionszollverfahren (T1)

b) Voraussetzung für die Teilnahme am Versandverfahren ist die Stellung einer Sicherheit in Höhe der erwarteten Einfuhrabgaben.

c) Ablaufschritte des Verfahrens:

(1) Gestellung
(2) Versandanmeldung NCTS (New Computerized Transit System)
(3) Zollbeschau
(4) Nämlichkeitssicherung
(5) Wiedergestellungsfrist
(6) Druck des Versandbegleitdokumentes
(7) Transport zur Empfangszollstelle
(8) Wiedergestellung bei der Bestimmungsstelle oder Entladung bei zugelassenem Empfänger (mit Ankunftsanzeige und Freigabe)
(9) Erledigung der T1

Aufg. 138

Kosten			
THC Seeschiff-Terminal			220,00 €
THC Terminal-Binnenschiff			125,00 €
Congestion surcharge			25,00 €
T-document			30,00 €
Binnenschiff-Fracht			290,00 €
Umschlag Terminal Frankfurt-Ost			30,00 €
Hafengebühr	29.850	0,50 €	14,93 €
Lkw-Nachlauf			60,00 €
Container zum Depot			60,00 €
			854,93 €

Aufg. 139

Die Fracht erhöht sich um den Kleinwasserzuschlag von 37,50 €.

Aufg. 140

a) „Überlassung zum zoll- und steuerrechtlich freien Verkehr“

b) 1. Bei direkter Vertretung erledigt der Spediteur nur die Formalien der Einfuhranmeldung für die Johann Mühlhans & Co. KG. Er ist Zollbeteiligter, übernimmt aber keine Verantwortung für die Zollanmeldung, sie wird somit auch kein Zollschuldner. Die Abfertigung erfolgt im Namen und für Rechnung des Importeurs.

2. Die EORI-Nummer dient der Identifizierung der Wirtschaftsbeteiligten gegenüber der Zollverwaltung.

3. Die Einfuhrabgaben werden gestundet und sind bis zum 16. Tag des darauffolgenden Kalendermonats von der Spedition DTMLog zu entrichten.

c) 1.

ZOLL		USD	Betrag in €
		1,155	
CIF-Wert/Zollwert		42.700,00	36969,70
Zoll	9,60 %		3549,09
THC Seeschiff-Terminal			220,00
THC Terminal-Binnenschiff			125,00
Congestion surcharge			25,00
T-document			30,00
Binnenschiff-Fracht			290,00
Terminal Frankfurt-Ost			30,00
Hafengebühr			14,93
EUSt.-Wert			41253,71
EUSt.	19 %		7838,21
			49091,92

2.

CIF-Wert			36 969,70
Abgaben			11 387,30
Nachlauf			854,93
			49.211,92

Aufg. 141 Rotterdam-Maasvlakte, Rotterdam-Waalhafen, Emmerich, Duisburg, Düsseldorf-Neuss, Köln, Bonn, Koblenz, Mainz, Frankfurt

Aufg. 142 Zeebrugge, Amsterdam, Antwerpen

7 Logistik

Aufg. 143

a) „Outsourcing“ bedeutet die Verlagerung bislang unternehmensintern erbrachter Leistungen und deren dauerhafte Übertragung auf Dritte.

b) Vorteile

- → Konzentration des Unternehmens auf seine Kernkompetenzen
- → Lagerkosten reduzieren
- → saisonale Schwankungen ausgleichen
- → Nutzung von speziellen Kompetenzen des Logistikdienstleisters

c) Bei der SCOOTER AG entfallen Fixkosten (z. B. Personalkosten, Miete), wenn sie kein eigenes Lager betreibt. Die Lagerkosten, die die SCOOTER AG an die DTMLog bezahlt, sind variable Kosten, die bei Auftragsschwankungen immer der jeweiligen Auftragsmenge angepasst sind (Variabilisierung der Fixkosten).

Aufg. 144

a) Jahresbedarf = 235 · 220 = 51 700
Bestellkosten = 845,00 €
Lagerkosten = 34,20 €

$$\textit{Bestellmenge}_{optimal} = \sqrt{\frac{2 \cdot 51\,700 \cdot 845}{34{,}20}} = 1\,599$$

b)

freier Bestand = 18900 · (1 – 0,78) =	4.158
Mindestbestand =	705
optimale Bestellmenge =	1.599
Höchstbestand =	2.304

Aufg. 145	Mindestbestand	3 Tage	705
	Lieferzeit	4 Tage	940
	Meldebestand		1645

Aufg. 146

Lagerkennzahlen

a) Ø LB = (AB + EB) / 2 = (705 + 2.304) / 2 = 1.505

b) LUH = Verbrauch / Ø LB = 51.700/1.505 = 34,36

c) Ø LD = 360/LUH = 360/34,36 = 10,48

d) Lagerbestand = 2.304 – (6 · 235) = 894
LB/Tagesverbrauch = 894/235 = 3,8

Aufg. 147

Kommissionieraufträge	940	2	0,21 %	Fehlerquote
Auslieferungen	3200	3184	99,50 %	Termintreue

Die Fehlerquote wurde erreicht, die Termintreue entspricht nicht den Vereinbarten KPI.

Aufg. 148

ABC

Nr.	Jahres-bedarf	Stückpreis in €	Wert in €	%-Wert	Nr.	%-Wert	Kumul.%-Wert	ABC
1	4.488	2.450,00	10.995.600,00	7,86	4	36,56	36,56	A
2	7.106	3.400,00	24.160.400,00	17,26	5	30,30	66,86	A
3	8.976	1.250,00	11.220.000,00	8,02	2	17,26	84,13	B
4	6.732	7.600,00	51.163.200,00	36,56	3	8,02	92,14	B
5	10.098	4.200,00	42.411.600,00	30,30	1	7,86	100,00	C
	37.400		139.950.800,00	100,00				

Aufg. 149

Transport- und Lagerlogistik

Aufg. 150

a) just in time (JIT): fertigungssynchrone Lieferung gleichartiger Teile an die Produktion; die Teile werden genau dann geliefert, wenn sie in der Produktion gebraucht werden.

b) just in sequence (JIS): JIT-Lieferung von Teilen in unterschiedlichen Varianten (z. B. Autospiegel in unterschiedlichen Lackierungen, die gemäß dem Produktionsablauf vorsortiert sind)

Aufg. 151

a) Der Automobilhersteller METRA AG überträgt logistische Tätigkeiten wie die Abholungen bei den Zulieferern, die Lagerung sowie die Anlieferung im hannoverschen Werk in einem bestimmten, fest umrissenen Gebiet auf die DTMLog. Sie wird somit zum alleinigen Ansprechpartner der METRA AG wie auch für alle Zulieferer des Kunden.

b) Vorteil aus Sicht der Spedition:
- → hohe Anzahl an Aufträgen
- → langfristige Kundenbindung

Vorteil aus Sicht der METRA AG:
- → keine Lagerhaltung mehr nötig
- → weniger Fixkosten

Vorteil aus Umweltgesichtspunkten:
- → weniger Anlieferungen bei der METRA AG
- → bessere Auslastung der Lkws in der Zustellung

c)
- → Die Zahl der Anlieferungen verringert sich.
- → Die Zahl der beteiligten Unternehmen/Ansprechpartner verringert sich.
- → Die Kommunikation zwischen den beteiligten Unternehmen wird einfacher.
- → Auftragserteilung, Reklamationsbearbeitung und Abrechnung sind nur noch mit einem Spediteur nötig.

Aufg. 152

a) Single Sourcing: je Artikel nur ein einziger Lieferant
Multiple Sourcing: mehrere Lieferanten pro Artikel
Local Sourcing: Einkauf im regionalen Umfeld
Global Sourcing: weltweiter Einkauf der Artikel

b) Bei Global-Sourcing muss der DTMLog die weltweite Beschaffung der Produkte organisieren.

Aufg. 153

a)

Vertrag	Beteiligte	Aufgabe
Lagervertrag	Niemann = Einlagerer	HGB Lagerrecht ADSp
	DTMLog = Lagerhalter	

b) Grundpflichten Lagerhalter: Lagern und Aufbewahren der Sendung

Grundpflichten Einlagerer: Bezahlung des Lagergeldes

weitere Pflichten: Kontrolle bei Übernahme, Kontrolle auf Veränderungen am Gut, Besichtigung und Probeentnahme gestatten, Haftung nach Verschuldensprinzip

Aufg. 154	a) Einzulagernde Güter werden auf einem beliebigen freien Stellplatz untergebracht. Die Zuordnung übernimmt ein computergesteuertes Lagerverwaltungsprogramm. Die vorhandene Lagerkapazität kann optimal ausgenutzt werden. b) → Kommissionierliste oder Datenübertragung auf den Scanner → Aufsuchen der vorgegebenen Stellplätze in der vorgegebenen Reihenfolge → Entnahme der Waren oder Kartons in der richtigen Menge → Kontrolle der Ware oder Kartons auf äußere Schäden → Umwickeln der Kartons auf der Palette mit Folie oder Bändern → Ausdruck des Versandetiketts → Bereitstellung der versandfertigen Palette im Warenausgang
Aufg. 155	a) → Etikettieren → Montage → Verkaufsständer aufbauen → Entsorgung Verpackungsmaterial → Fakturierung b) → enge Kundenbindung → zusätzliche Einnahmequelle für den Spediteur

Aufg. 156

a) bis e)

a) Umschlag	110.000 kg	Tage	Std./Tag	Std./Monat	Kostensatz	Kosten	100 kg
Einlagerung	Arbeiter	20	1,5	30	31,00 €	930,00 €	
	Gabelstapler	20	1,5	30	7,20 €	216,00 €	
Auslagerung	Arbeiter	20	2,5	50	31,00 €	1.550,00 €	
	Gabelstapler	20	2,5	50	7,20 €	360,00 €	
						3.056,00 €	**2,78 €**
b) Lagerung	70.000 kg						
kalkulatorische Abschreibung			14.500,00 €	jährlich	1	14.500,00 €	
kalkulatorische Verzinsung			11.000,00 €	jährlich	1	11.000,00 €	
Energiekosten			350,00 €	monatlich	12	4.200,00 €	
Versicherungskosten Lagerhaus			1.900,00 €	jährlich	1	1.900,00 €	
Allgemeine Verwaltungskosten			980,00 €	vierteljährlich	4	3.920,00 €	
				jährlich		35.520,00 €	
				monatlich	12	2.960,00 €	**4,23 €**
c) Lagerverwaltung		20	1,1	22	38,50 €	847,00 €	**1,21 €**
monatliche Gesamtkosten	Umschlag		110.000 kg		2,78 €	3.058,00 €	
	Lagerung		70.000 kg		4,23 €	2.960,00 €	
	Lagerverwaltung		70.000 kg		1,21 €	847,00 €	
						6.865,00 €	
	Gewinnzuschlag				12,50 %	858,13 €	
	Angebotspreis					**7.723,13 €**	
	Versicherung		Wert	6,35 €			
				70.000 kg			
			Prämie	444.500,00 €	0,15 %	67,50 €	
	Versicherungssteuer				19 %	12,83 €	
						80,33 €	

8 Marketing

Aufg. 157

Produktinnovation, weil es sich um die Aufnahme eines neuartigen Produktes in die Angebotspalette der DTMLog handelt.

Aufg. 158

a) 1. Ermittlung von Umfang der Logistikaktivitäten und -kosten sowie Befragung zum Bedarf und zur Möglichkeit der Verlagerung ist eine Marktanalyse (punktuelle Untersuchung der relevanten Märkte – zeitpunktbezogen).

2. Ermittlung der Entwicklung von Logistikaktivitäten und -kosten in der Vergangenheit ist eine Marktbeobachtung (fortlaufende Untersuchung der relevanten Märkte – zeitraumbezogen).

b) 1. Befragung der Klinikleitungen ist Primärforschung (Erhebung eigener Daten für den Untersuchungszweck).

2. Informationsgewinnung aus Statistiken und Geschäftsberichten ist Sekundärforschung, da vorhandene Daten ausgewertet werden, die für einen anderen Untersuchungszweck erhoben wurden.

Aufg. 159

- kostenorientierte Preisbildung
- konkurrenzorientierte Preisbildung
- nachfrageorientierte Preisbildung
- Lieferungs- und Zahlungsbedingungen
- preisähnliche Maßnahmen wie Rabatte, Boni und Skonti

Aufg. 160

Befragungs-methoden	Vorteile	Nachteile
telefonisch	→ schnell → geringe Kosten	→ geringer Fragenumfang → geringe Teilnahmequote
persönlich	→ hohe Erfolgsquote → Fragebogenumfang und -inhalt umfangreich	→ hohe Kosten
schriftlich	→ niedrige Kosten → große Anzahl von Befragungen möglich	→ oft niedrige Rücklaufquote
online	→ sehr geringe Kosten → hohe Reichweite	→ Rücklaufquoten gering → Repräsentativität eingeschränkt → Selbstselektion von Internetnutzern

Aufg. 161

- Ermittlung der Kundenwünsche
- Gestaltung des Leistungsangebotes nach Kundenwünschen
- Verbesserung der Kundenzufriedenheit
- Aufbau langfristiger Kundenbeziehungen
- Qualitätsverbesserung und Verbesserung der Qualität unserer Subunternehmer

Aufg. 162

- Redegewandtheit
- Kontaktfähigkeit
- sicheres Auftreten
- Verhandlungsgeschick
- Überzeugungsfähigkeit
- Durchsetzungsfähigkeit
- gute Umgangsformen

Aufg. 163

Werbeplan: Ziel, Zielgruppe, Werbegebiet, Werbebotschaft, Werbeetat, Werbemedien, Timing

Aufg. 164

Bereich	Ziele	Maßnahmen
a) Öffentlichkeitsarbeit (Public Relations)	Eine positive öffentliche Meinung über das Unternehmen zu schaffen	Presse- bzw. Medienarbeit, Konferenzen, Seminare, Feste, Messen, Tage der offenen Tür etc.
b) Sponsoring	Unterstützung von Personen, Projekten und Institutionen, um das Image als Förderer des Sports oder der Kultur zu stärken	Trikotsponsoring, Spenden an Initiativen zur Gesundheitsförderung, an das DRK oder an Krankenhäuser
c) Verkaufsförderung (Sales Promotion)	Maßnahmen, um den Verkauf von Produkten und Dienstleistungen zu stützen	Organisation und Verbesserung des Verkaufssystems (Verkäuferschulung, Prämiensysteme für besondere Verkaufsleistungen)

Teil B Wirtschafts- und Sozialprozesse – LÖSUNGEN

1 Ausbildung und Arbeitsschutz

Aufg. 165	2
Aufg. 166	5
Aufg. 167	3
Aufg. 168	A: Verbotszeichen B: Warnzeichen C: Gebotszeichen D: Rettungszeichen
Aufg. 169	1, 2, 3

2 Handelsrecht

Kaufmann und Firma

Aufg. 170

	(1)	(2)	(3)	(4)	(5)
A	×	–	×	×	×
B	1	2	1	3	3

Aufg. 171	3, 2, 1, 1
Aufg. 172	2, 4, 5, 6
Aufg. 173	a) 2, b) 1, c) 2, d) 3

Unternehmensformen

Aufg. 174	a) (mit Gründung) b) (deklatorischer Charakter) c) (Internet)
Aufg. 175	2 (Elektrogroßhandel GmbH)
Aufg. 176	a) 3, b) 2, c) 3, d) 3, e) 1, f) 3, g) 3
Aufg. 177	a) 2, b) 2, c) 3, d) 2, e) 1, f) 2, g) 3

Aufg. 178	5
Aufg. 179	4

Organisation

Aufg. 180	1
Aufg. 181	5
Aufg. 182	a) 2, b) 3, c) 1, d) 3, e) 4
Aufg. 183	1, 2, 5

3 Arbeitsverhältnis

Personalwirtschaft

Aufg. 184	2
Aufg. 185	3
Aufg. 186	1 und 3
Aufg. 187	3

Arbeitsvertrag

Aufg. 188	3
Aufg. 189	4
Aufg. 190	a) 15.10.20(0) b) 17.09.20(0)
Aufg. 191	a) 2, b) 4, c) 1, d) 3, e) 3

Tarifvertrag und Mitbestimmung

Aufg. 192	2, 4, 1, 5, 3, 6
Aufg. 193	7, 6, 3, 1, 2, 5, 4
Aufg. 194	a) 2, b) 3, c) 2, d) 3, e) 1, f) 2
Aufg. 195	1
Aufg. 196	a) 1, b) 3, c) 3, d) 3, e) 1, f) 2

Vollmachten

Aufg. 197	a) 3, b) 1, c) 3, d) 1, e) 2, f) 1, g) 3,
Aufg. 198	3
Aufg. 199	4

Entgelte

Aufg. 200	170,10 € (14,6 % : 2 = 7,3 % + 0,8 % = 8,1 % von 2100,00 €)
Aufg. 201	a) 3, b) 2, c) 3, d) 1, e) 3, f) 3, g) 1
Aufg. 202	a) Nettogehalt: **1 696,88 €** b) Arbeitgeberanteil: 525,00 € – Kinderlosenanteil 15,00 € = **510,00 €** c) Finanzamt: LSt. 255,16 € + KSt. 22,96 e = **278,12 €** d) Sozialversicherungsträger: AN: 525,00 € + AG: 510,00 € = **1 035,00 €**
Aufg. 203	a) 2, b) 2, c) 2, d) 1, e) 3, f) 2
Aufg. 204	5

Sozialversicherung

Aufg. 205	a) 4, b) 1, c) 2, d) 3, e) 5, f) 5
Aufg. 206	2
Aufg. 207	3
Aufg. 208	a) 5, b) 1, c) 6, d) 6, e) 2, f) 1, g) 3, h) 4

4 Kaufvertrag

Rechtsgrundlagen

Aufg. 209	2, 4, 5
Aufg. 210	2
Aufg. 211	a) nein, b) ja, c) ja
Aufg. 212	a) 2, b) 3, c) 5, d) 1, e) 5, f) 5
Aufg. 213	a) 3, b) 4, c) 2, d) 1, e) 4

Abschluss von Verträgen

Aufg. 214	4
Aufg. 215	a) 2, b) 1, c) 2, d) 1, e) 2
Aufg. 216	Fall 1: a) 3, b) 1 Fall 2: a) 1, b) 2 Fall 3: a) 1 (Annahme sofort notwendig), b) 1
Aufg. 217	a) 2, b) 3, c) 4, d) 2, e) 5, f) 3, g) 2, h) 4, i) 1
Aufg. 218	a) 6, b) 5, c) 3, d) 4, e) 2, f) 1
Aufg. 219	a) a1) Zieleinkaufspreis: 1.536,00 € a2) Bareinkaufspreis: 1.489,92 € a3) 1.591,92 € b) 1 und 4
Aufg. 220	2, 6, 5, 4, 1, 3
Aufg. 221	a) 1, b) 3, c) 1, d) 2, e) 3, f) 1
Aufg. 222	a) 3, b) 1, c) 2, 3, 6

5 Finanzierung

Aufg. 223	2
Aufg. 224	4
Aufg. 225	Bankkredit: 5, Lieferantenkredit: 3, Kundenkredit: 2
Aufg. 226	a) 3, b) 1, c) 1, d) 2

6 Zahlungsverkehr

Aufg. 227	a) 2, b) 4, c) 5, d) 3
Aufg. 228	a) 1, b) 5, c) 2, d) 3, e) 4
Aufg. 229	4
Aufg. 230	a) Am 01. August 20(0) beginnt der Verzugszeitraum. b) Verzugszinssatz ab 01.01.2022: lt. BGB §247: Handelskauf: 9 % über Basiszinssatz (Basiszinssatz der Europäischen Zentralbank: seit 01.07.2022: –0,88 %. Es können also 8,17 % verlangt werden. c) Verzugszinsen: 62,00 € → Zinstage: 45 Tage 6.200 × 8,17 = 50.654,00 x 45 = 2.279.430,00 : 36 000 = 63,32 €

7 Gesamtwirtschaftliche Prozesse

Kooperation und Konzentration

Aufg. 231	4
Aufg. 232	a) 1, b) 2, c) 3, d) 3, e) 1
Aufg. 233	a) 1, b) 1, c) 2, d) 3, e) 2, f) 1
Aufg. 234	5

Konjunktur

Aufg. 235	a) 4, b) 2, c) 8, d) 6, e) 7, f) 3
Aufg. 236	2
Aufg. 237	richtig: 1, 2 falsch: 3, 4
Aufg. 238	a) 1, b) 2, c) 3, d) 1, e) 2
Aufg. 239	3
Aufg. 240	a) 1, b) 4, c) 2, d) 1, e) 2, e) 3

Wirtschaftspolitik

Aufg. 241	4
Aufg. 242	3
Aufg. 243	a) 2, b) 1, c) 4, d) 3, e) 2, f) 2
Aufg. 244	a) +1,1 %, b) 8.413, c) 43.869, d) 6,4 %
Aufg. 245	4
Aufg. 246	a) 2, b) 1, c) 2, d) 3, e) 1, f) 2
Aufg. 247	1, 3, 6
Aufg. 248	a) 4, b) 2, c) 3, d) 1, e) 3

8 Situationsbezogene Aufgaben

Aufg. 249	5
Aufg. 250	5

Aufg. 251	07.01.20(+1) Eintragung in das Handelsregister durch Verfügung des Registergerichts
Aufg. 252	2
Aufg. 253	3
Aufg. 254	Beitrag zur gesetzlichen Krankenversicherung: 181,65 € (L: 2.100,00 € (7,75 % + 0,9 %) = 8,5 % → 181,65 €)
Aufg. 255	1
Aufg. 256	3
Aufg. 257	25.10.20(0)
Aufg. 258	a) 6545, 00 € b) 130,90 € c) 36 % p.a. (2 % · 360 / 20 = 36)
Aufg. 259	4
Aufg. 260	3
Aufg. 261	21 Personen
Aufg. 262	4

	Arbeitsbeginn	Pause/-n	Arbeitsende
(4)	08:00 Uhr	12:30 bis 13:30 Uhr	17:00 Uhr

Aufg. 263	3
Aufg. 264	4
Aufg. 265	6 Werbungskosten, 2 Vorsorgeaufwendungen, 3 und 4 Sonderausgaben
Aufg. 266	5
Aufg. 267	1
Aufg. 268	3
Aufg. 269	a) 2 b) 1
Aufg. 270	3
Aufg. 271	3

Teil C Kaufmännische Steuerung und Kontrolle – LÖSUNGEN

1 Steuerung und Kontrolle der Geschäftsprozesse

Ohne Aufgaben

2 Inventur, Inventar und Bilanz

Aufg. 272
richtig: 2, 3, 5, 6
falsch: 1, 4

Aufg. 273
a) + b)

Anlagevermögen	2 319 000,00 €	Kurzfr. Fremdkap.	615 000,00 €
Umlaufvermögen	486 000,00 €	Langf. Fremdkap.	885 000,00 €
Gesamtvermögen	2 805 000,00 €	Fremdkapital	1 500 000,00 €

Aufg. 274
a) Umlaufvermögen
b) Gesamtkapital
c) Fremdkapital
d) kurzf. Fremdkapital
e) Eigenkapital
f) Langf. Fremdkapital
g) Fremdkapital

Aufg. 275
a) EK = 1 790 000,00 – 731 000,00 = 1 059 000,00 €
b) 40,84 % (Passivseite ohne EK- × 100/Aktivseite)
c) 89,66 % (AV × 100/GV)

Aufg. 276
a) 3 340 T€ (Vermögen – Fremdkapital = EK)
b) 460 T€ (Erträge – Aufwendungen)
c) 2 864 T€ (EK Ende d.J. 3 340 000 – 460 000,00 = 2 880 0000 – Privateinlage 112 000,00 = 2 768 000,00 + Privatentnahmen 96 000 = 2 864 000,00)
d) 3 463 T€ (Lösung aus a) + 96 000,00 €)

Aufg. 277
Gewinn 30 000,00 € → Vermögen - Schulden = EK Ende d. J.- EK Anfang d.J. = Gewinn

Aufg. 278	a) EK 1 518 000,00, b) FK 34,0 %, c) AV 88,04 %
Aufg. 279	a) 221 000,00 b) 13,78 % c) 130 000,00 € d) 605 000,00 € e) 163,85 %
Aufg. 280	a) Stichtagsinventur b) permanente Inventur c) verlegte Inventur

3 Organisation der Finanzbuchhaltung

Ohne Aufgaben

4 Das System der Umsatzbesteuerung

Ohne Aufgaben

5 Jahresabschluss der Unternehmen

Bewertung des Anlagevermögens

Aufg. 281	Buchwert: 500,00 €, VK Erlös: 2 000,00 € → Ertrag:1 500,00 €
Aufg. 282	a) Rückwärtsrechnung: Überweisungsbetrag: 6138,72 € → Listen-EK: 5848,74 € b) Anschaffungswert: je Stück: 5 158,59 : 6 = 859,77 €
Aufg. 283	1 und 3
Aufg. 284	a) bilanzielle AfA: 27500,00 € b) (Wiederbeschaffungswert – Restwert) × Zinswert / 100 →(140 000,00 – 20 000,00) × 16 2/3 / 100 = 20 000,00 € c) Anschaffungswert / Abschreibungswert → 110 000,00 € / 27 500,00 € = 4 Jahre
Aufg. 285	5
Aufg. 286	a) halber Kaufpreis o.R.: 44 400,00 €; AfA 5 J.: 8 880,00 € b) Verbrauch: 1600(00) × 24 = 38400 Liter × 1,45 € = 55 680,00 €

Aufg. 287	a) kalkulatorische Abschreibung: 15 % vom Wiederbeschaffungswert = 15 % von 150 000,00 € = 22 500,00 € b) AW: 130 000,00 € – Afa (3x je 26 000,00 €) = BW 52 000,00 € c) Kalkulatorisch wird linear abgeschrieben, weil so gleichbleibende Beträge in die Kalkulation eingehen und die Kalkulation keinen Schwankungen unterworfen ist.
Aufg. 288	a) pro Leistungseinheit: AW : Gesamtleistung → 240 000 : 800 000 = 0,30 € pro km b) pro Jahr: 1. Jahr: 150 000 km × 0,30 € = 45 000,00
Aufg. 289	a) x = 22 500,00 € x 100/180 000,00 € = 12,5 % b) Leistungssatz: 90 000,00 € : 500 000 km = 0,18 €/km c) Abschreibungsbetrag 20(0): 96 000 km x 0,18 € = 17 280,00 €

Auswertung des Jahresabschlusses

Aufg. 290	Rohergebnis: 450 000,00 € Betriebskosten: 280 000,00 € Reingewinn: 170 000,00 €
Aufg. 291	a) 72,9, b) 82,3, c) 60,0 %, d) 40,0 %, e) 204,1 %
Aufg. 292	a) EK + langf FK × 100 / AV = **128,74 %** 1 280 000,00 + 960 000,00 × 100 / 1 740 000,00 b) Flü Mittel × 100 / kurzf VB = 13,95/**14,0 %** 240 000 × 00 / 1 720 000,00 c) FK × 100 / GK = 67,68 / **67,7 %** 2 680 000,00 × 100 /3 960 000,00 d) Gew. × 100 / UmE (SpE) = 0,63 = 0,6 % 108 000,00 × 100 / 17 200 000,00 e) Gewinn × 100 / Ek (Anf.d.J.) = 9,2 % 1 172 000,00 × 100 / 1 172 000,00
Aufg. 293	a) 7, b) 4, c) 5, d) 2, e) 6, f) 3, g) 1
Aufg. 294	a) Gewinn + Zinsen für FK × 100 / GK → 260 000,00 + 160 000 × 100 / 5 200 000,00 = 8,1 % b) Überschuss + AfA = 260 000,00 + 56 000,00 = 316 000 → 316 T€

Aufg. 295	Eigenkapitalrentabilität a) Walther KG: 12,31 % ALLSPED GmbH 9,23 % b) 1 (Gesamtrentabilität 11,07 %) c) 3
Aufg. 296	5
Aufg. 297	a) 1, 3, 6 b) 317 000,00 × 100 / 6 400 000,00 = **4,95 %**

6 Kosten- und Leistungsrechnung

Abgrenzung

Aufg. 298	a) a1) Brutto: 71 400,00 € – USt.: 11 400,00 € = 60 000,00 € 60 000,00 netto : 6 = 10 000,00 € a2) 10 000,00 : 4 = 2 500,00 + 2 750,00 + 1 000,00 = 6 250,00 € b) AfA: Wiederbeschaffungswert – Reifen – Restwert = Berechnungsgrundlage: 60 000,00 € → AfA nach Leistung: 400 000 km → 60000,00 € 25 000 Km → x € → 3 750,00 € Kalk. Zinsen: 128 000,00 € : 4 = 32 000,00 € Betriebsergebnis: 11 828,00 €
Aufg. 299	richtig: 1, 4 falsch: 2, 3
Aufg. 300	a) 4, b) 2, c) 8, d) 1, e) 6, f) 5, g) 7, h) 3
Aufg. 301	a) 2, b) 1, c) 4 und 3, d) 2, e) 4, f) 2, g) 3
Aufg. 302	a) Anschaffungskosten / ND = 96 768,00 / 6 = 16 128,00 € b) 96 768,00 × 10 % / 2 = 4 838,40 € c) jährliche Gesamtkosten. kalk. Zinsen = 4 838,00 € Abschreibungen = 16 128,00 € Waert./Rep. = 8 709,12 € Energie = 12 000,00 € Sonstiges = 960,00 € **Gesamt: 42 635,52 €**

	d) Gesamtkosten / Einsatzstunden = 42 635,52 / 2 880 = 14,80 €
Aufg. 303	a) 2 und 8, b) 5, c) 6, d) 9, e) 1, f) 7, g) 3
Aufg. 304	a) kalkulatorische Zinsen (320 000,00 €) + kalkulatorischer Unternehmerlohn (440 000,00 €) + kalkulatorische Miete (118 548,00 €) + kalkulatorische Abschreibung (312 000,00 €) = Summe Kalkulatorische Kosten: 1 190 548,00 € b) a.o. Ertrag + periodenfremder Ertrag (40 000,00 + 8 000,00) 48 000,00 € – a.o. Aufwand + periodenfremder Aufwand (24 000,00 + 147 000,00) 171 000,00 € = Neutrales Ergebnis: – 123 000,00 € c) UE 369 000,00 € – (–) NE 123 000,00 € – AG 610 548,00 € (kalk. Kosten 1.190,00 € – 580,00 €) = –118 548,00 €
Aufg. 305	richtig: 2, 3, 4 falsch: 1, 5
Aufg. 306	1, 2, 3
Aufg. 307	a) 912 000,00 € b) 130 000,00 € c) 372 000,00 € d) 674 000,00 €
Aufg. 308	a) 3, b) 1, c) 2, d) 1, e) 2, f) 2
Aufg. 309	Haftungsversicherung: 4 900 000,00 Speditionserlöse: 21 120 000,00 € a) 21 120 000,00 = 100 % 367 540,00 = x % = 1,74 b) 4 900 000,00 × 1,74 % = 85 260,00 €
Aufg. 310	a) kalkulatorische Abschreibungen: 15 700,00 € b) durchschnittlich gebundenes Kapital: 52 000,00 € c) kalkulatorische Zinsen pro Jahr: 2 860,00 €

Vollkostenrechnung

Aufg. 311

A	240 000,00	6	1 200	7 200,00
B	440 000,00	11	1 200	13 200,00
C	320 000,00	8	1 200	9 600,00
		25		30 000,00

Aufg. 312

a) 745 450,00 + 480 000,00 = 1 225 450,00

b) 1 240 625,00 / 6 250,00 = 198,50 €

Aufg. 313

a) 2, b) 4, c) 5

Aufg. 314

3

Aufg. 315

a) Abt.-Ergebnis: NatSped: 173 000,00 / IntSped: 192000,00 / Lager: 28 000,00

b)

SpK	41 2000	=100 %	
+ BK	1 176 000	= x %	= 285,4 %
= GK	1 588 000	= 100 %	
+ GW	192 000	= x %	x = 12,09 %
= SpE	1 780 000		

Aufg. 316

a) Erg. Abt. Luft: 108 936,00 €

b) UmS-Rentabilität: 108 936 × 100 / 305 000 = 35,7 %

Aufg. 317

a) kalkulatorische Zinsen: 7 000 000,00 € x 9 % = 630 000,00 € : 12 = 52 500,00 €

b) kalkulatorische Abschreibungen:

9 600 000,00 € x 20% = 1 920 000,00 € : 12 = 160 000,00 €

c) Verteilung:

kalk. Zinsen: 52 500,00 € : 15 T = 350,00 €
1 T = 350,00 €
4 T: 350,00 x 4 Anteile = 1 400,00 €
6 T: 2 100,00 €
2 T: 700,00 €
1 T: 350,00 €

	kalk. AfA: 160 000,00 € : 20 T = 8 000,00 € 6 T = 8 000,00 € x 6 Anteile = 48 000,00 € 2 T: 16 000,00 € 3 T: 24 000,00 € 5 T: 40 000,00 € 4 T: 32 000,00 €
Aufg. 318	a) Gesamtlohn 465 000,00 € → Gesamtlohn × 100 / Gemeinkosten: 465 000 € × 100 / 2 883 000 € = 16,13 % b) Abt.Erg × 100 / Abt-Erlöse → 618 075 € × 100 / 3 000 000 € = 20,60 % c) 200 000,00 € = 16 % v. Wiederbeschaffungswert: 16 % = 200 000 € 100 % = x = 1 250 000,00 € Pro Quartal: 1 250 000,00 € d) Abt. Log-Lager: Selbstkosten pro Auftrag: Einzelkosten × 100/Kosten pro Auftrag: 480 000/120 = 4000 Aufträge Selbstkosten für einen Auftrag: Abteilungskosten / Aufträge = 1 225,00 / 4 000 = 306,36 €

Aufg. 319

Kostenarten	Lkw in €	Paket in €
Löhne	80 000,00	80 000,00
Fuhrpark	30 000,00	90 000,00
Betriebskosten	60 000,00	30 000,00
kalk. Kosten	20 000,00	60 000,00
Summe GK	190 000,00	260 000,00
+ Einzelkosten	170 000,00	76 000,00
Gesamtkosten	360 000,00	336 000,00
Erlöse	400 000,00	420 000,00
Ergebnis	**40 000,00**	84 000,00

Aufg. 320	2
Aufg. 321	2

Teilkostenrechnung (Deckungsbeitragsrechnung)

Aufg. 322

a) variable Kosten = 26,00 €

b) variable Kosten + fixe Kosten = 550,00 € + 186,00 € = 736,00 €

c) Betriebsergebnis: DB – fixe Kosten

	NV in €	INT in €	Summe in €
UmE	62 000	105 000	167 000
– vK	52 000	82 500	–134 000
= DB	10 000	22 500	32 500
– FK	24 000	27 900	51 900
Erg.	–14 000	–5 400	–19 400

Aufg. 323

a) Netto Frachteinnahme:
170,00 € × 5000 / 100 = 85,00 €

b) variable Kosten:
0,75 € × 100 km = 75,00 €

c) fixe Kosten:
a) – b) = 85,00 € – 75,00 € = 10,00 €
40 % = 10,00 €
100 % = x €. → 25,00 €

Aufg. 324

a) vK: 25 % von 10 200,00 € = 2 550,00 €

b) fK: 10 200,00 € – 2 550,00 € = 7 650,00 €

c) DB in %: 10 200,00 € = 100 %
6 120,00 € = x % = 60 %

d) UmE: 8 670,00 € (DB + vK = UmE)

e) Erg.: –1 530,00 €

Aufg. 325

a) vK pro Auftrag.: 31 820 : 185 = 172,00 €

b) DB/Auftrag: 660,00 € – 172,00 € = 488,00 €

c) BEP = fK: DB/pro Auftrag = 162 Aufträge

d1)

Umsatzerlöse	122 100,00 €
– variable Kosten	31.820,00 €
= DB	90 280,00 €
– fixe Kosten	79 056,00 €
= Ergebnis	11 224,00 €

d2) (9,19) 9,2 %

Aufg. 326

a) Umsatzerlöse 540 000,00 €
– variable Kosten 180 000,00 €
= DB 360 000,00 €
– fixe Kosten 198 000,00 €

Ergebnis 162 000,00 €

b1) 162 000 / 300 Aufträge = 540,00 €

b2) 100 × 540,00 / 1 800 = 30 %

Aufg. 327

Erlöse je Tour: 400,00 €
Erlöse je Tour – vK = DB
→ 400,00 € – 300,00 € = 100,00 €
(Break-Even-Point) Notwendige Touren
= fK/DB = 9 000,00 € / 100 = 90 Touren

Aufg. 328

Umsatzerlöse 1 200,00 €
– variable Kosten 900,00 €
= DB pro Auftrag 300,00 €
fixe Kosten/DB pro Auftrag
→ 27 000 € / 300,00 € = 30 Fahrten

Aufg. 329

	UmE in €	VK in €	DB in €
NV	165 375,00	197 316,00	–31.941,00
FV	577 332,00	180 594,00	396 738,00
IntV	1 185 030,00	453 600,00	731 430,00
	1 927 737,00	831 510,00	**a1**)1 096 227,00
		– Fixe Kosten	480 000,00
		Ergebnis	**a2**) 616 227,00

	UmE in €	VK in €	DB in €
FV	577 332,00	180 594,00	396 738,00
IntV	1 185 030,00	453 600,00	731 430,00
	1 762 362,00	831 510,00	1 128 168,00
		– Fixe Kosten	420 000,00
		Ergebnis	**b**) 708 168,00

Aufg. 330

	NV in €	FV in €	IntV in €	Summe in €
UmE	90 000,00	243 000,00	162 000,00	495 000,00
–vK	55 580,00	162 000,00	141 750,00	359 550,00
DB	34 200 ,00	81 000,00	20 250,00	**135 000,00**
–fK	24 000,00	36 000,00	9 000,00	69 000,00
ERG	10 200,00	45 000,00	11 250,00	**66 450,00**

a) Langf. Preisuntergrenze:
55 800,00 € + 24 000,00 € = 79 800,00 €
79 800,00 € / 1 200 Aufträge =
66,50 € pro Auftrag

b) Deckungsbeitrag aller Abt.: 135 000,00 €

c) Betriebsergebnis: 66 450,00 €

Aufg. 331

a) fixe Kosten/Tag:
154 125,00 € : 240 = 642,19 €/Tag

b) Deckungsbeitrag: UmE – variable Kosten =
600,00 € – 232,56 € (228 km x 1,02 €) = 376,44 €.
(= Annahme, weil positiver DB)

c) Ergebnis bei Auftragsannahme:
600,00 € – 232,56 € – 642,19 € = –274,75 €
→ Verlust nach Vollkostenrechnung: 274,75 €

Aufg. 332

a) variable Kosten/t:
90 000,00 € : 900 t = 100,00 €

b) GK = fK + vK = 90 000,00 + 180 000,00 =
270 000,00 €

c) BEP = fK / DB = 180 000,00 € / 500,00 € = 360 t
DB: 600,00 € – 100,00 € = 500,00 €

d) BE: UmE – vK – fK = 540 000,00 € –
90 000,00 € – 180 000,00 € = 270 000,00 €

Aufg. 333 5

Aufg. 334 A 6; B 2; C 4

Aufg. 335 3

Aufg. 336 3

Aufg. 337	a) Gewinnschwellenmenge: 550 t → (fK/db) → db = SpE – vK → 104 500,00 € / (300,00 – 110,00) 190,00 € = 550,00 € b) Beschäftigungsgrad: tatsächliche Beschäftigung / max. Beschäftigung → 550 t / 800 t × 100 = 68,75 %
Aufg. 338	a) BEP → fixe Kosten = Summe DB → 163 050,00 € b) 163 050,00 € – 127 500,00 € (Woche 1–3) = 35 550,00 € c) 67 Aufträge × 780,00 € = 52 260,00 € → 35 550,00 € → Gewinn d) 52 260.00 € – 35 550,00 € = 16 710,00 €
Aufg. 339	a) 26 400,00 €, b) 100, c) 55,00 €
Aufg. 340	a) 162 000,00 € b) b1) 540,00 €, b2) 30 %
Aufg. 341	a) 288 056,00 € b) NB: –5 920,00 €, FB: 140 592,00 €, INB: 153 384,00 € c) –41 944,00 € d) –25 024,00 €
Aufg. 342	Ziffernfolge absolut: 1 – 2 – 3 Ziffernfolge relativ: 3 – 2 – 1

Bildquellenverzeichnis

BC GmbH Verlags- und Medien-, Forschungs- und Beratungsgesellschaft, Ingelheim: 108.1, 108.2, 108.3, 108.4.
Brauner, Angelika, Hohenpeißenberg: 239.1.
Getty Images (RF), München: mikimad 1.1.
Internationales Eisenbahntransportkomitee (CIT), Bern: 88.1.
iStockphoto.com, Calgary: oleg7799 81.1.
stock.adobe.com, Dublin: dzm1try 71.1; goodluz Titel; HN Works 53.1, 62.1; Hubka, Michal 50.1, 56.1, 60.1; nsdpower 1.2; WoGi 41.1.
YPS - York Publishing Solutions Pvt. Ltd.: 19.1, 20.1, 24.1, 25.1, 26.1, 35.1, 37.1, 38.1, 39.1, 40.1, 70.1, 76.1, 78.1, 89.1, 116.1, 146.1, 209.1, 210.1, 219.1.

Sachwortverzeichnis

Renée Bonanomi
Der Weg der Liebe

Für Samuel

Damit auch du
zu deinem inneren
Frieden kommst.

Luzia

2010

Renée
Bonanomi

Der Weg der Liebe

Zweiundfünfzig Meditationen

Rio Verlag

Renée Bonanomi auf dem Internet:

www.goldraum.ch

Kontakt:
Renée Bononomi
Kutscherweg 14
CH 3047 Bremgarten
Telefon (0041) 031/ 301 21 31

oder

E-Mail: goldraum@goldraum.ch

1. Auflage 2001

CH-8008 Zürich, Telefon 01 385 55 11
E-Mail: elster-rio@access.ch

Umschlagabbildung, Photographien und Innengestaltung:
Katharina Vonow, CH-8143 Stallikon
Umschlaggestaltung: Alex Werth, Zürich
Gesetzt aus der Adobe Garamond 11/14,
Satz: Rio Verlag Zürich
Belichtung, Druck und Bindung: Werkstatt Verlag
ISBN 3-907768-40-x

Inhalt

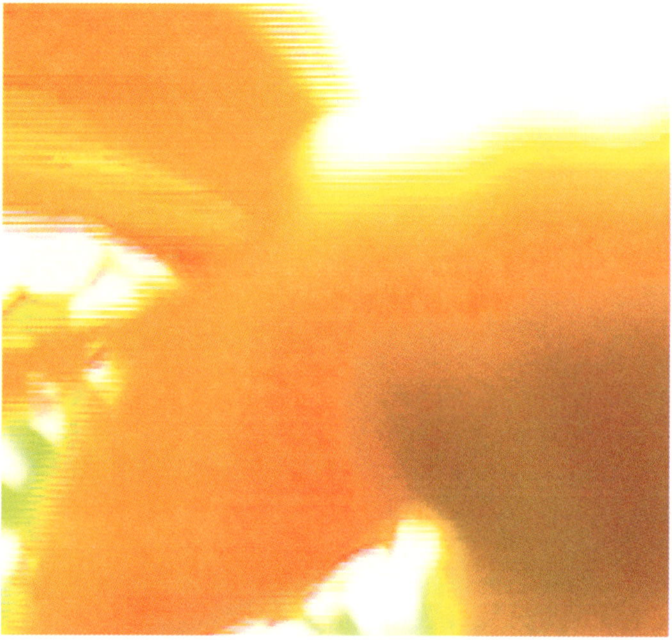

I

Lass mich Sonne sein. Ich spüre den Atem ein- und ausfließen. Er kommt und geht. Ich binde ihn nicht. Atem bedeutet Leben. Ich lasse geschehen, dass der Atem meine Schwingungen wahrnimmt und ausgleicht.

Ich betrachte ihn, vertraue ihm. Er gibt mir Leben. Das Licht wird unentwegt durch mich zu Leben, Gestalt, Form.

Ich spüre, wie die beiden Energien
das Einatmen von Licht
das Ausatmen von Leben
zusammen gehören, immer.

Bei jedem Atemzug versucht das Licht, das Leben ins Gleichgewicht zu bringen.
Licht und Leben
ewig in mir
ewig durch mich.

Ich spüre mein Vertrauen wachsen.
Der Atem löst sich auf in Stille.

Ich sehe gebündelte Strahlen von meinem Kopf ausgehen wie bei einer Sonne. In der Einheit von Leben und Licht löst sich der

Atem auf im Licht und wird strahlende Kraft, wird Bewusstsein.

Wie groß ist doch das Vermögen des Menschen, Sonne zu sein, Einheit, Geist, heilend, das Leben annehmend als vollkommene Partnerin des Lichts.

Wer Sonne ist, findet überall die Liebe und das Licht. Der Schatten ist ihr unbekannt. Der Spiegel der Sonne ist immer Licht, weil sie selbst das Licht ist.

Göttliche Lichtkraft, lass mich hier auf Erden Sonne sein.

Göttliche Lichtkraft, lass mich von innen her strahlen, meine Kraft aussenden als Liebe.

Göttliche Lichtkraft, lass mich hier auf Erden frei sein von der Bindung in die Nacht.

Innen ist alles frei, losgelöst im Licht, und das Licht spiegelt sich tausendfach im Außen.

Lass mich Sonne sein.

2

Samen der reinen Liebe. Ich denke an das Wort LIEBE und betrachte seine Wirkung auf mich.

Die wohltuende Kraft dieses Wortes dehnt sich in mir aus und erfüllt mich ganz. Ich werde zu einem für die Aussaat vorbereiteten Acker geführt. Samen der reinen Liebe werden in die Erde gelegt. Sie entwickeln sich, wachsen.

Ich darf zusehen und das wunderbare Gefühl der Liebe geniessen.

Die reine Liebe ist nicht gebunden an ein Du. Sie ist nicht gebunden an ein Ich. Sie wählt nicht aus. Sie ist frei, wächst um der Liebe willen und möchte sich einfach verschenken.

Ich spüre, wie diese Samen in mir zu blühenden Pflanzen heranwachsen und eigene Samen bilden, die ich wiederum aussäe, damit auch sie sich entwickeln. Ich empfinde die Freude, die mich erfüllt.

Samen der reinen Liebe, ich möchte euer Wachstum fördern.

Pflanzen der reinen Liebe, vermehrt euch in mir.

Pflanzen der reinen Liebe, ich möchte erfüllt sein von euch.

Ich gebe die Samen, die ich ernten darf, auch weiter. Sie dürfen fliegen, wohin sie wollen. Ich stelle keine Bedingungen, hege keine Erwartungen. Ich säe Samen in die ganze Schöpfung.

Ich säe Samen der reinen Liebe.

Ich pflege die Pflanzen der reinen Liebe.

Ich liebe um der reinen Liebe willen.

Licht. Ich habe Vertrauen.

3

Bei jedem Atemzug bleibe ich ein bisschen länger im Licht, schaue zu wie beim Ausatmen meine Energie ins Leben hinaus führt.

Ich hole das Licht über dem Kopf beim Einatmen ein und spüre, wie der Raum in mir immer weiter, immer lichtvoller und heller wird. Ich kann jetzt sogar spüren, dass er beim Ausatmen Licht bleibt.

Ich atme Licht ein, bin Licht und strahle Licht hinein ins Leben.

Die Schwingung des Lichts wirkt befreiend auf das, was mich noch bindet im Außen. Ich möchte frei sein von Ego, Manipulation, von Wollen und Bindung an Erfolg oder Nicht-Erfolg.

Ich bin Licht. Ich brauche nicht zu urteilen und zu binden. Ich darf einfach Licht sein.

Licht kommt.
Licht bin ich.
Licht geht.

Dies ist die höchste Kraft der Heilung. Alles geschieht von selbst.

Ich atme Licht ein.
Ich bin Licht und
strahle Licht aus.

4

Licht und Liebe. Ich atme über dem Kopf Licht ein und gebe mit meinem Ausatem alles weg, was mich noch belastet. Ich atme Licht ein und reinige mich beim Ausatmen, werde freier und freier. Licht fließt ein und reinigt mein Leben. Es ist wie ein Hausputz. Ich lasse los, was ich nicht mehr benötige.

Einatmen – Licht

Ausatmen – Reinigung

Mein Geist wohnt in meinem Haus. Ich gestalte es so farbig und bunt, lebendig und fröhlich wie möglich. Das Licht fließt mit jedem Atemzug in mich hinein, und ich nutze diese Kraft zur Reinigung meines Hauses, meines Lebens. Wo immer ein Gedanke noch zieht, reinige ich ihn mit dem Licht – immer wieder und immer wieder. Jeder Gedanke ist aus der Liebe geboren und hat sich mit der Zeit vermischt. Jeder Gedanke beruhigt sich in der Liebe Gottes.

Das Licht in mir wohnt in der Liebe, im Haus der Liebe.

Der Geist wirkt durch mich – unentwegt. Durch mich wird Geist Leben.

Ich bin das Leben, das ich bin. Ich habe den Wunsch, das Leben schön zu leben. Ja, mein Haus soll strahlend werden, mein Leben Glückseligkeit und Freude.

Ich bin Geist.

Ich nutze das Licht zu meiner Reinigung. Lass mich Liebe sein.

Lass alles Enge und Schwere in mir reine Liebe werden.

Lass meine Farben leuchten in Glückseligkeit.

In meinem Ursprung bin ich Licht und Liebe. Das Licht ist formlos, in sich gehalten. Die Liebe als ein Ich ist irgendwo in der Schöpfung gebunden. Das Licht wird Schöpfung. Das Licht wird Liebe über mich.

Meine Farben strahlen weit, leuchtend.

Mein Leben ist gebunden im Licht als einzige Bindung.

Mein Leben ist das Leben der Freude, des Spiels, weil die Bindung im Licht ist.

Ich bin das Licht.

Die Schöpfung ist das Spiel meiner Freude.
Die Schöpfung ist der Ausdruck meiner Liebe.

Lass mich schöpferisch sein.
Lass mich Leben sein.

Lass mich Liebe sein,
im göttlichen Bewusstsein gebunden,
im Licht gebunden,
in Gott zu Hause.

5

Alles ruht im Gold. Das Licht ist da.

Ich werde in rasender Geschwindigkeit durch viele Bilder geführt. Immer, wenn ich eines halten möchte, sind viele neue da und ich sehe sie alle. Versuche ich, eines zu halten, entsteht eine Spannung im Kopf. Nehme ich sie einfach an, kann ich alle Bilder gleichzeitig ganz locker sehen. Das Tempo wird immer schneller. Ich weiß, ich bin gleichzeitig in langen Vergangenheiten, in der Gegenwart und in der Zukunft. Ich bin gleichzeitig in kleinen Details, unwichtigen Alltagsdingen und großen, markanten Wichtigkeiten.

Wenn ich loslasse, bin ich gleichzeitig überall. Es ist nur das Halten, das mich begrenzt.

Die Bilder stehen nun still. Mein Blick geht zur Erde, geht weit in die Vergangenheit zu ihrem Ursprung, geht in die ferne Zukunft, und alles ist miteinander verwoben in einer wunderbaren Ordnung. Aus Energie sind Galaxien entstanden, auch unser Sternensystem. Das ganze All hat sich zusammengefügt nach einer bestimmten Ordnung.

Es ist jetzt viel stiller in mir als vorher – weiter, kosmischer. Alles ist wunderbar zusammengefügt, alles miteinander funktioniert in unendlicher Vielfalt, jedes System in seiner Art. Dieses Wissen gibt mir Vertrauen, gibt mir Sicherheit.

Ich bin nur ein kleiner Mensch auf diesem kleinen Planeten Erde, aber ich weiß vom Sinn dieser einen großen, kreativen Kraft und habe Vertrauen.

Ich darf alle Bilder loslassen, kann geschehen lassen.

Alles ist vollkommen. Alles ruht im Gold.

Der Weg ist die Liebe, und die Liebe wird Wissen, miteinander sind sie Gold, das Ewige, das alles Relative in sich trägt.

Der Weg ist die Liebe.

6

Leere. Leere ist in mir. Es braucht viel Mut, ihr zu begegnen. Immer wieder will ich sie überdecken, damit ich ihr nicht begegnen muss. Ich lege Probleme davor oder Unterhaltung, Ablenkung, nur weil ich Angst habe, dass es leer sein könnte.

Es ist leer in mir, nichts ist da.

Ich sehe nun meine Leben wie einen Traum, lebendig, packend, wirklich und ich mitten drin gebunden.

Aber wo ist er nun, mein Traum, hier in der Leere? Es war ein Traum, sonst nichts. Er hat mich gepackt und geschüttelt. Er war farbig und bunt, schwarz und hell. Aber es war ein Traum. Hier in der Leere berührt das Leben mich nicht mehr. Der Traum ist geträumt. Ich bin wach in der Leere.

Diese Leere ist weder licht noch dunkel – das wäre schon wieder Bindung. Es ist einfach leer. Ich spüre, dass hier mein Atem ruht. Ich träume. Meine vielen Leben schweben um mich herum und möchten, dass ich mich mit ihnen einlasse, sie binde, aber ich lasse mich nicht verführen. Ich möchte einfach nur leer sein. Das ist schwer. Je leerer ich bin, umso mehr Leben sucht noch Bindung. Ich sehe nicht nur meine Leben, sondern auch die von vielen Menschen. Sie versuchen mich zu locken, in ihren Bann zu ziehen. Erlebe doch noch dieses oder jenes – komm doch mit, spiele mit uns.

Ich bleibe in der Leere. Mein Atem ruht. Je mehr ich den Mut habe, leer zu sein, desto dynamischer, intensiver, lebendiger lockt mich das Leben. Nicht nur das der Erde, es locken mich die Galaxien. Komm doch, binde dich, lebe. Je mehr Leere in mir, desto weiter die Sicht ins Leben hinein, desto größer der Lockruf, träume doch, bewege doch, lebe. Irgendeinmal wird der Lockruf Leben stärker sein, als der Wunsch nach der Leere. Es sind zwei starke Kräfte, die ziehen. Je mehr ich mitten drin im Leben gehalten bin, desto mehr zieht mich diese Leere. Je leerer ich bin, desto stärker zieht mich das Leben.

Ich gehe ins Leben hinein wie in einen Traum. Innen bleibe ich wach in der Leere ohne Atem. Außen spiele ich den Traum, aber er bindet mich nicht mehr. Deshalb wird das Leben zum wunderschönen Spiel, zum bunten, farbigen Spiel. Innen atmet es nicht, innen ist es leer, außen spielt es Traum um Traum, Leben um Leben, Bewegung um Bewegung. Aber ich bin frei.

Ich habe keine Angst mehr vor der Leere.

Ich suche dich Leere, mitten in meinem Spiel sind du und ich eins.

7

Ostern. Oben am Kopf fließt Licht hinein und durch die Füße heraus in die Erde.

Ostern – Ist diese Botschaft nicht die wichtigste überhaupt, die Christus uns damals und heute gibt?

Weihnachten – siehst du, ich – Christus – verbinde mich erneut mit dem Unbewussten. Ich beginne ein Leben mit Leid und Freude. Als Zeichen für dich werde ich Mensch wie du.

Karfreitag: Sage ja zu aller Nacht des Unbewussten. Christus prägte am Kreuz die Worte: *Vergib ihnen, denn sie wissen nicht, was sie tun.* Er spricht das Unbewusste in uns an: Es weiß nicht.

Christus lehrt uns: Trage die Verantwortung deines Lebens. Trage dein eigenes Kreuz. Nimm es ganz an, bis zu seiner dunkelsten Nacht und dir gehört die Erleuchtung. Nimm alles an, was du bist. Auch alles Leiden, das du in vielen Leben schon erfahren hast. Nimm an, dass die dunkelste Nacht deine Wirklichkeit ist. Du bist das Yin und das Yang, du bist der Tag und die Nacht – nimm es an. Wenn du nichts mehr von dir wegstößt, wenn du zu allem, was du bist, ja sagen kannst, ist die Erleuchtung da.

Die Erleuchtung ist da, das ewige Leben, diese Kraft in uns. Wir sind geboren zur Erleuchtung. Der Weg liegt hinter uns. Christi Bild von Ostern ist nicht Illusion, Märchen. Es ist Wirklichkeit. Wenn ich das Unbewusste in mir ganz annehme, ganz erkenne, löst es sich auf in der Erleuchtung.

Seine Botschaft ist groß in ihrer Bedeutung. Ostern betrifft uns alle, er spricht von uns. Wir sind Ostern. Wir haben die Möglichkeit hinein zu fließen in die All-Liebe, in das Schöpfungsgeschehen, das sich auflöst in Licht und Gottesbewusstsein.

Was immer auf dem Weg im Kosmos geschehen kann an dunkelstem Leid, es ist die Liebe, die weise Liebe, die jede Nacht zum Tag werden lässt. Das menschliche Bewusstsein hat nur ein Ziel: Die Nacht im Tag aufzulösen.

Ich atme Licht ein und strahle es aus. Ich bin Ostern. Aller Weg in mir kann sich befreien, denn ich bin geboren worden für Ostern. Hier im menschlichen Körper kann ich die ganze Freiheit erlangen. Mein menschlicher Körper ist ein Himmelskörper und ist doch hier. Die Engelwelt ist in mir. Es ist ein Bewusstsein, das in mir geweckt ist. Heute, an Ostern ist es soweit.

Heute zeigt uns Christus, dass wir geboren wurden, die Erleuchtung zu erlangen. Nehme ich alles Dunkle in mir ganz an, trage ich die Verantwortung meines Kreuzes, wird das Kreuz zum goldenen Kreuz, der Körper zum Lichtkörper. Ich bin hier, hier auf Erden und bin Engel und bin Licht.

Vor 2000 Jahren hat Christus uns dieses Bild geschenkt. Mehr und mehr gelangt es zur Erfüllung. Licht fließt ein, Licht fließt aus. Es ist Tag in uns, es ist hell in uns. Die Liebe fließt frei, unendlich. Ich bin die Liebe und das Leben. In mir ist alle Liebe. Aus Licht wird Liebe, Leben und kehrt zurück ins Licht.

Wo immer ich meine Sinne hinwende – überall begegne ich der Liebe, dem Licht, weil ich dieses Licht bin. Warum zögern, warum zweifeln? Wir sind Menschen. Christus war Mensch.

Ostern – Welch ein Tag, welch großes Geschehen!

8

Elemente. Es ist still in mir. Ich bin in meiner Mitte.

Es formen sich Bilder.

Ich sehe Fische jeder Art. Ich sehe ihr gemeinsames Element – das Wasser.

Ich beobachte sie und bleibe in der Liebe.
Ich brauche nicht zu versuchen, Fisch zu sein.
Ich liebe einfach, was anders ist als ich.
Ich fühle mich wohl.
Ich bin in meiner Mitte.

Ich sehe Vögel jeder Art. Ich sehe ihr gemeinsames Element – die Luft.

Ich beobachte sie und bleibe in der Liebe.
Ich brauche nicht zu versuchen, Vogel zu sein.
Ich liebe einfach, was anders ist als ich.
Ich fühle mich wohl.
Ich bin in meiner Mitte.

Ich sehe nun viele Menschen, jeder einzigartig. Einige nutzen das Element Wasser als Hauptenergie, andere das Element Luft, wieder andere die Elemente Erde oder Feuer.

Ich beobachte sie und bleibe in der Liebe.
Ich brauche nicht zu versuchen, ein anderer Mensch zu sein.
Ich liebe einfach, was anders ist als ich.

Ich darf sie betrachten.
Ich darf ihre Schönheit bewundern, darf Gott in jedem finden.

Jeder darf sein, wie er ist. Ich bewerte und binde ihn nicht.
Und ich darf sein, wie ich bin.
Ich fühle mich wohl.
Ich bin in meiner Mitte.

Alle Menschen dürfen sein wie sie sind, denn ich darf sein wie ich bin.

In allem finde ich jederzeit Gottes Wunder, wenn ich in meiner Mitte bin und nichts binde. Ich darf die Schöpfung erfühlen, erspüren und erfassen. Bin ich frei von jeglichen Erwartungen und jeglichem Verlangen sehe ich in allem Gott.

9

Engel in den Augen. Ich nehme die Bewegungen und Wellen des Lebens wahr. Die Schleier lüften sich und ich begegne dem Gold, sehe Gold.

Engel spiegeln sich in meinen Augen, strahlend im Gold.

Auch wenn Probleme und Schmerzen noch drücken, spiegeln sich Engel in meinen Augen.

Ich spüre Ruhe und Vertrauen.

Es sind nur noch einige Lebenswellen, die mich glauben machen, es gehe noch sehr lange, bis ich dieses Gold bin.

Ein Teil in mir ist noch an die Materie gebunden. Der andere Teil schwebt und fliegt mit den Engeln in der goldenen Ewigkeit.

Die Engel singen mir zu: Habe Vertrauen, denn hinter den Problemen liegt die Vollkommenheit des Goldes.

Heerscharen von Engeln strahlen in meinen

Augen, ohne Anstrengung, ohne Zweck und Wollen.

Durch meine Augen darf ich in meine Seele sehen. Durch deine Augen darf ich in deine Seele schauen.

Ich spüre Liebe, die nicht mit Worten zu beschreiben ist.

Ich vertraue dem ewigen Teil in mir, will mich auf Engelsflügeln zum Gold tragen lassen.

Ich habe in den Augen die Liebe gefunden, in meinen Augen, in deinen Augen.

Alles ist Liebe. Allumfassende Liebe.

10

Gleichzeitigkeit. Ich spüre meinen Körper.
Ich spüre mein Engel-Dasein.
Ich spüre das Licht, formlos.

Betrachte ich den Körper, wird er Licht.
Betrachte ich das Licht, wird es Körper.
Diese Gleichzeitigkeit zu erfahren ist das schönste Gefühl, das es wohl gibt.
In ihr fällt alle Bewertung weg.

Ich bin immer Licht – immer Engel – immer Körper.
Nur ich hatte es vergessen.
Ich war es trotzdem.

Es gibt nichts, das ich suchen müsste außerhalb von mir selbst.
Alles je Gedachte, alles je Gefühlte, ist in mir vorhanden.

Das Licht und seine Schöpfung liegen in mir.
Und dieses Wissen nehme ich wahr als Liebe.

Liebe zu aller Form
Liebe zum DU über mich.
Licht – Engel – Körper
gleichzeitig – immerwährend.

Ich liebe mich, denn ich bin aus dem Licht geboren und bin die dunkelste Nacht und der hellste Tag gleichzeitig.

Unendliche Liebe, die nichts von sich trennt, weil das Licht die Einheit ist.

Liebe ich mich selbst, gibt es nichts außen, das mich nicht widerspiegelt in Liebe.

Ich fühle den Körper, die Seele, den Geist gleichzeitig als unbegrenzte Liebe.

II

Zeitlos. In mir ist ruhende Kraft. Ich empfinde sie als Erholung, darf entspannen. Ich brauche nichts zu tun. Die Zeit lässt mich los.

In dieser Ruhe ist EWIG und JETZT gleich. In mir ist Licht, das noch keinen Namen hat, noch keine Geburt. In diesem Licht ist alles enthalten. Was immer die Zeit noch von mir will und verlangt, hat hier keine Wichtigkeit. Mein Gesicht entspannt sich. Es ist weder jung noch alt, es ist entspannt.

Meine Gedanken ruhen. Sie brauchen sich nicht ans Jetzt und ans Gestern oder ans Morgen zu binden. Sie sind frei. Sie ruhen dort, wo alle Gedanken erfüllt sind.

Meine Gefühle ruhen. Sie brauchen sich nicht nach Außen zu binden. Sie sind frei. Sie ruhen dort, wo alle Gefühle erfüllt sind.

In mir ist Licht. Ich bin dieses Licht. Dieses Licht war da vor meinem Werden. Dieses Licht war in jedem meiner Leben da. Ich habe mich verändert, bewegt, das Licht war immer da. Ich habe die Zeit gesucht. Ich habe die Zeit gelebt.

Die Zeit ruht jetzt in mir. Ich brauche sie nicht mehr zu suchen. Alles, was es im Zeitgeschehen geben kann, liegt in mir. Ich ruhe im Licht, in der Erfüllung aller Zeiten und aller Gefühle.

Ich habe mich in vielen Leben erfahren, war in Eile auf der Suche nach mir selbst. Und nun habe ich mich gefunden.

Ich lasse die Zeit gehen. Ich suche das Licht nicht irgendwo. Ich weiß nun, das Licht ist in mir, wo ich auch gehe und stehe.

Das Licht war immer in mir. Dies ist der einzige Ort, wo ich es finden kann. Das Licht in mir lässt alles zu Licht werden. In diesem Licht ist alles erfüllt, jeder Gedanke, jedes Gefühl. Die Zeit ruht in ihrer Erfüllung – im Licht.

Ich habe mich unendlich lange in der Zeit gesucht und da gefunden, wo ich immer war, im Zeitlosen in mir.

12

Göttliche Mutterliebe. In mir ist eine unendlich weiche, zarte und doch sehr starke Kraft der Liebe. Sie strahlt hinein in meine Bindungen, die oft noch von Schmerz, Verletzung und Bedingung begleitet sind. Die göttliche Liebe ist unbeschreibbar. Sie ist wie ein zartes und doch starkes goldenes Licht.

Ich erlaube dieser Liebe, durch mich zu fließen, werde offener und möchte sie durch mich zum Ausdruck bringen, sie in alle Herzen strömen lassen. Diese Liebe versiegt nie, sie ist immer da. Ich brauche mir nur ihrer bewusst zu sein und sie fließen lassen. Diese Liebe heilt alle Wunden.

Ich bin im Schoße meiner göttlichen Mutterliebe. Sie versteht alle meine Formen, alle meine Bindungen, und ich war immer ihr Kind, auch wenn ich verzweifelt war, in Hass gebunden. Ich bin ihr Kind. Sie hat mich immer golden geliebt in ihrer Reinheit.

In ihrem Schoß löst sich alle Verspannung. Sie musste mich gebären. Sie wusste, dass ich der dunkelsten Nacht begegnen werde. Sie hat mich immer geliebt. Ich war immer in ihrem

Schoß Die ewige Liebe ist die Urmutter des Lebens, der Schöpfung.

In diesem Wissen löst sich alle Verspannung. Im Wissen, dass diese Liebe mich immer begleitet, immer begleitet hat und immer begleiten wird, kann ich aufatmen. Ich bin ihr Kind.

Ich bin aus der göttlichen Liebe, dem Gold geboren und deshalb bin auch ich diese Liebe, die sich weiter verströmen kann. Bedingungslos lasse ich sie sanft fließen in alle Herzen. Ich gebe sie mir, allen Lebewesen und der ganzen Schöpfung.

Göttliche Mutterliebe, dich will ich zum Ausdruck bringen.

Göttliche Mutterliebe, sei du meine wunderbare Schöpferkraft.

Göttliche Mutterliebe, fließe als Lebensstrom in die Herzen der Menschen.

13

Farbenspiel. Ich tauche ein in die Empfindung, dass ich Farbe bin, ein Fluss von Farben.

In diesem intensiven Spiel, licht und hell, nehme ich meinen Körper nicht mehr wahr. Durch mich hindurch, um mich herum fließen leuchtende Farben.

Das Spiel der Schöpfung – unendlich kraftvoll und leicht.

Ich tauche ein in die Empfindung, dass ich Körper bin. Sehe ich mich in der dichteren Form und betrachte meinen Körper, werden auch die Farben dichter und dunkler. Nehme ich Schmerz wahr, Schmerz in meinem Körper, meinen Gedanken und Gefühlen ist es mir, als ob die leuchtenden Farben gar nie existiert hätten, so dicht erscheinen sie mir. Und doch sind sie rein und hell. Nur meine Wahrnehmung hat sich verändert.

Ich – Schmerz
Ich – Körper
Ich – fließende leuchtende Farbe
Ich – Licht

Ich erkenne die Freiheit der Wahl. Niemand sagt: Du sollt, du musst. Ich kann frei wählen, welche Form ich leben möchte.

Ich darf Schmerz sein, darf mich als Körper empfinden, darf mich mit leuchtenden fließenden Farben vereinen. Ich darf mich im Licht spiegeln, darf frei wählen.

Wähle ich meinen Körper als wichtigsten Bewusstseinspunkt, sind meine Gedanken und Gefühle beim Handeln auf meinen Körper bezogen. Mein Interesse richtet sich auf die Körperfunktionen. Meine Erwartungen sind körperbezogen. Ich bin Körper, Materie.

Wähle ich, leuchtende fließende Farben zu sehen, sind meine Gedanken und Gefühle beim Handeln mit Leichtigkeit erfüllt. Das Leben ist ein Spiel.

Wähle ich das Licht, sind meine Gedanken und Gefühle mit reiner Liebe erfüllt. Ich bin die bedingungslose Liebe, die zu allen fließt.

14

Vertrauen. Ich habe Vertrauen.

Mein Atem lässt das Licht Leben werden durch mich.

Er bewegt meine Farben im Aurafeld.

Über den Atem werde ich Leben, gebe ich dem Licht Ausdruck.

Ich spüre, wie das Licht meine Saite schwingen lässt – mein wahres Selbst.

Gott, das Licht, bringt mein Selbst zum Klingen – eine einzige Welle. Und diese Ich-Welle schwingt in den Kosmos und wird vielfältig, dehnt sich aus in unzählige Varianten, Formen, Bindungen. In mir ist Gottes Licht, und das Ich, geboren in einer kleinen einzigartigen Schwingungswelle.

Gottes Licht bringt meine Urschwingung in Bewegung, die Leben, die Schöpfung sein will.

Wenn ich hineingehe in die Bindung der unendlich vielen Varianten, wird das Leben oft schwer für mich. Lenke ich meinen Blick jedoch auf den Ursprung, auf das Licht, ist alles vollkommen und wunderbar. Aus diesem Blickwinkel sehe ich die Vielfalt in jeder Form als Licht und All-Liebe.

Ich bin in der Geburt meiner selbst, einer einzigen kleinen, gewollten Schwingung, und alle Vielfalt wird ganz einfach. Ich verstehe die Null und die Eins in mir. Ich verstehe das Licht, die Geburt meiner selbst. Ich schaue in die Schöpfung und weiß, ich bin in Gott. Ich weiß, alle sind in Gott.

Ich spüre die Liebe, das Licht, das die Schöpfung sucht und spüre die Schöpfung, die das Licht, die Liebe sucht.

Ich empfinde Dankbarkeit.

Gott möchte sich durch mich in der Schöpfung ausdrücken.

Gott möchte durch mich die All-Liebe ausdrücken.

Ich vertraue und gebe der All-Liebe Ausdruck.

15

Gänseblümchen. Eine Wiese ist übersät mit Gänseblümchen. Alle sind sie gleich. Alle strecken sie ihr Köpfchen nach oben, in der Mitte wie eine Sonne, ihre Blütenblätter weit ausstrahlend nach allen Seiten.

Diese Gänseblümchen symbolisieren meine vielen Leben. Das einzelne Blümchen ist so klein, aber alle zusammen ergeben eine Wiese voll blühender Energie.

Einzeln betrachtet verstehe ich nicht alle Leben. Einige würde ich als wichtig, andere als unwichtig bezeichnen. Ich bin viele Bindungen eingegangen, habe hell und dunkel erfahren.

Zusammen betrachtet jedoch ergibt alles einen Sinn. Ich habe immer meinen Kopf, die gelbe, empfangende Sonne nach oben gestreckt und die Lichtblätter nach allen Seiten entfaltet. Die Erde, der Boden war unterschiedlich. Die Erfahrungen waren verschieden, aber der Sinn war immer die Suche nach dem Licht. Ich kann die Gänseblümchen nicht zählen, denn die Wiese ist riesig. Ich kann meine Leben nicht zählen, es sind zu viele.

Ich gebe ihnen Sinn und fühle große Dankbarkeit und Liebe.

Jede Erfahrung war wichtig. Mein Herz freut sich in Liebe.

Ich danke dem Leben, das blühen darf.

Ich danke für jedes einzelne meiner vielen Leben.

Licht ist in mir.
Gold ist in mir.

Versöhnung ist da, weil in der Liebe alles richtig ist.

Die ganze Schöpfung liegt vor mir, in mir und keines der vielen Leben, keine Erfahrung, war umsonst.

Ich erfasse den Sinn des Lebens als Ausdruck der reinen Liebe, aus dem reinen Bewusstsein geboren. Ich darf alles loslassen, weil es im Lichte gesehen nichts Falsches gibt.

Unten im Boden war meine Vorstellung von

Gut und Böse, unten im Boden war meine Beurteilung von Schlecht und Gut. Vom Licht her gesehen ist alles Ausdruck der reinen Liebe, ist alles kreative Schöpferkraft in ihrer Gestaltung. Jeder Moment hatte seinen ganz klaren Sinn, auch wenn ich es damals, von unten gesehen, nicht wusste.

Alles in mir ist golden.

Ich gestalte und schöpfe, bis auch der Boden Gold ist.

Ich gestalte und schöpfe, bis ich die Vollkommenheit in allem erkenne.

16

Liebe – Schöpfung in mir. Das Wort Liebe erscheint in mir wie ein Tropfen im All. Er fließt in mich. Es formt sich ein Bild. Die Liebe liebt dieses Bild.

Ich verweile in ihm und es sättigt mich. Ich kann diese Liebe nun ausdrücken, mit meinen Sinnen wahrnehmen und beschreiben. Sie hat für mich Sinn und Erfüllung bekommen.

Ich glaube an die Liebe, weil sie für mich Gestalt angenommen hat. Die Liebe formt durch mich Bild um Bild und erfüllt mein Wesen mit ihrer kreativen Kraft. Ich habe einen Sinn, weil die Liebe über mich Form annimmt.

Viele Bilder habe ich mit meinem Ursprung der Liebe kreiert und geschöpft. Jedes ist Erfüllung in Zeit und Raum. Aus dem ewigen Immer-Da-Sein kommen und gehen die Bilder. Eines nach dem andern taucht auf und verschwindet wieder.

LIEBE – die Schöpfung in mir, unendlich
LIEBE – das Prinzip der Schöpfung in mir – ewig

17

Den Moment leben. Was bedeutet es, den Moment zu leben?

Ich nehme diesen Impuls auf und merke, dass ich ihn nicht halten kann, den Moment. Meine Gedanken und Gefühle lassen sich noch nicht von ihm sättigen. Was ist dieses MEHR, das ich noch nicht habe? Weshalb flüchte ich hinein in Zweifel, Unsicherheit, Angst?

Ich lasse meinen Atem weich fließen und werde ruhiger.
Irgendwo in mir, tief innen
wird aus Zweifel Sicherheit
wird aus Angst Kraft
wird aus Unvermögen Selbstvertrauen
entsteht Liebe.

Ich spüre, dass ich hier, tief in mir, im Moment bleiben kann. Die Gedanken fliehen nicht mehr. Das Herz bleibt ruhig, denn es darf lieben. Ich gebe mich dem Moment des JETZT hin.

In mir ist etwas, ein Ort, der stärker ist als alles andere, was mich wegziehen könnte. Meine

Energien sind hier gebunden. Ich habe mich selbst gefunden, habe mir Erfüllung gegeben, habe meine Gedanken und Gefühle in mich hineingezogen, tiefer und tiefer, den Ort gefunden, wo kein Wegschweifen mehr nötig ist, weil hier die höchste Sättigung liegt. Wenn ich in diesem Moment verweile, wird es hell. Alles, was Ich je war, hat hier Platz. Jedes Du hat hier Platz. Dieser Ort ist ein Lichtort, in dem alle Schatten aufgelöst sind durch Erkennen. Hier gehöre ich dem Ewigen. Hier ist der Lichtort, hier ist GOTT.

Alles Denken hört auf, weil ich erfüllt bin vom Leben, von allem Leben, und alles Leben lebt sich von selbst. Innen ist das Licht. Kein Gedanke möchte sich loslösen von dieser höchsten Schwingung. Meine Bindung ist im Licht. Außen spielt das Leben.

Der Alltag wird mich wieder binden, aber innen weiß ich von der Vollkommenheit, und dieses Wissen lässt mich ruhig werden, lässt mich mit Spaß über meine Hindernisse stolpern, lässt meine Gedanken fliegen in Spiel und Freude.

Ich liebe mich
und ich liebe dich,
denn in mir liegt die Einheit, wo jedes DU
und jedes ICH sich auflöst in Vollkommenheit.

18

Das ewige Sein. Die Natur zeigt uns das Entstehen und Vergehen des Lebens, das Geboren-werden und das Sterben. Alles kommt und geht wieder. Es ist ein ständiger Wechsel, ein ständiger Fluss.

Naturbilder entstehen in mir. Sie erzählen von Geburt und Tod. Betrachte ich die einzelnen Bilder, kleine Ausschnitte, spüre ich die Vergänglichkeit. Betrachte ich jedoch das Leben während mehreren Zyklen, empfinde ich es als ewiges Geschehen.

Nichts geht wirklich verloren, nichts stirbt. Es verändert sich nur, ist ein Kommen und Gehen und ein Wieder-Da-Sein.

Auch ich komme und gehe, sterbe und werde wieder geboren. Aber auch in mir ist das Ewige, in dem mein Leben getragen ist. Diese Erfahrung gibt mir eine wunderbare Ruhe. Sie löst alle Ängste auf.

Das ewige Licht ist in mir, die göttliche Energie, der ich Form gebe, mit der ich fortwährend meinen Alltag gestalte.

Alltag, du bist sehr wichtig. Du zeigst mir, wie ich mit der ewigen Schöpferkraft umgehen soll.

Alltag, lass mich dich aus dem reinen Bewusstsein heraus gestalten.

Alltag, lass mich dich aus der inneren Gewissheit des ewigen Seins kreieren.

Alltag, lass mich spüren, dass ich spielen darf, weil es mir Spaß macht zu leben.

Ich spüre die Ruhe, spüre das Gold.

Ich weiß mich im ewigen Sein geborgen.

19

Von der Quelle zum Meer. Ich folge meinem Atem und lasse in mir blaue Farbe entstehen.

Dieses Blau wird ein lebendiger sprudelnder Bach, der spielerisch über Stock und Stein fließt. Er lässt sich nicht beirren durch Engpässe oder Hindernisse, er fließt. Was können Felsen dem Wasser antun, wenn es fließt? Nichts. Ich bin sprudelndes Leben wie dieser Bach. Wie sollen Felsen und Steine mich verletzen, wenn ich Wasser bin? Wie kann ein Stau, der mich zum See werden lässt, ein Hindernis sein, wenn ich Wasser bin?

Ich fließe im Blau von der Quelle bis hinein ins Meer. Alles ist ein Spiel. Ich bin im ewigen Kreislauf geborgen, der mich hochziehen will zur reinen Quelle, wo ich begonnen habe.

Ich bin Licht, löse mich auf in dieser herrlichen Kraft, die weder Quelle noch Meer ist. Dieses Licht steht über allen Erfahrungen des Lebens.

Leicht wie Wasser fließe ich durch mein Leben, lasse meine Energie verspielt und freudig sprudeln. Ich habe das Leben gewählt zu meiner Freude und zu meiner Erfüllung. Nichts kann mich schmerzen, wenn ich erkenne: Ich bin fließende Energie, Licht.

Liebe ist in mir. Sie spricht nicht von Zeit. Sie nimmt den Moment, wie er ist und liebt ihn. Ich überblicke den ganzen Weg vom Bach zum Fluss, von der Quelle zum Meer. Es gibt keine Stelle, die ich nicht lieben könnte auf dem Weg des ewigen Wiederkommens. Viele Leben habe ich neu begonnen und bin an den gleichen Stellen hängengeblieben, bis mein Bewusstsein die fließende Energie erkannt hat.

Licht, ich spüre dich.

Licht, ich wollte diese unzähligen Erfahrungen, damit ich mich erkenne.

Aus dir – Licht – bin ich geboren.
Zu dir – Licht – finde ich zurück.

Und alles ist vollkommen.

20

Geistiger Frühlingsputz. Mein Körper ist das Haus meiner Seele. Ich mache einen geistigen Frühlingsputz, damit sie sich wohlfühlen kann hier in diesem meinem irdischen Körper. Sie bewegt und bewirkt alles Leben in mir. Ist mein Körper eng und begrenzt, dunkel und schwer, ist wenig Raum für ihre große Liebe, ihr Licht.

Engel, bitte komm, führe du mich, geh in jede Kammer meines Hauses, in jede Zelle meines Körpers und reinige mich. Lass mich ein goldener Palast für dich sein.

Immer wieder bin ich ins Leben hinein geboren, um zu lernen. Mein Engel war immer mit dabei, in mir. Er ließ es geschehen, wenn ich Erfahrungen sammelte von Leben zu Leben. Jetzt bin ich da. Ich spüre Licht in jede Zelle, in jeden Raum fließen. Das Licht löst meine Bindung an Schmerz und Leid.

Die Kraft der Liebe dehnt sich aus.

Die Kraft der Liebe fließt in jede Zelle.

Mein Körper ist da, aber ich spüre ihn nicht

mehr. Das Licht in mir befreit mich von jeder Form und strahlt durch mich als Licht. Ich bin im Körper hier auf der Erde, und doch bin ich Licht, reines Licht, reine Liebe.

Ich bin das Licht.

Ich bin das Leben.

21

Verbundenheit. Ich bin Du und Du bist Ich. Die Liebe ist da.

Ich betrachte die Schöpfung in ihrer Mannigfaltigkeit, geboren aus einer einzigen Idee, geboren aus einem Ursprung, der Einheit.

Jeder Mensch ist eine eigene Persönlichkeit, eine eigene Darstellung der Schöpfung in ihrer Bewegung, geboren aus der Liebe, geboren aus dem Licht.

Betrachte ich die Schöpfung aus dem Bewusstsein der Liebe, sehe ich die Schönheit in all ihrem Ausdruck. Dieses Bewusstsein wertet nicht, es kennt nur die Liebe.

Ich sehe viele Leiden. Sie haben Platz in meiner Liebe. Es ist Gestalten, Formen, Schöpfen, das mich lieben lehrt.

Vor Gott gibt es nur das Licht, das sich in der Liebe spiegelt.

Nimm an, wie du jetzt bist, denn jetzt bist du richtig.

Nimm an, wie du morgen sein wirst, denn du bist immer richtig.

Das Bewusstsein der Liebe urteilt nicht, es liebt.

Höre auf deine innere Stimme. Was du noch lernen möchtest, an das bindest du dich.

Also lerne aus dem Heute und das Morgen wird anders sein.

Liebe Gott in dir als deine Schöpferkraft und du wirst Schönheit finden in allem Tun und Handeln. Deine Gedanken wirst du bewusst in die Schöpfung hinein säen, und säst du die Liebe, wird die Liebe deine Ernte sein.

Wenn du verstanden hast, bindest du dich nur noch in der Liebe und der Freude des Tages, der Sonne, des vollkommenen Bewusstseins.

Nimm dich an, wie du bist. Lerne jeden Tag, was dich die reine Liebe lehren möchte, Nimm dein Heute an, so ist wie es ist. Bewerte nicht.

Ich sehe die Schöpfung in ihrer unermesslichen Kraft und staune ob der unendlichen Liebe. Wir alle sind verbunden in dieser Liebe.

Ich bin Du und Du bist Ich.

Gott in uns ist die Liebe.

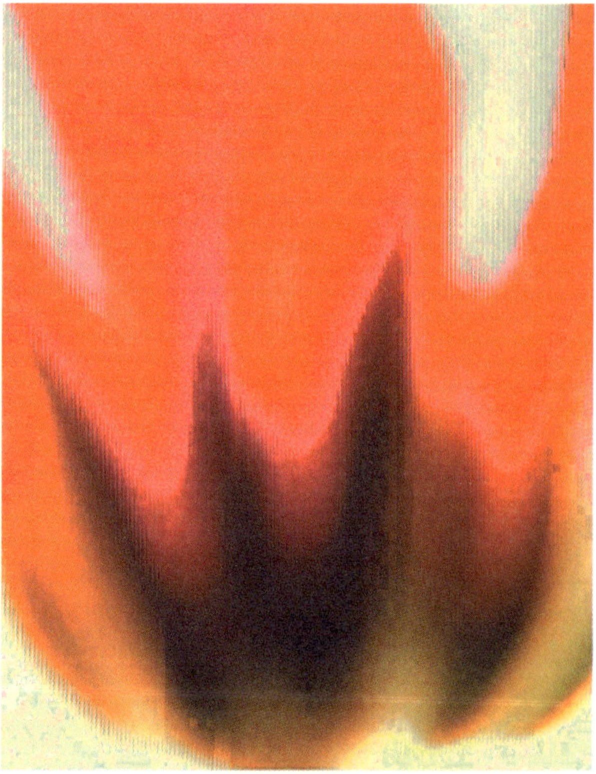

22

Lebensbuch. Ich denke. Ich betrachte, was ich denke. Das Denken zeigt, dass ich lebe, dass ich mich binde an das, was für mich wichtig ist. Ich bleibe in meinen Gedanken und beobachte mich. Was ist für mich wichtig? Wohin ziehen mich meine Gedanken? Was möchte ich lernen? Was möchte ich erkennen? Was unterscheidet mich von den anderen? Warum fühle ich mich an diesem Ort geborgen und an jenem nicht?

Meine Gedanken füllen ein ganzes Buch. Es ist faszinierend, sein eigenes Buch zu lesen. Es gibt nur dieses eine Exemplar. Niemand schreibt das gleiche Buch.

Ich betrachte meine Gedanken. Ich vertiefe mich in mein Leben. Wie viele Seiten habe ich bereits geschrieben? Wie viele Seiten werde ich noch schreiben? Wie war der Beginn meines Buches und wie wird das Ende sein? Wie war wohl mein erster Gedanke? Wie wird mein letzter Gedanke wohl sein? Ich bin dieses Buch. Welche Erkenntnisse sammle ich? Was suche ich?

Es ist ein goldenes Buch – mein Buch. Die

beiden Umschlagseiten leuchten golden. Aus dem goldenen Licht geboren wurde ich Leben. Ich beginne zu unterscheiden, füge mich ein in tausend Formen.

Jede Sekunde, jede Minute, jeden Tag, schreibe ich an meinem Buch, denn ich denke und fühle unentwegt. Ich schreibe damit das Buch des Lebens. Ich habe mich getrennt von der Einheit, damit sie Form und Leben wird. Ich habe unentwegt gesucht im DU, wer ich wohl sein könnte.

Das Buch wird sich schließen, wenn ich dieses Ich erkenne. Ich spüre, wie das Leben immer Liebe war, auch wenn ich es als Hass empfunden habe. Ich weiß, dass alles höchste Weisheit ist, geboren aus dem Licht, gelenkt und geführt vom Licht und wieder gefunden im Licht.

Es leuchtet golden in mir. Die Liebe hat mir Form und Gestalt und Erleben gegeben, hat mir erlaubt, bis in die dunkelste Nacht zu gehen. Ich will leben. Ich ruhe im Gold und weiß, jede Seite war richtig. In meinem Lebensbuch gibt es keinen Fehler. Mein Bewusstsein begegnete dem Unbewusstsein über die Schöpfung von Zeit und Raum.

Alles war geführt von höchster Intelligenz, von höchster Liebe.

Mein Buch ist nun geschrieben.
Ich ruhe im Gold.

23

Goldene Ringe. Ich spüre ein sanftes, warmes Gold in mir. Es ist noch nicht Licht, es ist Gold, zart, weich und liebend. Dieses Gold sendet Ringe aus, und aus ihnen entstehen wieder Ringe, die immer breiter und dichter werden, hinein fließen in Zeit und Raum, aus der Einheit Schöpfung werden, Schöpfung in unendlicher Vielfalt. Dieses Bild lehrt mich.

Betrachte nur das Gold in dir, spüre nur das Gold. Binde dich an das Gold und auch das Härteste, Dichteste wird sich nach dem Gold ausrichten.

Ich werde nach dieser Meditation wieder hinein gehen in mein materielles Leben, wieder hinein gehen in die Dichte. Aber etwas ist anders: Ich binde mich an das Gold.

Die Materie kann mich nicht mehr fixieren. Ich werde sie leben, konkret, materiell, aber gebunden sein werde ich im Gold.

Und der Alltag wird fließen, geleitet von der höchsten Intelligenz in mir, geleitet von der Sanftheit und Weichheit der LIEBE.

Ich möchte als Mensch leben.
Ich möchte diese Erde erfahren.

Die Führung überlasse ich dem Gold, der Einheit.

24

Die innere Mitte. Ich lasse meinen Atem fließen, sehe, wie ich Licht einatme, das sich beim Ausatmen als Farben, als Leben ausbreitet. Das Licht wird zu Leben in einem ganz natürlichen Vorgang. Lichtenergie wird zu Lebensenergie.

Mein Bewusstsein sucht nun den Ort, der zwischen dem Ein- und Ausatmen liegt. Ich ruhe in dieser Mitte und betrachte mein Leben.

Ich bin der ruhende Pol ohne Wertung, einfach ein SEIN, das geschützt zusehen kann, wie das Licht jede Variante Leben kreiert. Unentwegt atmet der ganze Kosmos, atmet das ganze Mensch-Sein.

Licht wird zu Leben in verschiedensten Formen. Ich bin in meiner neutralen Mitte und bewerte nicht, was an Form und Gestalt, an Gedanken und Gefühlen, kreiert wird. Ich bleibe in meiner Mitte wie in einem geschützten Haus und darf dem Leben draußen zusehen. Weiß ich, dass ich geschützt bin, darf das Leben tosen und toben oder strahlen und scheinen. Ich gebe ihm keine Bewertung, sondern genieße, dass aus diesem Licht Bewegung wird.

Meine hohe Intelligenz sucht die Schöpfung. Ich ruhe zwischen diesen beiden Polen und verstehe allen Sinn. Ich brauche, keine Bindung an den Atem, keine Bindung in die Gefühle und doch spüre ich alle Gefühle und alles Wissen dieses großartigen Werkes.

Was wäre dieser Leerraum, wenn er nicht der Schöpfung zusehen dürfte? – Er wäre nichts. Meine hohe Intelligenz betrachtet das Leben in seiner Bewegung und ist erfüllt von Gottes segnender Kraft. Ich bin im Innern ganz gelöst und schaue dem Leben in seiner großartigen Dynamik zu.

Keine einzige Variante möchte ich missen. Wenn ich in meinem Zuhause geschützt bin, gefallen mir Blitz und Donner genauso gut wie der strahlend blaue Himmel. Meine Intelligenz sucht die Abwechslung und findet sie gesättigt in der Schöpfung. Das Wissen, dass ich geschützt bin und alles Leben erfüllt ist, sättigt mich mit seiner Liebe.

25

Flamme des Wissens. Die Flamme des Wissens über meinem Kopf ist stark entwickelt. Kein Wind kann sie ausblasen. Kein Nebel wird sie je wieder verhüllen. Das Wissen in mir hat Festigkeit und Form erhalten und strebt nun nach der Ganzheit.

Während ich die Flamme über meinem Kopf nach oben lodern sehe, spüre ich sie in der Wirbelsäule, im ganzen Körper und auch unter mir in der Erde. Was oben ist, ist unten – was unten ist, ist oben.

Auf der Erde finde ich Weisheit. Ich sehe die Erde vor mir, transparent, lila leuchtend. Fliegend leicht nehme ich sie wahr, die Erde, die mir manchmal so schwer und dicht erscheint. Aus ihrem Zentrum fließt die Weisheit Gottes.

Hier auf dieser Erde kann ich alles lernen, was das Universum mich lehren möchte. Es gibt kein Geheimnis, das ich hier nicht finden und entdecken kann.

Ich erkenne, dass die Erde in Harmonie mit der großen göttlichen Ordnungskraft schwingt. Ich brauche mein Bewusstsein nur ein wenig zu verändern. Einmal ist es dichter und schwerer Alltag, einmal klare Weisheit, absolute Ordnung.

Alles Wissen, alle Weisheit liegt in mir. Ich kann sie in mir finden in diesem Leben, auf diesem Planeten, wenn ich mich Gottes Bewusstsein hingebe.

Dieses Wissen schenkt mir Vertrauen. Dieses Vertrauen erleichtert meinen Alltag.

Ich darf die Zeit leben, das Zeitlose ist darin enthalten. Die Zeit lebt sich in der Zeitauflösung.

Ich lebe den Alltag in diesem Wissen und er ist wunderbar.

26

Bewusstsein der Sonne. Die Sonne geht auf. Der Morgen bricht an. Die dunkle Nacht liegt hinter mir.

Es braucht das Bewusstsein des Tages, um
die Nacht zu verstehen,
die Nacht zu lieben,
die Nacht aufzulösen,
mit diesem neuen Licht am Himmel.

Jetzt, da der Tag angebrochen ist, kann ich die Nacht, mein Unbewusstes, lieben.

Ich wachse in das Bewusstsein der Sonne hinein, welches die Nacht erhellt, alles kennt, alles versteht, alles liebt. Die Nacht hat keine Bedeutung mehr.

Das Bewusstsein der Sonne geht auf an allen Orten, wächst im ganzen Universum.

Ich weiß mich unendlich geborgen und getragen. In mancher langen Nacht vieler Leben wusste ich nicht mehr, dass es eine Sonne gibt.

Jetzt ist sie wieder da, hell und klar. Mit dieser Kraft darf ich in jede Vergangenheit zurückleuchten und mich daran freuen, dass die Schöpfung ein so wunderbares Werk ist.

Die Sonne ist da. Das Licht ist da. Der Tag ist angebrochen. Der Tag der Erleuchtung des menschlichen Bewusstseins wird lange dauern. Er hat erst begonnen und er wird uns allen die Glückseligkeit bringen.

Meine vielen Ich, die sich langsam von der Bindung in die Zeit lösen, begegnen sich und finden zusammen. Ich sehe mich gespiegelt im ganzen Universum.

Das Licht ist da.

Das Bewusstsein der Sonne erkennt die Ewigkeit.

Das Bewusstsein der Sonne weiß.

27

Begrenzungen auflösen. Ich nehme alles aus meinem jetzigen Bewusstsein wahr, denke, fühle, handle und empfinde das als richtig, was meinem Gesetz, meiner Ordnung, entspricht.

Ich bin dauernd damit beschäftigt zu bewerten, einzuteilen in Gut und Böse. Indem ich mich und andere beurteile und richte, begrenze ich das reine Bewusstsein.

Wie kann ich wissen, ob das, was für mich stimmt, für andere auch stimmt? Warum lasse ich den anderen nicht die freie Wahl? Warum zäune ich mich selber ein, indem ich andere Meinungen, andere Vergangenheiten nicht gelten lasse?

Ich werde mir der Enge bewusst, die ich mir selber auferlege.

Ich lasse in mir die unbegrenzte Weite entstehen, lasse alle Beurteilung fallen, lasse alle Bedingungen los. Freiheit und Frieden erfüllen mich. Die Liebe fließt.

Hier auf Erden ist jede Bewusstseinstufe und

jede Lebensform zu finden. Alles ist in Entwicklung, in Entfaltung. Alles ist Erfahrung, die zum unbegrenzten Bewusstsein führt.

Ich entferne die Zäune und Mauern, die ich errichtet hatte.

Ich löse alle meine Bewertungen in Liebe auf.

Ich lasse alle Erwartungen los.

Ich liebe, ohne Begrenzungen und Bedingungen daran zu knüpfen.

Ich liebe, unabhängig von Anerkennung.

Ich bin auf der Erde, um die reine Liebe ohne Einschränkungen zu leben.

Ich betrachte alles mit den strahlenden Augen der bedingungslosen Liebe.

Ich liebe um der Liebe willen.

Ich bin die reine Liebe.

28

Wandlung – Neugeburt. Wieder lassen wir das Licht in uns entstehen.

Das Licht ist immer da, nur die Verspannungen liegen davor. Wir lösen sie und konzentrieren uns auf das Licht.

Das helle Licht und die Engelformen, die sich vor 2000 Jahren offenbarten, erschreckten die Hirten auf dem Feld. Doch es wurde ihnen gesagt: Fürchtet euch nicht, wir haben euch Großes mitzuteilen. Freuet euch!

Wir sind wieder in einer wichtigen Zeit. Unser erweitertes Bewusstsein wird die Engelformen sehen. Wir gelangen in die Ebene unserer eigenen Engelform. Mehr und mehr erlauben wir uns das Loslassen. Die Engelwelt wird für uns erlebbar.

Freuet euch!

Dieses Große, diese wunderbare Liebe, hat jetzt Platz in uns. Wir spüren, dass die Zeit von Verspannung und Angst keinen Sinn mehr hat, wenn das Große in uns schon geweckt ist.

Die Engel haben damals Christi Geburt angekündigt.

Heute ist es die Geburt des eigenen Selbst, das eigene Selbst-Sein, das fliegende, leichte, göttliche Engel-Sein, das so lange geruht und gewartet hat, bis die Zeit in uns Menschen reif wurde.

Ich nehme das goldene Kind in mir wahr, das sich jetzt ausdehnen darf, Licht werden darf, und mich fliegen lässt in unendlicher Liebe. Alles andere war nötig und wichtig, aber jetzt ist die Geburt des eigenen Engels geschehen. Ich will ihn wachsen lassen und Engel sein in meinem Bewusstsein in Ewigkeit.

Die Zeit der Neugeburt ist gekommen.

Licht, Liebe, Gold.

Ich darf alle Zeit ablegen, weil alle Zeit gelebt wurde.

Die Neugeburt ist geschehen.

29

Begegnung mit dem Leben. Ich gebe mich der Stille hin. In ihr finde ich ein Buch, das mir Millionen von Bildern zeigt in unendlich vielen Varianten von Leben, Möglichkeiten, Bewegungen in Freude und Leid, in Bindung. Es ist ein leuchtend farbiges Buch der Begegnung mit dem Leben.

Wo bin ich innerhalb all dieser Bewegung? Auf welcher Seite steht mein Leben? Wie sieht es aus, wenn Gott mich betrachtet in meinen Bindungen?

Es ist ein wunderschönes Buch. Das Licht verwandelt sich in Farbe und Bewegung. Das Licht wird Leben.

Das Licht wollte, dass ich geboren werde in die unendliche Zahl von Lebenserfahrungen. Ich bin dieses Licht. Ich bin dieser Gott und gleichzeitig auch das Leben.

Ich kann die unzähligen Seiten durchblättern und fühle mich mit ihnen verschmolzen. Sie leuchten und strahlen, sogar dort, wo ich sie als Leid erlebt habe. Vom Licht aus betrachtet, ist alles bunt und farbig, aus der Liebe geboren.

Eine Seite, ein Leben, zeigt noch nicht die Gesamtheit. Es gibt unendlich viele Möglichkeiten des Erfahrens. Ich darf sie alle erleben, hinein gehen ins Leben, darf die Erfahrung machen von Freude und Leid, mich widergespiegelt sehen im Leben zu meiner Faszination.

Dieses Buch ist mein Buch. Es zeigt meine Erfahrungen, und gleichzeitig ist es das Buch aller Schöpfung. Das Leben schenkt mir unendliche Möglichkeiten als wunderbares Geschenk. Licht und Leben in ewiger Einheit.

Ich bin das Licht in der Begegnung mit dem Leben. Ich bin das Leben in der Begegnung mit dem Licht.

Ein Kristall, der die Farben leuchten lässt – Farben, die durch den Kristall strahlen – beides. Gleichzeitig.

Das Leben begegnet dem Licht zur Bewusstwerdung.

30

Flieder. Ich atme den wunderbaren Duft blühenden Flieders ein, sehe einen prächtigen Fliederstrauch in voller Blüte, der gut verwurzelt zum Himmel strebt.

Er sagt mir: Schau, meine Wurzeln erlauben mir, mich hoch in den Himmel zu strecken. Auf gutem Boden wachsen tausendmal mehr Blüten. Achte auf den Boden, wenn du den Himmel erleben willst. Dort findest du, was du zum Wachsen benötigst.

Betrachte deinen Alltag. Ist dein Boden nahrhaft, gut, voller Kraft, dann blüht dein Himmel von selbst, dann ist dein Duft lieblich und vollkommen. Er strahlt weit. Willst du dich geistig entwickeln, dann betrachte deine Wurzeln. Schau tief in dich hinein. Schau liebevoll in dich hinein.

Es ist der Boden, es sind die Wurzeln, die wichtig sind.

Das Wachsen beginnt und blüht in der Erfüllung des täglichen Lebens. Nehme ich die Erde nicht an, dann gehört auch der Himmel nicht mir. Alltag und Himmel wollen sich vereinen. Alltag und Himmel sind mein inneres Liebespaar.

Im Fluss der Liebe zu Familie und Umfeld liegt der Himmel.
Im Fluss der Liebe zu aller Schöpfung liegt das ewige Blühen.

Ich betrachte mein Heute und segne es mit der Kraft des Himmels.

Lass mich ein Leben leben, das mich liebt.
Lass mich ein Leben gestalten, das ich lieben kann.

Lass mich den Himmel in meinem Alltag verwirklichen.
Lass mich den Alltag und den Himmel vereinen.

Alltag, sei gesegnet mit der Kraft des Himmels.

31

Erfüllung im Reich der Farben. Erfüllung liegt in mir.

Erfüllung in der Bewegung von Farbe als ein Spiel, das Leben heißt. Ich schwebe in den Farben, bin Königin, König, und wähle frei. Ich fließe mit ihnen, tanze und lebe sie. Ich bin das Leben selbst, aus dem Licht geboren. Ich bin die Schöpferkraft. Ich bin die Liebe.

Jede Farbe lehrt mich ihre Weisheit. Jede Farbe ist gut. Ich schwebe und tanze im Reich der Farben.

Das Leben ist voller Dynamik. Ich gestalte und forme das Leben, bin unbegrenzt kreativ. Ich darf leben, meine Gaben zum Ausdruck bringen. Ich darf meine Freude sprudeln lassen. Ich bin der Künstler, der sein Werk in Form, in Gestalt, in Bewegung bringt.

Ich habe das Gleichgewicht gefunden zwischen Licht und Leben.

Die Zeit, in der ich im Farbenreich geklebt habe und vom Licht nichts mehr wusste, löst sich auf. Die Zeit, in der ich mich nur noch nach dem Licht gesehnt habe und das Leben verneinte, ist vorbei. Licht ist da und Leben ist da. Ich bin in der Mitte.

Göttliches Licht, lass mich meine Gaben leben, geführt von kreativer Lebenslust.
Göttliches Licht, lass mich Freude ausstrahlen.
Göttliches Licht, lass mich tanzen im Klang der Liebe.
Göttliches Licht, lass mich schweben im Reich der Farben zum Segen aller.
Gott, ich bin ICH.

32

Das goldene Tor der Erfüllung. Mensch, du trägst Verantwortung für dein Tun, überlege bevor du handelst.

Das Bewusstsein Gottes ist in dir geweckt. Lass dir diese Verantwortung nicht zur Last werden, sondern zur Freude, zum Ausdruck der Liebe.

Sei bewusst. Wo immer du bist, was immer du denkst und fühlst, lass dich von der Liebe führen. In sich gebunden, dient sie in Demut, Hingabe und Zärtlichkeit. Unverletzbar lebt sie die vollkommene Freiheit.

Rieche den süßen Duft.
Sieh die Weichheit der Farben.

Spüre die Zartheit der Berührung, und du weißt, dass du den Engel siehst, stark, unverletzbar als ewiger Ausdruck der wahren Liebe.

Warum gehst du in den Machtbesitz nach außen, wenn du dich selbst und durch dich Gott besitzen kannst?

Das goldene Tor der Erfüllung ist weit offen für uns Menschen.

Jede Zelle wird magnetisch angezogen von dieser Kraft. Die Zeit der Erfüllung ist gekommen.

Der Mensch erreicht die Reife des Goldes.

Einige beginnen es zu spüren. Die Magnetkraft aber lässt keinen einzigen Menschen zurück, weil es seine Bestimmung ist.

Gehe weich und sanft hinein ins Gold, wo sich alle Zeit auflöst und aller Raum Einheit wird.

Silberstreifen auf dem Wasser. Ein Bild des Vertrauens liegt in meinem Herzen. Ich sehe das Meer und den vollen Mond, der seinen Silberstreifen auf dem Wasser leuchten lässt. Ich stehe am Ufer. Ohne diesen Lichtstreifen hätte ich nicht den Mut, ins dunkle Wasser zu springen. Der Silberstreifen zieht mich an. Der Mond lockt mich. Er holt meine Gefühle, wirkt wie ein Magnet – komm. Komm hinein ins Wasser, nicht nur mit den Füßen, nicht nur bis zu den Knien, komm hinein ins Gefühl. Ich bin dein Lichtstreifen in deinem Dunkel der Gefühle. Ich verlasse dich nicht.

33

Mutig wage ich mich hinein und schwimme. Mehr und mehr freue ich mich über meinen Mut, den Gefühlen zu vertrauen. Mehr und mehr genieße ich meine Persönlichkeit.

Ich schwimme und spüre, wie tief es unter mir ist, wie viel Dunkles noch rechts und links in meiner Nacht liegt, aber der Mond verlässt mich nicht. Ich schwimme in die Nacht hinein auf einem Silberstreifen. Ich spüre, wie schön es ist, Mut zu haben, wie schön es ist, wenn meine innere Lichtkraft mich auch in mein Dunkel hinein führt. Ich weiß, das Licht wird mich nie verlassen. Es möchte, dass ich tief hinein gehe in alle Gefühle.

Mond, ich habe Mut, weil ich Vertrauen habe.

Lass mich das tiefste Meer in mir finden, lass mich hinein gehen in meine tiefste Nacht, aber lass mich dabei nie den Lichtstreifen verlassen, denn er ist es, der mir leuchtet. Auch wenn es dunkel wird – bei mir ist Licht. Ich spüre eine große Freude in mir aufsteigen. Die Freude, mein Dunkel zu besiegen, indem ich es erlebe, indem ich in Begleitung des Mondlichtes nicht nur am Ufer stehe und betrachte, sondern mutig hinein fließe in die tiefe, dunkle Nacht.

Das Bild, das in meinem Herzen entsteht, ist göttlich schön. Es flieht nicht vor meinem Schatten. Es schwimmt in ihn hinein und weiß, dass es nie dunkel werden kann, wenn in mir der volle Mond scheint.

Ich danke dir, wundervolle Nacht, dass es dich gibt. Wer den inneren Mond gefunden hat, geht auf dem Wasser und wird von der Nacht getragen hinein ins Licht des Tages. Alle Angst ist verflogen, denn ich habe den Mond gefunden. Ich darf die tiefste Nacht berühren, und sie wird mich tragen auf ihren Flügeln der Liebe. Die Erde ist rund, ist Tag und ist Nacht. Es gibt keinen Ort, vor dem ich mich schützen muss, wenn innen das Licht brennt.

Erde, im tiefsten Meer der Nacht und im hellsten Tag bleibe ich in der Liebe zu dir.

34

Zuhören. Ich fließe ein in die Liebe und spüre, welches Geschenk es ist, ein Ich zu sein. In jeder Zelle kann ich alle Weisheit und alle Liebe finden. Ich höre zu und gebe mich der Vollkommenheit hin, die in jedem von uns verborgen liegt.

Ich spreche meine Zellen liebevoll und dankbar an. Sie hören mir zu und schenken mir Entspannung.

Entspannung ist Loslassen, Raum geben.

Die Zellen freuen sich, wenn ich nach innen gehe. Sie freuen sich, wenn ich ihnen zuhöre. Sie haben gewoben, geflochten, das Leben gestaltet.

Sie lehren mich: Schau doch in dich hinein, in dir findest du alles, was es je gegeben hat und was es je geben wird. In dir liegt der ganze Reichtum. Du brauchst nur zu hören, was wir dir sagen über deinen Ursprung, über deinen Kreislauf, über dein Zurückfinden zum Licht und zum Gold.

Die Zellen schmerzen nicht mehr. Sie rufen

nicht mehr, denn jetzt höre ich ihnen zu. Und sie zeigen mir ihr Licht. Sie zeigen mir das Ewige. Sie lassen mich ruhen im Zuhause des Goldes. So einfach ist die Wende.

Nur ein kurzer Augenblick nach unendlich langer Zeit von Haftung in Zeit und Raum. So nahe ist die Vollkommenheit, und so weit weg habe ich sie gesucht. War es sinnlos? Eine kleine Drehung und alles Gold ist da. Eine unendlich lange Suche in Zeit und Raum, die mich immer weiter weg brachte von dem, was ich eigentlich finden wollte. Das Gold ist da. Das Licht ist da und strahlt in die unzähligen Bindungen, die ich eingegangen bin. Und es zeigt mir, keine einzige war sinnlos.

Ich sehe Leben bis zurück ins Pflanzenreich. Das Licht zeigt mir den Sinn darin: Die Schöpfung, die durch mich entstand. Das Licht begegnet dem Nicht-Licht. Das Licht begegnet Zeit und Raum in unendlicher Liebe.

Ich darf das Licht sehen und begreife: alles Leben hat zu jeder Zeit einen vollkommenen Sinn.

Ich habe mich gedreht und zugehört, was mein Innerstes mir sagen wollte, und darf Alles finden im Zuhören. Die Strahlen des Lichtes erleuchten die Schöpfung, und die Schöpfung wird Licht. Ich sehe in mir alle Möglichkeiten, sehe in mir die herrliche kreative Kraft, die webt, gestaltet und formt, und gleichzeitig doch immer Licht ist. Ich war lange nicht fähig, zu drehen und zuzuhören, was mein Innerstes sagte, denn ich war damit beschäftigt, Zeit und Raum zu kreieren.

Und jetzt darf ich das Werk betrachten in seiner wunderbaren Vollkommenheit. Es wurde nichts vergessen, alles ist erfüllt.

Ich danke allen Zellen, dass sie meinen Körper geformt und mir gedient haben. Sie haben ein phantastisches Bild entstehen lassen und rufen mich jetzt zurück: Schau dein Werk an. Jetzt sind wir Licht. Als wir gewoben haben, wurden wir dicht und schwer. Und jetzt kehren wir zurück zum Ursprung aller Schöpfung, zum Ursprung deiner selbst.

Ich betrachte die Schöpfung und bin erfüllt von Liebe.

Ich darf ruhen im Licht.

Ich darf entspannen, da mein Bild fertig ist:
Das Ebenbild Gottes

35

Loslösen von Vergangenheit. Ich fließe ein in Erleben aus der Vergangenheit, die ich noch nicht loslassen konnte, schaue, ob diese Erlebnisse mich glücklich, traurig oder wütend machen, nehme diese Gefühle an und löse sie auf in der reinigenden Kraft des Lichtes.

Lichtkraft, lehre mich loslassen, lehre mich den Moment von heute leben, nicht überschattet von Vergangenheit. Lass mein Heute nicht das Ungleichgewicht von Gestern sein.

Lichtkraft, lehre mich sehen, was ich noch als Illusion mitschleppe. In deiner unendlichen Liebe, zeige mir, was ich loslassen kann und befreie mich davon. Ich atme dich ein und löse mich von allem, was mir nicht mehr dient, schicke Klarheit in das Heute.

Vergangenheit, du hast keine Kraft mehr über mich. Ich begegne dem Heute ohne Schatten. Die Nacht löst sich auf im Tag des Bewusstseins. Ich lebe frei im JETZT.

Lichtkraft, ich übergebe mich deiner weisen Führung.

Ich fließe in die Not der gesamten Menschheit und der Erde und schicke Klarheit.

Lichtkraft, schenke uns Erkenntnis, Weisheit und Liebe.

36

Christus. Stellt euch vor, wie sehr wir in Hochachtung und Liebe sind, wenn ein großer Meister wie Christus bei uns anklopft.

Was immer dir begegnet, was immer bei dir anklopft an Gefühlen, an Gedanken, was immer dich nicht loslässt und sich bei dir bemerkbar macht, dient dir zu deiner eigenen Erleuchtung. Verehre es, liebe es. Nimm alles zu dir.

Es klopft nie etwas bei uns an, außer es ist ein Teil von uns, der unsere Liebe nötig hat, der uns zur Erfüllung zurück bringen möchte.

Klopft etwas an deine Türe, bist immer du selbst dieses Eine. Verehre es, liebe es, wie du Christus liebst.

Es gibt nichts, das zu klein und zu hässlich ist, als dass du darin nicht deine eigene Erleuchtung finden kannst. Spüre deine Gedanken, spüre deine Gefühle. Wo immer sie sich binden, ist es Gott selbst, der sich gebunden hat über dich, zu deiner Erkenntnis.

Verehre alles, was bei dir anklopft, denn du bist es selbst.

Wie wolltest du dich nicht lieben in deiner eigenen vielfältigen Bindung hinein ins Leben. Wie wolltest du ein Stück deines riesigen Puzzle-Spiels verwerfen. Es könnte nie ein ganzes, vollständiges Spiel werden.

Christus als Symbol der Erleuchtung klopft nie vergebens an. Was immer dich das Leben noch lehren möchte, nimm es an, liebe es. Es wird sich einfügen in das große, göttlich vollkommene Lebensspiel.

Liebe dein Leben, denn es ist die Erleuchtung selbst, die über das Leben bei dir anklopft. Verehre dein Leben, denn es ist die Erleuchtung selbst, die sich zu Leben gebracht hat über deinen Körper, über deine Gefühle, über deine Gedanken.

Wenn etwas an deine Türe klopft, öffne sie!

37

Intuition. Ich spüre mein Wesen.

Es hat eine rationale Ebene. Sie ist richtig.

Es hat eine Gefühlsebene in mir. Sie ist richtig.

In mir ist Intuition und ich gebe mich ihr hin. Ruhig, still. Es ist wie bei einer Bergwanderung. Der Gipfel ist erreicht und ich genieße rückblickend den Weg mit seiner Anstrengung und Mühe. Ich bin angekommen, kann ausruhen und genießen.

Alles wird weit in mir, gelöst und sanft. Der Weg ist gegangen. Der Weg ist bestanden, und ich bin wieder da, von wo ich mich einmal gelöst habe, um in die Wanderschaft Leben zu gehen.

Es ist ganz weich und sanft in mir. Die Zeit löst sich auf im Licht, im Wissen, und deshalb brauche ich nichts mehr zu beweisen, nichts mehr zu suchen, niemandem mehr nachzurennen. Alles ist da.

Immer schon war sie da, diese Intelligenz, aber mein Bewusstsein hat sich verdunkelt und ist jetzt wieder wach. Ich genieße die Ruhe, die hellwache Ruhe, die Vertrauen hat und weiß, alle Intelligenz liegt in uns und wir erreichen sie über den Weg der Intuition.

Die Gefühle, die vorher bewegt haben im Aufstieg zum Gipfel, ruhen jetzt im goldenen Licht, und mein rationales Ego, das gesucht und bewegt hat, um Lösungen zu finden, ist jetzt eingebettet in die unendliche Weisheit des goldenen Lichtes.

Ich sehe meinen menschlichen Körper hier auf Erden in dieser jetzigen Zeit, einen ganz gewöhnlichen Körper auf einem ganz gewöhnlichen, kleinen Planeten, in einem riesigen Weltall von Galaxien.

In diesem Körper liegt die Fähigkeit, alle Schöpfung zu übersteigen, alles zu werden, zu ruhen, hell aktiv im goldenen Licht.

Mein Körper dient mir als Werkzeug. Über den Körper darf ich Leben sein. Innen ist das Ewige, innen ist das Unendliche.

Es spielt keine Rolle, in welcher Zeit ich bin,
in welcher Galaxie ich bin.

Da, wo ich bin, danke ich, dass das Ewige
durch mich strahlen darf.

38

Annehmen und Erkennen. Ich gehe in die Ruhe, finde meine Mitte.

Ich erkenne mich in Fernseh-Sendungen wieder. Was hier gesprochen und gezeigt wird, ist Leben, sind Erfahrungen.

Vieles wird ausgestrahlt, das mich nicht mehr anzieht. Einige Bilder jedoch locken mich noch. Sie zeigen Geschichten, Schicksale, und ich lasse mich binden, lasse mich in die eine oder andere Geschichte einfließen, bin mit dabei, stelle Fragen und suche Antworten.

Ich spüre die Impulse allen Lebens. Überall bin ich gespiegelt. Dort, wo ich mich anziehen lasse, kann ich etwas lernen.

Das Leben packt mich manchmal so sehr, dass es meine ganzen Gefühle und Gedanken mitreißt.

Ich nehme die Bilder, die mich noch etwas lehren, in mein Herz und finde hinter jeder Bewegung des Lebens die reine Liebe, die wissend ist. Was mich im Leben noch anzieht, wird mir geschenkt als Erfahrung. So finde ich mein wahres Ich, das die vollkommene Liebe darstellt.

Annehmen – erkennen

Was bleibt, ist die Liebe, die reine Liebe.

Sie braucht nicht mehr zu denken, denn sie weiß.

Sie braucht nicht mehr zu fühlen, da sie im Meer der vollkommenen Liebe zu Hause ist.

Danke Bilder, dass ihr mich anzieht, um mich zu meinem wahren Ursprung zu führen.

Liebe und Weisheit ruhen im Gold, im kommenden goldenen Zeitalter.

Der Mensch findet zu sich selbst zurück – ins GOLD.

39

Blumenstrauß. Ich lasse in mir das Bild eines riesigen Blumenstraußes entstehen und betrachte die einzelnen Blüten. Jede strahlt ihre ganze Kraft aus, blüht in vollkommener Schönheit.

Blumen, ich kann viel lernen von euch. Warum Hemmungen, wenn ich doch einfach das voll zum Blühen bringen möchte, was ich bin. Warum habe ich Angst, was macht mich zaghaft – mächtig – ohnmächtig?

Der Strauß ist wunderschön. Jede Blume hat ihre Farbe, ihre Form und doch kann ich sie bündeln, zusammenfügen. Göttliche Schönheit strahlt mich an.

Lass mich herausfinden, wer ich bin und mich meinem wahren Wesen hingeben, meiner inneren Kraft, die genau weiß, was mich zum vollen Blühen bringen wird.

Ich betrachte das herrlich zusammengefügte Werk. Jede Blume ist gleich schön, die kleine wie die große. Jede ist einmalig.

Gehe ich tief in mich hinein, spüre ich meine

eigene Schönheit, mein Selbst und finde die Schönheit, das wahre Wesen eines jeden Menschen, liebe jeden Menschen in seiner eigenen Vollkommenheit.

Göttliche Führung, lass mich mein Selbst zum Blühen und Strahlen bringen.

Göttliche Führung, lass mich weise sein, indem ich mich nicht an äußere Erscheinungsformen binde, sondern das wahre Selbst eines jeden Menschen sehe.

Göttliche Führung, lass mich blühen, damit alles blüht.

40

Der Klang Gottes. Mein Körper ist erfüllt von wunderbarer Musik. Sie schwingt und klingt in Harmonie mit dem riesigen Orchester aller Galaxien, aller Energie. Sie löst Angst und Misstrauen auf, ist reine Liebe, die dem Leben begegnet.

Der Plan ist vollkommen und deshalb ist jedes Ich jederzeit vollkommen.

Höre ich mit dem Bewusstsein der Liebe, ist jeder Klang harmonisch. Schaue ich mit den Augen der Liebe, ist alles Leben Liebe. Vor Gott bin ich Liebe, weil Gott das Kleine zum Großen macht.

Wir beschenken Gott dadurch, dass wir Leben sind.

Ich übergebe mich der höchsten Intelligenz, überlasse mich ihrer weisen Führung, die Schöpfung gestaltet und drücke Gott aus in meinen Gedanken, meinen Gefühlen und meinem Handeln. Ich bin Gott in der Gestaltung von Klang und Spiel und Schönheit.

In mir ist der Klang Gottes.

41

Heilkraft LICHT. Ich nehme das Licht in mir wahr, lasse geschehen, dass es mir Heilung bringt, Heilung in den Gedanken, Heilung in den Gefühlen, Heilung im Körper.

In mir ist Harmonie. In mir ist Frieden.

In mir ist Liebe. Ich nehme mich an in Liebe. Ich begegne allen Menschen und der ganzen Schöpfung in Liebe.

Liebe ich mich selbst, kann ich alles lieben. Strahlt in mir das himmlische Licht, begegne ich dem himmlischen Licht in der Welt.

Ich erforsche mich und schaue, wo noch Ungereimtheiten sind. Begegne ich im Außen Schwierigkeiten, suche ich in mir. Es gibt nur ein Wesen, das ich erforschen soll. Mich selbst. Ich will mich selbst erkennen.

Es hängt von mir ab, ob ich die Nacht oder den Tag lebe. Es sind meine Bindungen, die meine Welt gestalten und meinen Körper bewegen und erfüllen.

In mir ist Licht, helles strahlendes Licht.

LICHT, bitte wecke die Nacht zum Tag.

LICHT, löse die Bindungen an Schmerzen, Angst und Zweifel, indem du mitten in die Nacht hinein strahlst und die Energie veränderst. Da, wo Tag ist, gibt es keine Nacht.

Heilkraft LICHT, lass es Tag werden unter uns Menschen.

Heilkraft LICHT, lass uns weise Liebe finden in uns und dadurch in allem, was wir betrachten.

Heilkraft LICHT, schenke uns den Tag des klaren Bewusstseins.

42

Gottes Ebenbild. Denken wir nie, ich bin nichts, denn damit sagen wir, Gott ist nichts.

Das Bewusstsein führt mich in ein Waldstück, übersät mit kleinen Blumen, unscheinbar das einzelne, in unbeschreiblicher Schönheit die Vielzahl.

Ich betrachte den Waldboden, kleine Ästchen, ein winziger Tannenzapfen, alles so unscheinbar und doch liegt darin die Perfektion von Gottes Schöpferplan.

Nie waren wir nicht Gott.
Nie sind wir nicht Gott.

Das göttliche Wissen hat den Plan der kreativen Kraft des Lebens erfunden.

Das Wissen hat das Unwissen der Bewegung gebären lassen, und alles Leben dazwischen ist perfekt, weil der Plan perfekt ist.

Ich sehe die Welt in ihrer Bewegung, in ihrem ewigen Entstehen und Vergehen, in ihrem Spiel von Macht und Ohnmacht. Es ist ein perfekter Plan. Nicht eine einzige Sekunde davon ist sinnlos. Das Bewusste kreiert das Unbewusste als Schöpferspiel LEBEN. Das Unbewegte wird Bewegung durch die duale Kraft.

Niemals hat Gott uns verlassen, wenn wir doch Gott selbst sind. Es sind zwei Prinzipien, die zueinander gehören – das Ruhende und das Bewegende in ewiger Verbindung.

Nie war ich sinnlos.
Nie war ich nicht göttlich geliebt.
Zeit und Raum sind die Vollkommenheit von Gottes Schöpferplan.

Ich bin das Ebenbild Gottes – immer und ewig und in jeder Sekunde meines Zeitdenkens.

Das Wissen wird Liebe und ich lebe die Liebe aus dem Wissen heraus geboren.

Ich bin Gott, unendlich geliebt.

Ungeachtet, wo mein Bewusstsein sich bindet, es hat immer einen göttlichen Plan.

43

Der kleine Prinz. Ich fühle mich wohl. In mir ist Weite und Zufriedenheit. Etwas will entstehen.

Ich bin der kleine Prinz, irgendwo in einer Galaxie und habe die Wahl getroffen, die Erde zu erforschen. Alle Möglichkeiten sind offen, aber ich wähle sie, die Erde, um sie zu erfahren in ihrer Nacht und in ihrem Tag, bis mein Wissen alles kennt, was dieser Planet mich lehren kann.

Wie funktioniert er, was ist er? Ich erforsche ihn, bis ich ihn ganz kenne und es ruhig in mir wird.

Erde, ich habe nun alles erlebt, und wir können einander loslassen im Bewusstsein des Lichts.

Erde, du bist nun ich und ich bin du.

Ich empfinde unendliche Liebe.

Ich bin frei.

44

Liebesengel. Ich spüre meinen Körper. Er arbeitet in jedem Moment für mich. Jede Zelle erfüllt und spiegelt meine Gedanken.

Ich empfinde Dankbarkeit für meinen Körper, das himmlische Geschenk!

Ich spüre dich, reine Seele, und ich spüre mein Gehirn, das wie eine Wolke diese Reinheit nicht zulassen kann.

Seele, Liebesengel, bitte hilf mir in meiner Betrübnis, dass ich dir Raum gebe, damit du mein Haus nach deiner Kraft gestaltest. Ich in meinem Unbewussten kann es nicht, aber du in deiner Reinheit erfülle mein Haus mit Liebe. Lehre mich zu schätzen, dass ich einen Körper habe und Leben bin. Wohne in mir als Engel der Liebe. Lass mich ein göttlicher Palast deiner Weisheit und Liebe sein.

Mein kleines ICH ist die Wolke, aber du großes ICH bist stärker.

Ich übergebe mich dir und alle Heilung ist möglich.
Auch wenn ich noch klein bin, auch wenn ich

noch Schatten in mir trage, in meiner Hingabe an dich übernimmst du die Führung, und mein Haus wird strahlen in deiner Liebe, erfüllt vom göttlichen Wissen.

Liebesengel, lehre mich die wahre Liebe, die Liebe zu mir selbst, die Liebe zu meinem Palast, dem Körper, damit ich reine Liebe weitergeben und ausstrahlen kann, weit hinaus in die Welt zu allen Wesen, zu aller Schöpfung. Wenn ich dir Raum gebe, Seele, wenn du in mir wohnst, Liebesengel, ist Heilung da.

45

Öffnung des Herzens. Mitten in meinem Herzen entsteht das Bild eines wunderschönen Blumenstraußes, farbig und bunt, jede Blume in ihrer schönsten Kraft.

Alle Verschiedenheit ist da. Das Herz möchte, dass ich mich verschenke, die Blumen als Symbol der Freude am Schenken, der Freude am Geben. Ich kann für jeden Menschen, für alle Schöpfung das Richtige finden, um sie glücklich zu machen.

Ich spüre, wie diese kleine Geste des Gebens mein Herz wachsen lässt. Dieses Symbolbild der Blume hat den Fluss der Liebe so weit geöffnet, dass das Geben ein Verschmelzen wird mit allem, das Liebe, Zuneigung und Heilung sucht. Es öffnet die Augen zum Strahlen und Bejahen. Es öffnet die Hände zum Berühren und Streicheln.

Ich spüre mein Herz, das unendliche Liebe geben kann, die nicht unterscheidet zwischen Du und Ich, sondern in allem Leben den Engel der Liebe findet.

Diese Liebe ist nicht schwach und gebeugt,

nicht Opfer. Sie ist stark. Sie ist die Blume des Herzens, frei und allmächtig in ihrem Wunsch zu blühen und zu geben.

Lass mich mich lieben als Leben, als Ebenbild Gottes.

Lass mich alles lieben als Leben, als Ebenbild Gottes.

46

Engel-Sein. In mir entsteht ein Bild, in welchem ich mich sehr wohl fühle, geborgen, gut. Wenn ich mich geliebt fühle, wenn ich mich liebe, wenn ich Schönes erlebe, wird es innen weit.

Der Atem wird ruhig.

Über schöne Erlebnisse bin ich meinem Engel-Sein näher.

Der Engel in mir glaubt immer an sich.

Der Atem hat Raum.
Die Gedanken sind ruhig.
Das Gefühl dehnt sich aus.

In diesem Bild fühle ich mich getragen. Hier bin ich zu Hause.

Der Atem hat jetzt so viel Raum, dass er ruht. Das Gefühl hat so viel Raum, dass es das Bild gehen lässt.

In mir ist Licht. Ich bin unendlich geliebt und kann unendlich lieben.

Ich weiß, dass ich in einem Körper wohne, aber ich spüre ihn nicht mehr.

Ich weiß, dass ich auf der Erde bin, aber ich spüre sie nicht mehr.
Ich bin alles, liebe alles.

Das Gefühl von Freiheit begleitet mich in Harmonie mit allem Geschehen.

Ich habe die Erde gewählt, meinen Körper gewählt aus Liebe.

Die Begrenzungen mache ich mir selbst, weil ich vergessen habe, dass ich Licht bin, Engel bin. Ich denke, ich sei Körper, Materie, dabei wohne ich nur in der Materie als freier Geist.

Der Geist bewegt mich.
Der Geist lenkt mich.

Ich spüre das Unendliche in mir, spüre die Liebe der Engel in mir.

Ich spüre das Geschenk, dass dieser Engel in einem Körper wohnen darf auf der Erde.

Mein Wesen ist frei, wenn ich in der Liebe bin.

Nicht die Erde ist es, die mich schwer macht, sondern meine Bindung an sie. Warum binde ich mich an das Kleine, wenn Gottes Liebe durch mich möglich wird, durch mich fließen kann?

Ich spüre Licht, spüre die ewige Liebe und erfülle meinen Körper mit Geist, Liebe und dem Bewusstsein Gottes.

47

Zeit der Liebe. Tiefe ist da, Tiefe, die keine Worte mehr kennt, ein Leben, das sich sättigen lässt von Liebe, Wärme, Freundschaft, Gedeihen.

Dieses Leben darf ruhen, zusehen und sich freuen, dass es eine Erde gibt, die uns Abwechslung bringt.

Die Sonne strahlt.

Ich verschmelze mit ihr, durch sie mit der Erde und genieße mein Planeten-Dasein, genieße die Bewegungen, die das Leben mir bringt, geführt von der Liebe Gottes.

Wir sind eine Familie. Wir dürfen alles miteinander teilen und dadurch wahre Liebe erfahren. Wir, die Kinder Gottes – am Wachsen, am Werden, nach seinem Willen.

Ich kann jede Zeit anschauen und sie ist Erfüllung für uns alle.

Die Sonne scheint, und der Tag des neuen Bewusstseins hat begonnen, das Bewusstsein der Wahrheit, der weichen Gefühle, das

Bewusstsein der Menschen, die sich gefunden haben und sich lieben als Ebenbild Gottes.

Der Tag hat begonnen und er wird ewig dauern. Ich darf ruhen und geschehen lassen, in Liebe annehmen, dass ich Mensch bin – zum Ich geboren.

Ruhe – Liebe – Gelassenheit.

Der Weg hat sich aufgelöst im Licht.

Die neue Zeit hat begonnen, die Zeit der Liebe, geführt von der hohen Intelligenz des Lichtes.

48

Musik und Klang. Mein Bewusstsein kennt den Weg schon. Kaum, dass es MEDITATION hört, verfeinert sich die Wahrnehmung. Die Bereitschaft für tiefe Erfahrungen ist da.

Die Sinne bringen mir unbeschreiblich schöne Musik, meine eigene Musik. Ich fließe ein in diese Klänge, spüre mich in ihnen verstanden, geliebt.

Ich bin getragen, der Atem ruht.

Jede Zelle schwingt in dieser Musik, aus mir heraus komponiert, und alle Welten klingen mit.

ICH im Erleben der göttlichen Erfüllung.

Dehne ich die Wahrnehmung aus, sind es Engel, die klingen und schwingen und sich gegenseitig bereichern.

Ich sehe Farben von wunderbarer Schönheit, rieche Düfte von höchster Reinheit, ein Selbst, das sich annimmt, ein Selbst, das weiß, dass in ihm der Engel, göttliches Bewusstsein, ruht.

Ein kleiner Impuls, vielleicht das Wort MEDITATION, und schon sind alle Grenzen überschritten und die Wahrnehmung ist göttlich.

Das Gott-Sein, Engel-Sein, Mensch-Sein vereint.

Wo liegt ein Unterschied? Es gibt keinen.

Ich bin im Mensch-Sein fähig, Gott zu erleben.

Gott ist fähig, durch mich Mensch zu sein.

Wer den himmlischen Klang gefunden hat, findet ihn überall und jederzeit in allem Leben.

49

Ährenfeld. Ich sehe ein großes Ährenfeld. Alle Ähren sind gleich hoch, gesund, nach oben gerichtet. Doch eine davon ist etwas höher gewachsen als die anderen. Es ist die einzige, die ihren Kopf neigt und ihre Samenkörner fallen lässt. Die anderen können noch nicht verstehen, weshalb sie das tut, denn sie alle halten, was ihnen gehört.

Bald schon beginnt es rund um die eine Ähre, die scheinbar nichts mehr besitzt, tausendfach zu sprießen und zu blühen.

Lass es auch in dir keimen. Neige dein Haupt vor Gott im Wissen, dass alles dir gehört.

Das Vertrauen ins Ewige weiß vom Segen, weiß von der Wiederkehr, der unendlichen Kreativität in wunderbarer Vielfalt.

Die Mutter Erde bringt alle Samen hervor, die gesät wurden im Leiden und in der Freude.

Alles ist ein Segen.

Gottes Liebe ist es, die ewig geboren wird.

50

Lebenskraft. Ich begegne einer sprudelnden Quelle, rieche das Wasser, sehe, wie schön es ist, wie es fließt und mich erfüllt mit seiner gesunden Energie.

Die Sonne spiegelt sich in diesem frischen Quell und beleuchtet mein Leben, das in Freude fließen darf.

Die Liebe ist geboren zu aller Schöpfung.

Die Sonne scheint.
Der Tag ist hell.
Das Leben sprudelt in jedem Moment neu, frisch gesegnet, voller Spass und Freude.

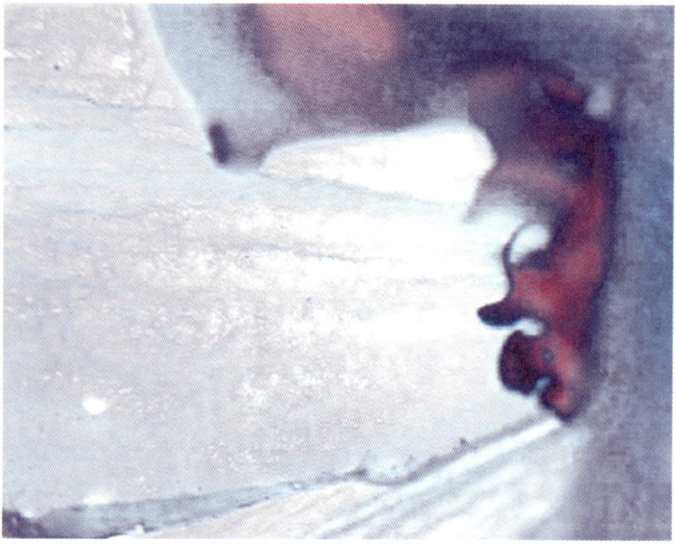

51

Ruhe in dir selbst. Ich spüre die wärmende Sonne am Himmel.

Sie ruht in sich selbst, und wer mag, darf ihre Wärme spüren, ihr Licht. Wer möchte, darf sich wagen aus der Kälte in den warmen Frühling, darf gedeihen und wachsen.

Wer in sich diese wärmende Kraft entwickelt hat, wird selbst Sonne für viele.

Die Sonne sucht nicht. Sie sagt nicht: Komm doch in mein Licht! Die Sonne ruht in sich selbst. Sie scheint. Und alle, die das Licht, die Wärme und die Liebe suchen, werden sie finden.

Sie steht über all unseren Erdenbewegungen. Sie ist da, wärmend für sich selbst, leuchtend für sich selbst, liebend, und sie weckt jedes Bewusstsein, das geweckt werden möchte.

Der Mensch findet in seinem Selbst das Sonnenbewusstsein. In sich selbst abgerundet, strahlt es aus sich heraus fortwährend Kraft und Liebe aus.

Lass mein Bewusstsein Sonne werden, warm, strahlend, in sich selbst gebunden, damit meine Strahlen die Strahlen der Liebe sind.

52

Engelsflügel. Ich sehe Adlerschwingen über mir, noch dunkel, und doch sind es Flügel eines Engels, hell, leuchtend, klar. Es hängt von meinem Sehen ab, ob ich schwere, düstere Flügel als Begleitung wähle oder ob ich besser schaue und sehe, dass es Engelsflügel sind, leicht, wundervoll. Es ist nicht der Engel, der dunkel ist. Ich – in meiner Nacht – nehme sie als finster wahr.

Engel du!
Ich spüre deine riesigen Flügel, die wie maßgeschneidert für mich bestimmt sind.

Meine Sinne riechen Engel-Duft.
Meine Sinne hören Engel-Klang.
Sie sehen das Leichte, das Schwebende,
den ICH-Engel.

Und der Engel schaut durch den Engel,
hört durch Engel-Ohren,
fühlt mit Engel-Sinnen und
alle Schöpfung ist Engel-Liebe.

Ich bin Engel und alle Sehnsucht ist erfüllt.
Ich bin Engel und alle Fragen haben sich beantwortet.

Ich bin Engel und wo immer ich hin schaue, ich sehe den Spiegel der Liebe.

Es lohnt sich, an meinen Sinnen zu arbeiten, damit sie immer Engel-gebunden sind, die Heimat nicht mehr verlassen und segnend wirken auf alle Schöpfung.

Jetzt sind alle Sinne frei.
Sie tasten, hören, schauen, riechen, schmecken gleichzeitig.
Es ist himmlische Liebe.
Zeit und Raum lösen sich auf im wahren Selbst.

Ich musste der Nacht begegnen.
Ich musste alles Wissen verlieren, um Gott zu spiegeln in seiner Schöpfung.

Alles darf ruhen, denn der Tag der Liebe ist da.

Bücher und CDs von

Renée Bonanomi

Goldraum
Zweiundfünfzig Meditationen
Illustriert von Katharina Vonow
2. Auflage 2000
in Leinen gebunden, mit Goldprägung,
208 Seiten, Sfr. 29.–/DM 34,–
Rio Verlag

ISBN 3-907768-19-1

Der Weg der Liebe
Zweiundfünfzig Meditationen
Illustriert von Katharina Vonow
1. Auflage 2001
in Leinen gebunden, mit Goldprägung,
144 Seiten, Sfr. 24.80/DM 28,–
Rio Verlag

ISBN 3-907768-40-X

Der Weg der Liebe
Vierzehn Meditationen
65 Minuten Spielzeit
1. Auflage 2001
Sfr. 10.–/DM 12,–
Rio Verlag

ISBN 3-907768-41-8

Fliegen mit Engeln
Meditationen geschöpft aus der Kraft der Liebe
Text und Sprache von Renée Bonanomi
Klangbilder von Andy Rynert (Corner)
Audio CD, Sfr. 30.–